语文现场

阅读教学行与思

郭跃辉 著

南京师范大学出版社

图书在版编目(CIP)数据

语文现场：阅读教学行与思/郭跃辉著.—南京：南京师范大学出版社，2023.12（2024.4 重印）
ISBN 978-7-5651-5866-7

Ⅰ.①语… Ⅱ.①郭… Ⅲ.①中学语文课—教学研究—初中 Ⅳ.①G633.302

中国国家版本馆 CIP 数据核字(2023)第 182573 号

书　　名	语文现场:阅读教学行与思
作　　者	郭跃辉
责任编辑	应璐燕
出版发行	南京师范大学出版社
地　　址	江苏省南京市玄武区后宰门西村 9 号(邮编:210016)
电　　话	(025)83598919(总编办)　83598412(营销部)　83598009(邮购部)
网　　址	http://press.njnu.edu.cn
电子信箱	nspzbb@njnu.edu.cn
照　　排	南京开卷文化传媒有限公司
印　　刷	广东虎彩云印刷有限公司
开　　本	787 毫米×960 毫米　1/16
印　　张	21.5
字　　数	284 千
版　　次	2023 年 12 月第 1 版
印　　次	2024 年 4 月第 2 次印刷
书　　号	ISBN 978-7-5651-5866-7
定　　价	68.00 元

出版人　张　鹏

南京师大版图书若有印装问题请与销售商调换

版权所有　侵犯必究

将论文写在一线课堂上(代序)

江苏省特级教师刘祥老师曾说:"你和优秀教师,或许只差一支笔。"对此,我深有体会。2019年,我提出了"将论文写在一线课堂上"的理念,鼓励教师进行以教学课例为基础的论文写作。该理念指引教师将写作建立在对课堂的研究与分析的基础上,用写作梳理、提炼、形成解决问题的方法,进而不断改进课堂。本书取名为《语文现场:阅读教学行与思》,也蕴含着"将论文写在一线课堂上"的理念。教师上课,首先要备课,备课的一大内容就是"备教材",即研究教材、分析教材,这个过程可以提炼出"教材分析类论文";分析教材的目的是确定一节课教什么、怎么教,进而形成教学设计;教师按照教学设计去上课,并且用文字记录课堂、反思课堂,这就形成了教学实录和教学反思。如此一来,写作就可以贯穿教学的始终。我本人也是通过写作,才走上了教师专业发展之路。

研究生毕业以后,得益于文艺理论的学科背景,我开始进行文本解读的研究与写作,并于2016年申报广东省中山市重点课题《高中语文教材"还原式解读"实践研究》。在研究的过程中,我逐渐意识到,文本解读只有进行教学转化,才会真正地具有生命力,否则就是脱离教学的空中楼阁。此后,我一边进行文本解读的研究,一边思考文本解读如何转化为教学内容、教学设计,并于2020年申报了广东省教育研究院初中语文专项课题《基于教材文本解读的阅

现场：阅读教学行与思

读教学内容重构研究》。10多年来，我一面坚持写作教育教学的随笔，一面坚持将平时的点滴思考凝结为论文。本书就是这10多年来对语文教育教学进行思考和研究的成果。

"教材研读"板块的论文主要着眼于教学内容的确定与重构，这种确定与重构又离不开对教材文本、助学系统的解读。在文本解读的基础上确定一节课"教什么"，这决定着一节课的方向。这些论文均受到了王荣生教授相关著作与论文的影响。高中学段，我重点研究了《项链》《雨霖铃·寒蝉凄切》《烛之武退秦师》《林教头风雪山神庙》《等待散场》等课文；初中学段，我重点研究了《皇帝的新装》《台阶》《说和做——记闻一多先生言行片段》《我的叔叔于勒》《唐雎不辱使命》《大自然的语言》《山水画的意境》《陈太丘与友期行》等课文。

"教学设计"板块的文章包括我对某些课文的设计思考，以及对教学设计优秀经验、原则等的梳理与总结。教学设计的本质是确定一节课"怎么教"。同样的教学内容，用不同的方式方法来教，效果可能会千差万别。最近，我也越来越强烈地意识到，教师的教学设计能力对教学效果的影响是巨大的。强化教学设计能力，是教师专业发展的重要内容。这些年的教学设计不是很多，高中学段仅对《等待散场》《囚绿记》《归园田居》等课文进行过设计，初中学段曾从群文阅读的角度设计过《紫藤萝瀑布》的教学，从大单元教学的角度设计过七年级上册第二单元的教学。此外，我还对肖培东老师、曹勇军老师等人的教学设计进行过分析，并形成了我本人对教学设计的思考。

"切磋交流"板块的文章主要是听课、阅读期刊过程中形成的对他人课例的思考。例如听了各个教师执教的《山中与裴秀才迪书》《狼》《藤野先生》《富贵不能淫》《在长江源头各拉丹东》等篇目后，从不同的角度对这些课进行了分析；从期刊上阅读肖培东老师、赵富良老师等人的教学课例后，也写下了自己感触最深的几点收获。与本区域内的同行进行切磋交流，能够发现和捕捉本区域内教学存在的问题，进而提出有针对性的改进意见；与优秀同行进行切磋交流，可以学习他们独具匠心的教学设计、对课堂的学理思考以及独特的教学智慧，进而提升自己的教学与教研水平。

"理念探究"板块的论文主要是在课例研究与写作的基础之上对语文教育教学某个热点问题、难点问题的集中思考与突破。其中包括古诗词教学、小说教学、整本书阅读教学、散文教学等，还涉及语文课程、语文教师专业发展等相关话题。

本书收录的论文，均是在践行"将论文写在一线课堂上"的理念。从教学实践中发现问题、提炼经验；从期刊论文中获得知识和教学启发，围绕某个问题进行深入思考；在分析原因的基础上，提出改进教学的策略与建议，是论文产生的一般过程。本书中的论文，多数曾经发表于《语文建设》《中小学教材教学》《中学语文》《语文教学与研究》《中小学课堂教学研究》《课程教学研究》《中学语文教学参考》《新课程评论》《语文月刊》《学语文》《读写月报》等国内知名期刊。在此，对这些期刊的编辑表示由衷的感谢与崇高的敬意！

是为序！

郭跃辉

书于中山市教育教学研究室

2023 年 10 月 2 日

目 录

将论文写在一线课堂上(代序) …………………………………… 001

教材研读

《项链》教学内容再探 …………………………………………… 003
言语形式的再探究
　——《烛之武退秦师》的"教学内容"重构 …………………… 009
《雨霖铃》教学内容辨析与重构 ………………………………… 015
转变"要素板块框架",重构小说教学内容
　——以《林教头风雪山神庙》为例 ……………………………… 025
思辨性阅读的教学实践
　——以《等待散场》为例 ………………………………………… 033
基于精读的《说和做——记闻一多先生言行片段》的教学内容重构 …… 040
立足学情,立足文体
　——《皇帝的新装》教学内容再辨析 …………………………… 048
《台阶》教学探讨 ………………………………………………… 056

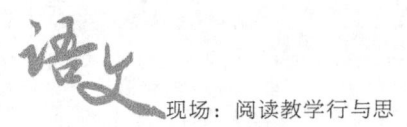

基于教材解读的小说教学内容的选择与确定
　　——从"不同角度"说起 …………………………………… 063
"一体四面"理念下的初中文言文教学内容确定与重构
　　——以《唐雎不辱使命》的教学为例 ………………………… 071
基于"母文本系统还原"的说明文教学内容辨析与确定
　　——以《大自然的语言》为例 ………………………………… 077
文本原生价值与教学价值的辨析与教学建议
　　——以《陈太丘与友期行》为例 ……………………………… 085
理解·运用·创造：文艺论文的教学策略探究
　　——以《山水画的意境》教学为例 …………………………… 093

教学设计

《等待散场》教学设计 …………………………………………… 103
《囚绿记》教学设计 ……………………………………………… 110
《归园田居》教学设计 …………………………………………… 118
宗璞的"三个世界"
　　——《紫藤萝瀑布》群文阅读教学设计 ……………………… 125
基于文本解读的"大单元教学"设计
　　——以统编教材七年级上册第二单元为例 …………………… 135
教学设计的内容与理路
　　——从一份《短歌行》教学设计说起 ………………………… 144
"故事"与"情节"的分野
　　——曹勇军老师《最后的常春藤叶》教学的设计之妙 ……… 151

初中语文阅读教学"情境任务"设计策略探究 ⋯⋯⋯⋯⋯⋯⋯⋯⋯ 158
"解文深,还得教学巧"
　　——例析肖培东课堂教学设计之匠心 ⋯⋯⋯⋯⋯⋯⋯⋯⋯⋯ 165
有效性·学理性·创新性:初中语文阅读教学设计的原则与策略 ⋯⋯⋯ 172

切磋交流

诱导与支架:两种不同的课堂形态辨析 ⋯⋯⋯⋯⋯⋯⋯⋯⋯⋯⋯ 181
意"外"之处见匠心
　　——从肖培东教《孔乙己》说起 ⋯⋯⋯⋯⋯⋯⋯⋯⋯⋯⋯⋯ 187
教出词的独特味道来
　　——以《水龙吟·登建康赏心亭》教学为例 ⋯⋯⋯⋯⋯⋯⋯⋯ 191
"导读"与"解读"的变奏
　　——品赵富良老师的《行路难》教学课例 ⋯⋯⋯⋯⋯⋯⋯⋯⋯ 198
表层滑行,还是聚焦探究?
　　——从《山中与裴秀才迪书》的教学说开去 ⋯⋯⋯⋯⋯⋯⋯⋯ 205
群书阅读:整本书阅读的创新思路与策略
　　——以谭妙蓉老师《感受"立体"的民国世界》为例 ⋯⋯⋯⋯⋯ 211
"新新旧旧"教语文
　　——从肖培东老师执教《植树的牧羊人》说开去 ⋯⋯⋯⋯⋯⋯ 218
一个心理学文本是如何转化为语文文本的
　　——从肖培东老师执教《走一步,再走一步》说开去 ⋯⋯⋯⋯⋯ 226
基于"语文思维"培养的文言小说教学
　　——以《狼》为例 ⋯⋯⋯⋯⋯⋯⋯⋯⋯⋯⋯⋯⋯⋯⋯⋯⋯⋯ 234

初中语文阅读课教学内容的确定方式辨析
　　——以《藤野先生》教学为例 ················ 242
教学支架：从单一走向多元 ······················ 249
基于情境任务的游记类散文教学探究
　　——以《在长江源头各拉丹冬》教学为例 ········ 256

理念探究

小说阅读：学术与教学的错位 ···················· 265
诗词教学的困境与突围 ·························· 272
向文本细微处"漫溯"
　　——例谈备课如何实现"精妙" ················ 280
"思维发展与提升"下的古诗词教学 ················ 286
"整本书阅读"要处理好三对矛盾 ·················· 294
"整本书阅读"视野下的名著赏析课型探讨 ············ 301
课程视角下"整本书阅读"的"边界意识"辨析 ········ 307
叙事散文的"抒情间离"及其教学运用 ·············· 314
教学实录：从写与读的视角促进教师专业发展 ········ 321
主要参考文献 ·································· 332

教材研读

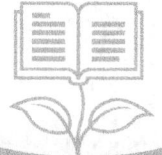

출판 안내

《项链》教学内容再探

教学内容之一：《项链》是如何塑造"虚荣"的马蒂尔德的？

小说的主旨体现在人物形象的塑造中，主人公马蒂尔德本身就承载一定的意义。因此，马蒂尔德的人物形象是一个教学点。但是，应该静态概括马蒂尔德的人物形象呢，还是逆向分析，站在作者的位置，动态分析其形象是如何塑造的？很明显，后者更新颖，给学生留下的印象更深刻。

马蒂尔德的形象属于英国小说理论家福斯特在《小说面面观》中提到的"圆形人物"，即性格特征体现了复杂性、多面性和变化性。在教师的点拨下，学生也能够概括出"虚荣""自尊自爱""勇于承担"等形象特征。这种"将厚书读薄"的概括法，或许会掩盖作家精心构思的情节片段。因此，与其分析马蒂尔德是一个什么样的人，不如分析该人物是如何被塑造出来的，例如作者是如何刻画马蒂尔德的"虚荣"的。前者是阅读学的角度，后者是写作学的角度。

描写一个人物，刻画一个形象，主要的方式无非有两个，即正面描写和侧面描写。那如何展开正面描写呢？方式无非有两个，一是概括地写，二是具体地写。例如，作者可以写"马蒂尔德是一个虚荣的女人""她太爱慕虚荣了"，也可以通过一件事来写。前者是高度概括地写，后者就是相对具体地写。莫泊

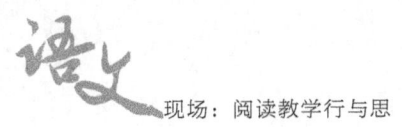
现场：阅读教学行与思

桑作为一个短篇小说高手，肯定也会采取这两种方式。

首先是概括描写。虚荣是一种心理，如果想写"虚荣心"，应该从哪些层面来写？比如物质层面、精神层面。那一个结了婚的生活不太如意的女人，其虚荣心应该表现在哪个方面？答案应该是物质层面。那么一个人的物质生活都包括哪些方面呢？这个问题不难回答，即主要是衣、食、住、行四个方面。马蒂尔德对自己生活的不满也应该集中在这四个方面，因此小说的前六段就是围绕这几个方面展开的。

作者在前六段概述性地写马蒂尔德的虚荣心，其实就写了三个方面——住、穿、吃，还有一个方面没有写到，但是后文提到了。不过莫泊桑的伟大之处并不在于这些概括性的描写，而是通过一件事来描写。那么他应该写一件什么事呢？我们可以思考一下，一个女人可以在哪个场合体现其虚荣呢？无疑，是人多的场合，比如广场、大街上或商场里，要不就是参加聚会。广场、大街上，没人认识她，她穿得再好也起不到轰动效果，只有在聚会这个场合，才能展现其绝代风采。于是莫泊桑详细叙述了一场聚会。

既然是聚会，那就应该包括聚会前的准备、聚会的过程、聚会的结果，即聚会前、聚会中、聚会后。一般作家写，估计会将笔墨花在聚会过程，但莫泊桑没有这样做。他首先写了聚会前的准备，即马蒂尔德收到请柬后的反应。按常理来说，收到请柬应该高兴，别人看得起你才给你请帖，但是马蒂尔德有什么表现呢？或者说，马蒂尔德要参加聚会，怎么样体现其虚荣呢？如果还从衣、食、住、行四个方面思考，答案很快就出来了。既然参加聚会，就不用考虑吃饭问题，大家吃的都一样。关于"住"，即使自己有豪宅，参加聚会时也不可能带上，这个点也应该被排除。剩下的就是行和穿，"行"的问题也好解决，如果自己有条件，那就将自己的豪车停在聚会的酒店门口，让大家都看看。如果没有这个条件也不要紧，可以乘坐出租车。莫泊桑显然也不会在这个地方着墨，唯一的方面就是穿衣。聚会中,你穿得时尚,跟别人不一样,别人才会注意到你,于是摆在马蒂尔德面前的只有一个问题:穿什么衣服?女人穿衣服并不仅仅体现在"穿"上,还体现在"戴"上,所谓"穿戴",是一个整体。"穿"的问题很好解决,还在他们的经济能力范围内,但是"戴"的问题不好解决,这远远超出了他们的经济能力。这种情况下,马蒂尔德的选择会是什么呢?放弃舞会,显然不可能;去偷去抢,也不大现实;去买一条假的,万一被看穿了,岂不颜面扫地?最后只有一个办法,去借。所幸的是,借项链的过程相当顺利,对方毫不犹豫地将项链借给了她。

舞会前的准备就绪了,接下来要写的就是舞会的过程。作者的高明之处在于,写舞会的过程,采用的依然是"概括式"描写,写到了别人对马蒂尔德的赞叹以及她自己的感受。前者主要体现在"所有男宾都注视她,打听她的姓名,求人给介绍;部里机要处的人员都想跟她跳舞,部长也注意她了",后者体现在她的五个"陶醉于"。舞会事实上结束了,但在马蒂尔德的心理上并未结束。这个时候,作者又安排了两个细节:一个容易找到,即她不愿意换上丈夫为她准备的御寒但很寒碜的衣服;另一个就是乘坐马车回家,她不选择在聚会地点的门口乘车,显然也是虚荣心理在作怪。

写到此处,一个虚荣的女人被莫泊桑的天才之笔刻画出来了。不过仔细想想,作者在刻画马蒂尔德形象的时候,并没有写她太出格的事情,一切都在生活情理之中。她对自己的衣、食、住、行不满意,并未超出生活逻辑;她想参加聚会,让自己光彩照人,动用借项链这个环节,也并没有超出生活情理。也就是说,天才的作家是在生活情理之中刻画人物的,这个人物仿佛就在我们身边,甚至这个人物就是我们自己,这也为后文马蒂尔德的性格转变、发展做了铺垫。

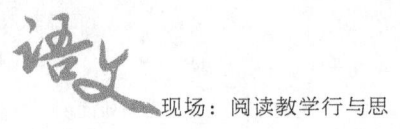
现场：阅读教学行与思

教学内容之二：《项链》最后的情节片段即"马蒂尔德偶遇佛来思节夫人"的精妙在何处？

从故事情节角度看，如果删掉从"有一个星期天"到结尾的部分，即马蒂尔德十年之后在公园偶遇佛来思节夫人的片段，情节依然完整。女主角很美丽，家庭小康，为参加宴会向贵妇人朋友借了项链，在宴会上大出风头。然而项链丢了，她只能和丈夫一起贷款买了同款项链还回去。这个情节也相对完整，并且能够阐释某些主题，也能体现马蒂尔德的形象的复杂性与多面性。但这样的情节平淡无奇，没有多大的吸引力。《项链》真正的精彩之处就在于故事的结尾，也正是这个结尾，奠定了其在文学史上的地位。因此，教学的另一个重点，应该放在故事的最后一个部分。

于是，一个问题出现了：马蒂尔德十年之后在公园偶遇佛来思节夫人的片段的精妙之处究竟在哪里呢？

第一，从主题的角度看，这篇小说显然不仅是在批判人的虚荣心理，甚至不是揭示马蒂尔德人物的复杂性，而是阐释这样一个主题：人生的变化无常。当然，如果没有这个片段，这个主题依然可以概括出来，但有了最后的片段，这个主题就更能打动人心了。辛辛苦苦劳动了十年，从光彩照人的少妇变成了"黄脸婆"，而佛来思节夫人依然年轻漂亮，而这一切最终被证明是虚妄的、无意义的，这就是造化弄人，这才是故事真正打动人的地方。当我们读完整个故事之后，难道我们的头脑中会是"资产阶级妇女的虚荣心"？我相信，对读者构成最大冲击力的就是这种命运无常的虚幻感。一个偶然的事件，居然能够改变一个人的命运进程，这是怎样一种捉弄，又是怎样一种残酷！

《项链》结局的"突转"，不是欧·亨利式的幽默，不是苦涩，而是一种沉痛的遗憾，一种无法言明的绝望。当马蒂尔德听到"唉！可怜的玛蒂尔德！可是我那一挂是假的，至多值五百法郎"时，她的内心又该是怎样的呢？如果从积极正面的意义解读《项链》的话，那么马蒂尔德在这十年中的艰辛，并非虚无，并非毫无意义，而是一种人生价值的实现，尽管这种价值本身值得怀疑，但实现的过程是有意义的。就像加缪笔下的西西弗斯，把一块巨石推上山顶，但一到山顶，由于石头自身的重量，又从山顶滚落下来，他又不得不重来，如此反反复复。或许，推石头的行为本身并无多大意义，但"推"本身就是一个有意义的行为。

第二，从故事情节的角度看，这篇小说如果只有前半部分，这个情节尽管存在因果关系，但会显得很平淡，就像平静的水面，没有任何波澜。但是有了最后的片段，故事情节就具有了"突转性"。"突转"出自亚里士多德的《诗学》，在阐述戏剧的情节时，亚里士多德认为，"突转"指行动按我们所说的原则转向相反的方向，它是"按照可然律或必然律发生的"。突转由情节结构中产生出来，往往是剧中人和观众始料不及的一百八十度的突然转变，由此造成强烈的戏剧性。悲剧产生于故事主人公的"过失"，即无心之过。马蒂尔德借项链和丢项链，显然不是故意的，而是存在"过失"，这种过失导致了严重的后果，给读者带来了一种"卡塔西斯"的效果。卡塔西斯，也翻译为"陶冶"，即引起观众的怜悯与恐惧来陶冶自己的感情。而情节的突转，恰恰是造成读者"怜悯与恐惧"的感情的主要艺术手段。

第三，这种"突转"并不是没有生活逻辑的胡编乱造，而是建立在情节的合情合理的基础之上。或者说，"突转"，不仅是"突然性"，更是"合理性"。小说多处细节已暗示了这一点。例如在借项链时，马蒂尔德的朋友表现得很大方，没有任何犹豫就借给了她，如此贵重的东西，在借的时候怎会如此漫不经心？当舞会结束之后，马蒂尔德拒绝了破旧的外衣，逃得远远的，这也增加了丢项

链的可能。当她去归还项链时,朋友竟"没有当面打开",验明一下是否"调包",这说明借出的项链本不是什么贵重首饰。当马蒂尔德拿着空盒去买项链时,珠宝店老板"查了查账簿"以后说:"只有盒子是在我这儿配的。"这说明项链与盒子不是原配的。在这十年之中,佛来思节夫人居然一次也没有打开那个项链盒子,要不她早就发现马蒂尔德归还的项链是货真价实的,这也说明原来的项链根本不值钱。这些情节也为后文的"突转"设置了悬念,埋下了伏笔,由此"突转"的情节才会合情合理。

　　依体式,定终点;缘学情,明起点;中间搭2到3个台阶。这是王荣生教授提出的备课策略。"起点",就是学情。"终点",则是依据体式制订的教学目标,即"如何塑造人物"与"情节'突转'的意义"两个教学目标。根据学情与教学目标,最终确定本节课的教学内容:探究《项链》是如何塑造"虚荣"的马蒂尔德的,以及分析《项链》最后的情节片段即"马蒂尔德偶遇佛来思节夫人"的精妙之处。

　　　　　　　　(本文原载《语文教学之友》2016年第3期,略有修改)

言语形式的再探究

——《烛之武退秦师》的"教学内容"重构

《烛之武退秦师》是人教版必修一上的一篇文言文,也是学生进入高中以来接触的第一篇文言文。对于这篇文言文来说,难度主要表现在:学生的初高中知识与能力的衔接问题;文本本身的语言表述带来的理解障碍;当时的三国形势与历史背景;对历史人物的评价;等等。大部分教师都将本课的教学内容定为:围绕"退"字梳理故事情节、品鉴分析烛之武的形象、分析文章中三个君主的形象、介绍相关的历史背景知识(特别是秦晋恩怨)、分析围攻郑国的原因及经过、探究为什么不是"烛之武退晋师"、赏析文章的"结构美"、赏析文章的"智趣"、认识国家利益在外交中的地位、分析鉴赏烛之武的外交辞令、分析烛之武"动之以情,晓之以利"的说服技术、探究秦国退兵的真正原因、探究烛之武不被重用的原因等等。

这些内容有的属于历史学科,可以简略地作为背景知识介绍;烛之武的形象也可以作为重点,至于他的性格缺陷,并非本文探讨的重点;三个国君的形象也不应该作为教学重心;文章的"结构美"显然也不是文言文教学的核心所在。剩下的只有"外交辞令"这个点,也就是烛之武在文中讲的几句话,这应该是重点分析的内容。

很多教师也注意到了烛之武的"外交辞令",但仍将教学重心放在了"言语

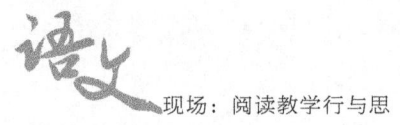
现场：阅读教学行与思

内容"上，而忽视了"言语形式"。本文出自《左传》，而《左传》是非常讲究遣词造句的，这一点在教学内容的选择上，不容忽视。

一、烛之武开场就说"秦、晋围郑"，而本文开篇则说"晋侯、秦伯围郑"。国家顺序的颠倒有什么深意呢？

《烛之武退秦师》开篇就讲"晋侯、秦伯围郑"，这是一种客观的历史陈述，因此用了"晋侯""秦伯"的称呼，而且先说"晋侯"，是因为围攻郑国的主谋是晋国。其中的原因要追溯到晋文公重耳逃亡，逃到郑国，"及郑，郑文公亦不礼焉"。郑文公没有礼待重耳，此处却说"以其无礼于晋"，准确的说法应该是"以其无礼于晋君"，少了一个"君"字，显示出晋国围攻郑国的真正原因并非"无礼于晋"，这仅仅只是一个借口。第二个原因是在晋楚城濮之战中，郑国既投靠晋国，又依附于楚国。其实重耳逃亡时，路过楚国，楚王对重耳礼遇有加，并且问重耳以后何以为报，重耳说："若以君之灵，得反晋国，晋楚治兵，遇于中原，其辟君三舍。若不获命，其左执鞭弭，右属櫜鞬，以与君周旋。"结果在城濮之战中，晋军果然退避三舍，诱敌上钩，楚军大败。这其实是典型的恩将仇报。也就是说，这两条理由都是站不住脚的，特别是"无礼于晋"，只是一个借口罢了，由此可见晋国特别是晋文公的诡谲之处。孔子说："晋文公谲而不正，齐桓公正而不谲。"就是这个意思。既然主谋是晋国，此处先说"晋侯"，那就理所当然了。

可是到了烛之武的口中，他却说"秦、晋围郑"，先说"秦"，再说"晋"，这是为什么呢？这是第一个需要探讨的细节。顺序颠倒，意味深长，耐人寻味。首先，这是暗示秦伯，在"秦晋联盟"中，秦国排在晋国之前，以秦为主导，这是给秦伯戴一个高帽。其次，烛之武和秦伯心里都很明白，在这出戏中，真正矛盾的双方是晋和郑。这时候,有意淡化晋,其实就是转移主要矛盾,淡化自己此行的目的性。

二、烛之武在指称"晋"时,开始并没有直呼"晋",而是称之为"邻",这一称呼有何深意?

当烛之武进入到第一次劝说的核心问题,即亡郑有利于晋还是有利于秦,存郑对谁有好处?在这个阶段,烛之武并没有点明郑国与晋国的矛盾纠葛,在对晋的称呼上,只是用了一个"邻"字,即"焉用亡郑以陪邻?邻之厚,君之薄也"。一字之差,也是意味深长。试想,烛之武上来就说,郑国灭亡就是壮大晋国的实力,晋国实力加强了,就会削弱秦国的实力,道理虽然也是这样,但这样讲的目的性就太明显了,郑晋的矛盾就会赤裸裸摆在秦伯面前。秦伯自然也会思考烛之武此番话的目的何在,闹不好,秦伯认为这是挑拨"秦晋之好",那就弄巧成拙了。一个"邻"字正好将郑晋的矛盾巧妙地掩盖住了。还有,一个"邻"字,其实也将晋与秦之间的关系表露出来了。如果坦然说"焉用亡郑以陪晋?晋之厚,君之薄也",不仅显得太直接,而且流于概念化。而"邻"字比"晋"字更形象,这个"邻",意思并非"郑之邻",而是"秦之邻",郑国灭亡不要紧,而晋国强大对秦国肯定不是好事。因此,烛之武用"邻"字,确实耐人寻味。到了后来,在消除了秦伯的戒心之后,烛之武开始了控诉式的"挑拨",直接称呼"晋","且君尝为晋君赐矣","夫晋,何厌之有","阙秦以利晋",即使是称呼"晋",也是在述说秦与晋的矛盾。从历史上看,"许君焦、瑕,朝济而夕设版焉";从现实上看,"既东封郑、又欲肆其西封"。这都是站在秦国的立场上,替秦国来思考问题,收到了较好的劝说效果。

现场：阅读教学行与思

三、文中有三个假设句（"若亡郑而有益于君""若舍郑以为东道主""若不阙秦"）、三个疑问句（"焉用亡郑以陪邻""夫晋，何厌之有""将焉取之"），其意义何在？

这不难理解。假设其实是一种非常有效的劝说方式，它从反面入手，预想未来可能出现的结果，甚至有意识地渲染这种结果，就会加强说服的效果。"若亡郑而有益于君"，其实就是"郑国灭亡对您是没有好处的"，隐含的意思就是郑国灭亡的最大赢家是晋国，秦国没有任何收获；"若舍郑以为东道主"，则是预想一种美好的未来，其实对于秦来说"行李之往来，共其乏困"，这简直是微不足道的好处，可以忽略不计。因此烛之武说"君亦无所害"，这是很恰当的表述，如果此处说"君亦有所利"，那就太托大了，反而会引起秦伯的警觉；说"无所害"，是一种"底线"，意思是"至少对您没害处"。这其实为秦伯留下了巨大的思考空间。再看第三处，"若不阙秦"则是预想一种严重的后果，"阙秦"并非事实，只是一种可能出现的对秦国不利的结果。烛之武是想说：不损害您的利益，损害谁呢，反正郑国已经灭亡了。至少我觉得，这句话的杀伤力是很大的，它直接将秦国与晋国的利益矛盾摆在了历史的前台。

而三个疑问句，同样值得注意。其中"焉用亡郑以陪邻"，"焉"是"为什么"，为什么要这样做，隐含的意思就是这样做有太多的不合理性；"夫晋，何厌之有"，"何……有"就是"有何"，即"有什么"，隐含的意思就是晋国是贪得无厌的；"将焉取之"，"焉"，"哪里"，去哪里拿呢？当然是去秦国拿了。

值得注意的是，烛之武每表述完一层意思，并非用疑问句或带有强烈的主观情感色彩的句子结尾，而是用近乎客观的语调结束自己每一层意思。烛之武的每一条理由的最后一句话都是语气异常坚定的肯定句或祈使句。"郑既知亡矣",是先撇清自己,既放低姿态,又隐藏起强烈的目的性。实践证明,越是隐藏起自我的目的,劝说他人才越容易成功。"君知其难也",这是从客观形势上进行陈述;"君亦无所害"这是客观分析秦国获得的好处,至少是没害处;"君之所知也",这是重复一种客观历史现象;"唯君图之",这句话带有祈使语气,但并不强烈,只是建议对方冷静地思考一下。从用语上讲,第一句话的主语是"郑",实质是"我方"。后四句中同时用到了"君"字,这是对对方的尊称,既是一种礼貌,也显示出烛之武是来说理的,而不是来乞和的,这正是烛之武不卑不亢的表现。

四、烛之武在述说理由时,使用了一系列的对比性的词句,例如"亡"与"舍"、"厚"与"薄"、"朝"与"夕"、"东"与"西"、"阙"与"利",这些强烈的对比性的词,表达效果又在哪里呢?

烛之武在劝说秦伯退兵时,有意无意地用到了很多对比性的词句。对比是文章行文的常用手法,事物的特征、人物的性格、感情的抒发都能在对比中显得更加突出。烛之武此行的主要目的就是使秦国退兵。在陈述"存郑还是亡郑"这个问题的答案时,烛之武用到了"亡"与"舍"的对比,郑国灭亡,对秦国不仅没有好处,还会使晋国的实力扩充,从而间接损害秦国的利益。而存郑,对秦国有好处,至少也没害处,所谓"若舍郑以为东道主,行李之往来,共其乏困,君亦无所害"。这样一来,郑的存亡与秦的利益联系在了一起,烛之武将两种结果一起摆在了秦伯的面前,并且带有明显的比较意味,无意之中引导秦伯做出对郑国有利的选择。在阐述"亡郑对谁有利"这个问题时,烛之武用了"厚"与"薄"的对比,将晋与秦的利益冲突暗示出来了,郑国灭亡,对晋国有好处,可以扩大晋的版图,扩充晋的实力,但是这样一来,秦国对手的实力增加,

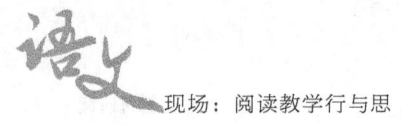
现场：阅读教学行与思

那就意味着自己利益的受损。在"厚"与"薄"之间，秦伯的选择也就明了了。在阐述晋国的背信弃义与忘恩负义时，烛之武用到了"朝"与"夕"的对比。所谓"许君焦、瑕，朝济而夕设版焉"，早上渡过黄河，晚上就修筑防御工事，改变之迅速，态度之剧变，都在这一"朝"一"夕"的对比中了，而晋国特别是晋君的两面三刀、出尔反尔的特点也就表现出来了。在陈述晋国的贪婪时，烛之武又用到了"东"与"西"的对比，所谓"既东封郑、又欲肆其西封"，把郑国当作东部的疆界后，又想往西扩大疆域，这句话也很好地阐释了"夫晋，何厌之有"的结论。最后，在直陈秦晋的利益冲突时，烛之武直接用到了"利"与"阙"的对比，"阙"，损害，秦国的利益受到了损害，晋国的利益得到了加强。这一"阙"一"利"，秦伯自然会以自身的国家利益为重了，而烛之武就在潜移默化中实现了自己的目的。

谈到文言文的教学内容时，浙江师范大学童志斌教授在《文言文教学教什么》一书中说："文言文的章法考究处、炼字炼句处，往往就是作者的言志载道的关节点和精髓处，作为语文教师，就是要通过文言字词和文言语法的解读，进入对文章的章法考究处、炼字炼句处的把握，进而探究作者的'言志载道处'。"确实如此，当我们将目光锁定在这篇文章"写了什么"时，也要透过"炼字炼句处"，去把握作者在言语形式方面的经验与创新。

（本文原载《语文教学与研究》2016年第31期，略有修改）

《雨霖铃》教学内容辨析与重构

高中语文教材选编宋词,柳永的《雨霖铃》是必选篇目。之所以成为教材经典名篇,是因为在宋词的发展历史上,《雨霖铃》是一篇标志性作品。不论是词的音乐性、艺术性,还是词的境界,《雨霖铃》都有开拓性的进展。但笔者随机抽取了近十几年关于《雨霖铃》的教学设计,发现十几年来一线教师对《雨霖铃》的解读与教学竟然出奇地一致。一方面,这说明了语文教学内容的确定性与固定性;另一方面也说明,对于教学内容,广大教师还缺少一种自觉的反思意识。

一、问题:《雨霖铃》教学内容的固化与僵化

笔者在"中国知网"中输入篇目关键词"雨霖铃",检索到语文教育领域内与柳永的《雨霖铃》有关的文章147篇。其中,以"《雨霖铃》教学设计"为篇目或者近似篇目的文章12篇。如果将这些教学设计中体现的教学内容进行大致分类的话,我们得到了如下表格:

表1 知网搜集的《雨霖铃》教学设计中的教学内容分类

篇目	作者	期刊	时间	情感	意境	意象	手法	背景	风格	语言	构思	其他
《雨霖铃》教学设计	王针桂	语文教学通讯	2001	√	√				√	√		
《雨霖铃》教学设计	张和风	学语文	2003	√	√						√	
《雨霖铃》教例评析	傅祖德	语文教学与研究	2004	√			√	√				
《雨霖铃》教学设计	范增礼	语文教学与研究	2007	√							√	
《雨霖铃》教学设计	李玫	学语文	2012	√			√					
《雨霖铃》教学设计	龚琼	散文百家	2012	√		√						
《雨霖铃》教学设计	郭熠	语文建设	2013	√		√						
《雨霖铃》教学设计	苏亚太	语文教学通讯	2014									√
《雨霖铃》教学设计	韩巍	黑河教育	2015	√		√						
《雨霖铃》教学设计	张伟	课外语文	2015	√								
多维训练,披文入情	王劲松	学语文	2016	√	√		√	√		√		

笔者对这些公开发表的教学设计进行比对阅读之后,发现一线教师在《雨霖铃》的教学内容确定方面存在着严重的固化与僵化的倾向,具体表现在:

1. 上述11篇文章有的发表在语文核心期刊上,有的发表在省级刊物上。但几乎所有的文章都认为《雨霖铃》的教学内容应直接或间接地围绕"情感、意境、手法、意象"等展开,少数文章对《雨霖铃》的写作背景、婉约风格、语言特点、构思进行了探讨。笔者表达的意思并非希望《雨霖铃》的教学内容要处于不断地变迁之中,而是担心这些教学内容会成为广大教师的"集体无意识"。

2. 在阐述相关的教学内容时,有些文章所用到的词句大同小异。例如"了解作者及创作背景""在朗读中体会词的思想感情与凄清意境""掌握写景抒情、情景交融、虚实相济的写作手法""鉴赏意象,理解传统意象在表情达意中的效果"等等。这些词句甚至句式的相似性,也暗示出《雨霖铃》教学内容的固化与僵化。

3. 在确定《雨霖铃》的教学内容时,广大教师出现了"诗词不分家"的不良倾向,笼统地将"诗"与"词"称为"诗歌"或"诗词",抹杀了两种文体不同的体式特征。于是,不论是诗还是词,统统采取"了解背景,朗读诵读,感知氛围,分析感情,赏析意境,探究意象,遣词造句"等传统方法。对于词来说,无异于忽略了词之为词的独特的文体特征。

4. 广大教师在确定《雨霖铃》的教学内容时,出现了与学术研究成果脱节的倾向。虽说语文研究与文学研究有不同的理路与方法,但学术研究成果是可以有机地融入教学内容中的。《雨霖铃》作为名篇,历代学者、诗词研究专家对其都进行了透彻的研究,而这些研究成果没有被吸纳到中学语文课程教学中来。

二、辨析:《雨霖铃》教学内容的具体分析

传统教学视野中的《雨霖铃》的教学内容当然不能算是错误,毕竟,情感、意境、意象、手法等是鉴赏诗词的必要的抓手,也是语文高考重点考查的内容。但是如果诗词教学仅仅局限在"应试"的能力框架内,无疑窄化了诗词的教学价值,弱化了诗词教学的教育力度。对于柳永的《雨霖铃》,我们有必要具体问题具体分析,用审慎的、思辨的态度与精神去重新审视、反思过去的教学内容,从而为《雨霖铃》教学内容的重构奠定基础。

(一) 背景辨析

中学语文课堂上的"作者与背景介绍",成为一节课不自觉的逻辑起点。面对教材文本,教师习惯做的第一件事就是介绍作者与背景,学生也认为是理

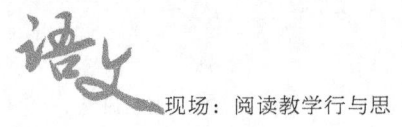现场：阅读教学行与思

所当然的事。其实，带着"作者与背景介绍"去阅读文章是不符合阅读习惯的。更为严重的问题是，学生带着写作背景走进文本，无疑会有先入为主的偏见，从而限制了多元解读的思维选择。更何况，如果教师介绍的作者的生平与写作背景不是"这一篇"文章的写作缘起，那么这种介绍就完全是无用功了。

依此观点，反观大多数教师对《雨霖铃》作者及写作背景的处理，我们发现教师要不就是全面介绍柳永与宋词的关系，要不就是搜罗奇闻轶事，了解柳永的生平经历。但不论是柳永的经历，还是他的艺术成就，与这一篇《雨霖铃》之间并不存在直接的关系。了解《雨霖铃》的写作背景，这一点不难做到，只需要去查柳永作品及后人的注释即可，例如薛瑞生先生的《乐章集校注》或谢桃坊先生的《柳永词选评》。据薛瑞生先生的考证，这首词"必写于出仕之前"，即咸平五年，当时柳永 16 岁。① 谢桃坊先生认为，柳永大约在 1027 年离开京城，在断绝了科举入仕之路后，漫游江南，进行干谒活动，以求得某些达官贵人的赏识，以期能改变个人的命运。② 从《雨霖铃》的用语与风格来看，当写于中年时期，即柳永在 40 岁左右离开京城、游历江南时。

(二) 情感辨析

大多数教师在分析这首词抒发的情感时，往往将注意力放在"离愁别绪"上，这本身并没有错。但是从词作本身来看，除了离愁别绪，这首词还带有作者的羁旅愁思。谢桃坊先生编选《柳永词选评》，正是将其归类为"羁旅之词"。在这首词中，作者从此地的离别，想象到"念去去千里烟波，暮霭沉沉楚天阔"，心绪禁不住飞到了即将远行的千里之外。下阕中，作者再一次进行了想象，

---

① 薛瑞生：《乐章集校注》，北京：中华书局，2012 年版，第 19 页。
② 谢桃坊：《柳永词选评》，上海：上海古籍出版社，2002 年版，第 78 页。

"今宵酒醒何处,杨柳岸,晓风残月",这句词中,体现的不仅仅是作者的离愁,更多的是一种离开故乡、远在他乡的孤寂,其内心不仅有对恋人的思念,也有对故乡、对京城的思念,这其实就是羁旅愁思。

(三)手法辨析

这首词最明显的艺术手法,大多人认为是情景交融和虚实结合。笔者认为,情景交融需要进一步辨析。情景交融,或者说借景抒情,是诗歌常用的抒情手法,不过诗中的借景抒情多为"比兴",即先言他物以引起所咏之辞,其重心在"情",景物存在的价值在于触发、抒发感情,情由景生;而这首词更多的是即事言情,情由事生,重心在"事"而不在"景"。甚至可以说,不论是情景交融还是虚实结合,都不是本词最典型的手法。《雨霖铃》中最典型的手法就是铺叙与点染,这既是这首词与诗相区别之处,也是其作为慢词与小令的最主要的区别。这一点也是广大教师忽略的一点,后文将详细展开。

(四)意象辨析

一线教师赏析《雨霖铃》,往往将重点放在"寒蝉""长亭""杨柳""晓风""残月"等带有浓重的离情别绪的意象上,因为这些典型的"离别意象"承载着主人公浓浓的别愁。即使是"千里烟波"与"暮霭沉沉",也多是从别离情绪的角度进行分析。叶嘉莹教授认为,柳永词中出现了高远意象,这一点与其羁旅愁思是结合在一起的。在她看来:"柳永就把他志意的追寻和落空结合进去了;而且把他的志意的追寻和落空,结合了外边高远的景物。这才是柳永词最值得注意的一个特色,最大一个好处。"[1]《雨霖铃》中的"念去去千里烟波,暮霭沉沉

---

① 叶嘉莹:《唐宋词十七讲》,北京:北京大学出版社,2007年版,第223页。

楚天阔",这种景物描写在以前是没有的。《八声甘州》中有"对潇潇暮雨洒江天,一番洗清秋。渐霜风凄紧,关河冷落,残照当楼",《凤归云》中有"向深秋,雨余爽气肃西郊。陌上夜阑,襟袖起凉飙。天末残星,流电未灭,闪闪隔林梢",这些景物已经不局限于亭台楼阁,不局限于女子闺房,而是走向了关山寒漠,走向了大千世界的千山万水。

(五)风格辨析

将《雨霖铃》认定为"婉约词",最直接的证据就是俞文豹在《吹剑录后续》中的"柳郎中词,只合十七八女孩儿,执红牙拍板,唱'杨柳岸,晓风残月'"的记载,并且与苏轼的"大江东去"形成了鲜明的对照。"豪放""婉约"之说最早见于《诗馀图谱》:"词体大略有二:一体婉约,一体豪放。婉约者欲其辞情酝藉,豪放者欲其气象恢弘。盖亦存乎其人,如秦少游之作多是婉约,苏子瞻之作多是豪放。大抵词体以婉约为正。"①其实,将词的风格分为豪放与婉约,并无理论依据,很多词其实不是豪放词,也谈不上婉约词。吴熊和先生著《唐宋词通论》,研究了关于词的各种知识,例如词体、词调、词派、词论、词籍、词学等,可谓包罗万象,唯独对词的风格只字不提。因此,笔者建议对于词的风格的分类,一定要审慎,切不可陷入"非此即彼"的误区。

三、重构:《雨霖铃》教学内容的"纵"与"横"

王荣生教授曾经提到过一种现象:"据我对课堂的观察,现在我们老师教

---

① 张綖:《诗馀图谱》,见文渊阁四库全书。

'词',跟教'诗'差不多,而教'诗',往往又像教散文,一句一句解释诗句的意思。我提出,我们今天备课,能不能把柳永这词,教出一点词的味道、词的特色来?"①反观近十几年《雨霖铃》的教学内容,确实存在着忽略词的文体特征的现象。诗和词具有不同的文体特征,在词的内部,也存在小令与慢词等不同的体式。对《雨霖铃》教学内容的重构,应该建立在对以往教学内容扬弃的基础上,建立在词本身的文体特征上。

(一)横向建构:依据于诗与词的界限

以离别、送别为主题的诗歌,在宋代以前可以说是不胜枚举,那些离别诗、送别诗,也取得了很高的艺术成就。但从写法上讲,它们往往是截取送别的横断面,选取最有意义的点来渲染烘托,很少展现整体意义上的送别场景,除非是篇幅很长的叙事诗。选取横断面之后,再选择有代表性的典型景物,借以抒情,有的诗歌会直接抒发离愁别绪。但柳永的《雨霖铃》,则是展现了一个相对完整的离别场景与画面,这首词,有离别的季节、时间、地点、氛围,运用铺叙衍情法,细致地描绘和具体地刻画出整个送别的场景、过程,别前、别时、别后的环境氛围以及人物的动作、情态、心绪。铺叙,在《诗经》中体现为"赋"的手法,朱熹曾解释为"铺陈其事而直言之"。可以说,铺叙的手法是词特别是慢词与五言和七言诗歌最大的区别之处。

从时间和空间的角度看,以往的离别诗也会有想象,但往往是单向度的,要么是从现在回忆过去,要么是在现在展望未来,而柳永的《雨霖铃》则采用了一种自由转化时间和空间的写法。他巧妙利用时空的转换来叙事、

---

① 王荣生:《求索与创生:语文教育理论实践的汇流》,济南:山东教育出版社,2013年版,第254页。

布景、言情,而自创出独特的结构方式。诗或词的一般结构方式,是由过去和现在或加上将来的二重或三重时空构成的单线结构;柳永则扩展为从现在回想过去而念及现在,又设想将来再回到现在,即体现为回环往复式的多重时间结构。① 就拿这首词来说吧,从开篇到"竟无语凝噎"是现时的离别场景,地点在长亭。"念去去"一句则是着眼于未来,地点也随之转化为将要远行之地,即楚天。下阕开篇又回到现在,所谓"更那堪冷落清秋节",在进行了"今宵惊醒何处"的设问之后,作者的思绪再次跳往未来,跳到了远行之地,并且地点更为具体。"此去经年",则再一次从现在出发,预想未来发生的事情。如此循环往复,回环曲折,正体现了词的独特的文体特征。从诗与词的情感抒发方式上讲,词更讲究婉曲,正如王国维说:"词之为体,要眇宜修。能言诗之所不能言,而不能尽言诗之所能言。诗之境阔,词之言长。"② 在缪钺教授看来,诗与词的区别还在于:词是长短句,音节谐美,音乐性强,又因篇幅短,要求言简义丰,浑融蕴藉,故词体最适合于"道贤人君子幽约怨悱不能自言之情,低徊要眇,以喻其致"。③ 慢词讲究的就是时空的交错、反复的渲染、层层的推进,这种曲折与变化正是慢词的独特的文体特征,这与诗的单一、明快是不一样的。

(二)纵向建构:依据于词的发展脉络

柳永之前的词,大多是小令,创作主体以帝王将相、文人士大夫为主。小令的创作,与传统的诗有相似之处,例如以五七言为主的句式。整个唐五代,慢词总共不过十多首;与柳永几乎同时的张先、欧阳修、晏殊,创作的慢词数量

---

① 袁行霈:《中国文学史》(第三卷),北京:高等教育出版社,2003年版,第47页。
② 王国维:《人间词话》,北京:人民文学出版社,1960年版,第226页。
③ 叶嘉莹、缪钺:《灵谿词说正续编》,北京:北京大学出版社,2015年版,第43页。

也有限。而柳永大力创作慢词,一生共创作慢词125首,《雨霖铃》就是其中非常著名的一首。

从词的抒情主人公来看,《雨霖铃》的主人公有着双重身份:一方面,他是离别情境中的男子;另一方面,他也是离家在外的游子。因此,这首词的抒情,既有离愁别绪,又有羁旅愁思。"念去去千里烟波,暮霭沉沉楚天阔",就是作者想象自己离家在外,漂泊于外地时的所见所感。"今宵酒醒何处?杨柳岸晓风残月",这句词中不仅有浓重的离愁,同时也有漂泊在外思乡思亲的愁思。这一点此前已有论述。柳永游子的抒情身份,在其他词中也有表露。例如他著名的《八声甘州》《夜半乐》等,抒发的都是离家在外的羁旅之愁。这一点在以前的词中是没有的。总之,从红粉佳人到漂泊游子,宋词的抒情主人公发生了巨大的转折,同时也影响到了词的境界。

从句式以及音乐性的角度看,柳永的《雨霖铃》写得也很专业。之前的晏殊、欧阳修、范仲淹等人写词,其实是用写诗的手法写词,诗以五言和七言为主,句子内部的停顿也颇有规律。他们这些士大夫写词,长于小令,拙于慢词,而柳永恰恰是在慢词这一点上取得了较大的成就。《雨霖铃》中只有"暮霭沉沉楚天阔"和"多情自古伤离别"两句话与七言诗句很相似。其他如"竟无语凝噎""念去去千里烟波""便纵有千种风情"等,在断句上与五言诗和七言诗有较大的区别。这首词中大量的四字句、六字句、八字句,是以前诗歌中很少出现的,并且这些句子都符合平仄以及押韵规律。这一点不奇怪,因为柳永本身就精通音律,写出来的词自然"专业"。慢词其实在敦煌曲子词中也有,但往往被视为俗曲,晏殊等人只是不屑为之,甚至还嘲笑柳永,认为写与诗一样的小令才是正统,才高雅。但词作为一种独特的文体,如果没有自己的文体特征,没有自己的创作方法,那岂不就失去了词的独立性了。因此,柳永在词的专业化方面的成就,无人匹敌。

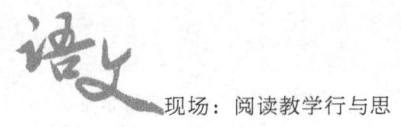现场：阅读教学行与思

总之，在解读文本的基础上，进一步从词的文体特征以及词的发展变化历程中去探究《雨霖铃》的独特的教学价值，笔者认为是非常必要的。如果仅仅探究情景关系、词的感情基调与氛围等等，那就降低了这首词的教学价值。

(本文原载《语文教学与研究》2017年第16期，略有修改)

转变"要素板块框架",重构小说教学内容

——以《林教头风雪山神庙》为例

小说,越来越被认为是最纯正的文学体裁,成为20世纪以后文学的主导文类。但语文课堂上的小说教学,与小说创作、小说理论研究之间,出现了严重的错位与断裂。数十年以来,小说课堂总是遵循着"四要素"的内容,根据情节、人物、环境、主题的特点安排教学内容,课堂也随之呈现"板块特征":梳理故事情节、分析人物形象、赏析环境描写、概括中心主旨。这种"要素板块框架",已经成为广大教师在中学课堂小说教学中的集体无意识。

人教版语文教科书必修五的《林教头风雪山神庙》是《水浒传》中最为精彩、最为传神的艺术篇章,对本文的解读文章、教学设计文章、课堂实录文章数不胜数,但整体上都没有突破"要素板块框架"。人教版教材在课后的研讨与练习题中,设计了如下四个问题:

1. 概括情节要点,理清情节发展的脉络。
2. 试总结林冲的性格特点。
3. 课文对风雪有哪些描写,这些描写渲染了怎样的气氛,是如何推动情节发展的。
4. 探讨林冲在恶势力的逼迫下,由安分守己到上山聚义的心理变化过程。

不难看出,上述四个问题正是按照情节、人物、环境、主题来设计的,这也

现场：阅读教学行与思

恰恰是小说的四要素。据此确定的教学内容，并没有错，但这种框架有几个严重的问题，需要思考。第一，四要素之间的关系如何，地位轻重如何？尽管题目三中提到了"环境"和"情节"的关系，但四者之间基本上是各自独立的。那四要素中有没有占据核心地位的因素？第二，概括情节要点，理清情节发展脉络，这无可厚非，但这是一种静态的分析，是将情节视为成品，从赏析的角度进行分析。关键问题是故事情节是如何虚构出来的？情节要点和发展脉络，都不能回答这个问题。情节要点究竟是什么要点，情节脉络是如何安排的，一句话，情节是如何叙述出来的，还需要进一步思考。第三，林冲最主要的性格特点在这一回中体现得是否很明显，是否带有典型性？林冲怒杀陆虞候、富安和差拨，是不是他性格从忍让到反抗的转折点？第四，学生能不能够独立完成这些作业？学生的兴奋点与难点是不是在情节、人物、环境、主题等方面？

正因为有上述思考，笔者认为不应该将教学重心放在情节的概括与人物性格特点上，而是应该放在情节的叙述上，即分析作者是如何"讲"故事的，作者为什么能够将故事讲得如此精彩。

一、叙述视角：全与限

其实，《林教头风雪山神庙》的故事情节非常简单，用一句话概括就是：陆虞候勾结管营暗害林冲而未遂。但如何讲这个故事，却大有玄机。我们知道，读者阅读过程中获取的信息是由作者提供的，在文本中，作者化作叙述者，向读者讲述故事。叙述者有时候要让读者了解一些信息，于是就充当了全知叙述者，叙述者上天入地无所不知，就连故事中人物的心理活动也了如指掌。但有时候，作者不想让读者提前获取信息，便会有意识地遮蔽一些东西，遮蔽的方法便是视角的转换。这也是故事中"悬念"与"误会"形成的机理。

本文从林冲被刺配沧州讲起，首先出现的人物是李小二。可以说，这是一个没头没尾的人物，不知从何处来，故事结束之后，又不知到何处去了，一如洪教头。李小二的叙述功能在于不知不觉中替换全知叙述者，在读者与故事之间形成某种屏障。李小二出现以后，读者便不会跟随林冲的身影，而是将注意力转移到李小二身上，这是作者有意安排的。作者写道：

忽一日，李小二正在门前安排菜蔬下饭，只见一个人闪将进来，酒店里坐下，随后又一人闪入来。看时，前面那个人是军官打扮，后面这个走卒模样，跟着也来坐下。

此时，全知的说书人悄然隐去，代之而起的是李小二的限制叙事视角。在"叙述者＝人物"的视角中，读者只能通过李小二的眼光去观察，叙述者观察到的，就是李小二观察到的；李小二观察的，自然也是读者观察到的。也就是说，作者暂时不想让读者提前知道这二人是谁，如果是全知叙述，无所不知的叙述者定然知道二人的身份，和盘托出便失去了故事的紧张感与悬念性。但作者的高明之处在于：他既不想让读者提前获取信息，又要让读者感受到阴谋氛围，形成一种针对林冲设计阴谋的期待视野。于是李小二眼中的二人便带有了"狐疑"的特征，这一点从"闪将进来""那跟来的人讨了汤桶，自行烫酒""低头离开"等词句可以看出，而二人的"东京口音"也让读者有所警觉。

二人离开之后，李小二的叙述功能便终止了。读者的目光再次回到林冲身上，跟随林冲的活动，了解林冲的心理与行为。街上寻仇、替换老军、看管草料场、市井买酒、雪压住所、栖身山神庙等等情节，作者又转回全知叙述，甚至林冲在草料场的心理活动如"这屋如何过得一冬""又没打火处，怎生安排"等，叙述者也了如指掌。而当林冲借宿山神庙时，叙述视角再一次发生了转换，从全知视角转化为林冲的视角，这也是本文最精彩的篇章：

只听得外面有人说将话来。林冲就伏门边听时，是三个人脚步响，直奔庙

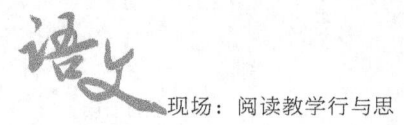
现场：阅读教学行与思

里来,用手推门,却被石头靠住了,推也推不开。三人在庙檐下立地看火,数内一个道:"这条计好么?"一个应道:"端的亏管营、差拨两位用心!回到京师,禀过太尉,都保你二位做大官。这番张教头没的推故。"那人道:"林冲今番直吃我们对付了,高衙内这病必然好了。"又一个道:"张教头那厮,三回五次托人情去说:'你的女婿没了。'张教头越不肯应承,因此衙内病患看看重了。太尉特使俺两个央浼二位干这件事,不想而今完备了。"又一个道:"小人直爬入墙里去,四下草堆上,点了十来个火把,待走那里去?"那一个道:"这早晚烧个八分过了。"又听得一个道:"便逃得性命时,烧了大军草料场,也得个死罪。"又一个道:"我们回城里去罢。"一个道:"再看一看,拾得他一两块骨头回京,府里见太尉和衙内时,也道我们也能会干事。"

很显然,这是林冲的视角,或者说是故事人物的限制视角。不过这个限制视角与李小二视角的区别之处在于:李小二实际上不认识陆虞候和富安,因此读者也就不知道来人是谁;而此时,林冲是认识这三个人的,既然叙述者知道,林冲认识,自然读者也应该认识。但作者依然不愿让读者提前获知,要让"悬念"进行到底。这就是作者的艺术创造与艺术匠心了,如果改为"三人在庙檐下立地看火,其中差拨说'这条计好么?'陆虞候应道:'端的亏管营、差拨两位用心!回到京师,禀过太尉,都保你二位做大官。这番张教头没的推故。'……"如此,故事就索然无味了。具有吊诡意义的是,作者只是通过林冲的视角告诉读者三人分别是谁,但自始至终,读者也没有确切地知晓究竟是谁讲了哪句话,读者只是根据情理进行合理推断而已。

二、叙述时间:显与隐

在小说中,故事时间与叙述时间是不一致的。其中最大的区别在于:故事可以在同一时间内发生,叙述总是有先后区别。也就是说,对于同一时间发生和进行的两件事,作者是没有办法同时叙述的;呈现在文本中,总是会有先后之别。出于无奈,作者只能采取"分述两事"的方式,古代小说经常采用"花开两朵,各表一枝""按下不表,单说某某"的语言形式。更高明的作者在分述两事时,会将一方的活动有意识地隐去,留下空白,等待读者进行"填空"。

在《林教头风雪山神庙》中,作者就采取了这种方法。故事中有两方的活动,一方是林冲,一方是陆虞候、富安、差拨、管营。大部分情况下,当一方处于明处时,另一方便被隐去。当读者眼光聚焦到李小二身上时,陆虞候、富安的行动便在明处,只不过是靠推测,林冲的活动便退回幕后。只不过林冲的活动无关紧要,作者没有展开。而当林冲"走上舞台",陆虞候等人便退回幕后,读者又将眼光聚焦到林冲身上。

此时文本的一个不起眼的关键之处出现了:此间东门外十五里有座大军草场。作者强调的"十五里"经常被读者忽视,其实这就是双方展开行动的空间,同时也安排了时间上的偶合。按照作者的安排,故事应该是这样的:林冲领命之后,和差拨一起到草料场与老军交割。差拨回到沧州城中,和陆虞候、富安会合,一起前往草料场放火,这中间花费的时间要与林冲买酒、夜宿山神庙的时间大致吻合。于是,这些表示路程的里数便具有了情节意义上的作用,而且是非同小可的作用。

差拨办完事之后,离开草料场,和林冲在草料场之后的行动是同时进行的。作者特意交代,"林冲和差拨两个在路上,又没买酒吃处",也就是说,沧州城和草料场这段路上没有卖酒的地方,如果有的话,林冲到这个路段买酒,就很有可能与陆虞候三人碰面,后面的精彩情节也就无从谈起了。因此作者一定要将买酒的地方安排在草料场的另一方向,即继续向东。金圣叹显然也注意到了这一细节:"有此句便使老军投东一语不谬,又令花枪葫芦,断不遇着三

人也。"那差拨有没有可能没有回到沧州,他和陆虞候、富安约好了地方在半路会合?答案是否定的,差拨一定是回到了沧州城中与陆虞候、富安会合。因为差拨此次行动是负责林冲与老军的手续交割,他不仅要和林冲一起到草料场,同时还要和老军一起回到沧州城,才算完成了使命。作者特意交代:"老军自和差拨回营里来。"也就是说,差拨回到城中,和陆虞候、富安再次回到草料场,他走了 30 里路。这路人的行动及其时间是隐藏在故事里的,作者没有明确交代,但是他们的行动相对简单:差拨回到沧州,走了十五里路;然后和陆富二人会合,再回到草料场,又走了十五里路。

就是说,陆虞候这路人的活动是隐藏在幕后的,林冲的活动则是在台前。一隐一显,故事便陡然紧张。最终,双方汇集于山神庙。至此,双方才开始了正面的交锋。

三、叙述细节:情与理

小说的本质是虚构,虚构就是编造,但编造不是胡编乱造,而是对某种真实的情境的刻意营造。这似乎是一个悖论:虚构的目的在于刻画真实,明明是编故事,却要让读者相信这一切都是真的。此处的"真",是以生活真实为基础的艺术真实。其最典型的体现就是细节的真实。

真实,首先是生活情理上的真实,或者说故事要合情合理。这其实是《水浒传》叙事的一大亮点。举一个经常被读者忽视的细节,李小二叙述自己的生活经历时,他无意中提到:"权在营前开了个茶酒店,因讨钱过来遇见恩人。"这里的"营",指的就是沧州的牢城营,即接收官府发配的囚犯的地方。李小二的店为什么要开在这里呢?细读文本,我们发现作者安排这一细节的精妙之处:
① 正因为李小二的店开在牢城营前,而林冲却是发配到此地的囚犯,二人活

动的地点相距不远,活动区域会有交集,因此,才会有见面的可能。只不过李小二夫妇二人是"个体户",他平时要在店里照看生意,一般不出来,那这次为什么会在街上遇到林冲呢?细心的作者特意交代:"因讨钱过来,遇见恩人。" ② 正因为李小二的店开在营前,陆虞候、富安二人从东京来到沧州之后,首先选择的是离牢城营不远的李小二的茶酒店,这样就为后文李小二阁子背后听说话做好了铺垫。而李小二之前就是东京人,所以才会一下子听出了陆虞候二人的东京口音。③ 正因为李小二的茶酒店离牢城营很近,他一定认识营里的管营和差拨,因此,陆虞候才会差遣李小二去请管营和差拨。总之,开在营前的茶酒店,成了各路人马活动的会集地,作者这一安排,可谓合情合理,巧妙至极!

其次,故事的合情合理还在于细节的照应。当林冲听了李小二的讲述之后,立刻到街上买了一把解腕尖刀,结果没有找到陆虞候和差拨,这把刀也失去了踪迹。此后,林冲被安排看管草料场,又去买酒,回来之后发现住处被雪压塌了,然后又到山神庙过夜,陆虞候等三人出现,林冲用花枪杀死差拨和富安。此时,解腕尖刀再次出现,"用脚踏住胸脯,身边取出那口刀来,便去陆谦脸上搁着",前后的情节才有了照应。林冲来到草料场之后,想起老军说的草场二里外有一个市井,于是便冒了风雪,去那里买酒喝。去的时候,作者写:"出到大门首,把两扇草场门反拽上锁了。带了钥匙,信步投东。雪地里踏着碎琼乱玉,迤逦背着北风而行。"等林冲喝完酒,又买了一些牛肉和酒,回来时,作者写:"又买了一葫芦酒,包了那两块牛肉,留下碎银子,把花枪挑了酒葫芦,怀内揣了牛肉,叫声相扰,便出篱笆门,依旧迎着朔风回来。"注意,林冲去的时候是"背着北风",回来的时候是"迎着朔风",一"背"一"迎",非常符合自然规律和生活情理,这就是作者的"细心"之处。

总之,将教学内容从"要素板块框架"转化为"叙述框架",我们便可以发现

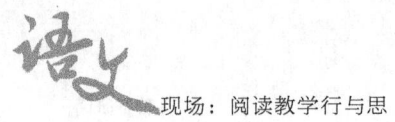现场：阅读教学行与思

传统解读中不曾发现的艺术创造，以"叙述"为核心的教学内容的确定，既是根据情节类小说的体式特征，又在学生的理解能力之外，因此具有最大的教学价值。

（本文原载《中学语文》2017年第7期，略有修改）

思辨性阅读的教学实践

——以《等待散场》为例

2003年版的《普通高中语文课程标准》提出要"养成对语言、文学以及文化现象独立思考、质疑探究的习惯,发展思维品质,增强思维的深刻性和批判性",而2017年版的《普通高中语文课程标准》把"思维发展与提升"作为语文学科核心素养之一,提出要"运用批判性思维审视言语作品,探究和发现语言现象和文学现象,形成自己对语言和文学的认识"。"思辨性阅读与表达"也成为高中语文学习任务群之一。如何运用批判性思维的方法,对文本进行深度研读与阐释,成为思辨性阅读首要探究的课题。笔者以短篇小说《等待散场》的教学为例,具体探究思辨性阅读的思维与方法在教学中的运用策略。

一、从叙述视角的角度,探究情节特征

多数教师教小说,习惯于围绕人物形象、故事情节、环境描写、小说主题等内容展开教学。例如概括小说中的主人公的性格与形象特征,概括小说的故事情节,并分析情节与人物塑造之间的关系,分析景物描写的作用,探究小说的主题,等等。这些教学内容实际上停留在对文本的阐释上,即以接受文本为

现场：阅读教学行与思

主,阐释文本的内容与写作手法。或者说,教学内容是围绕"作品写了什么"来展开的,而较少探究"作品是如何写成的",遑论"作品为什么要这样写"之类的问题了。思辨性阅读,则是在接受文本内容的基础之上,特别关注"作品是如何写成的"以及"作品为什么这样写"这两大问题。

就拿《等待散场》的教学来说吧,小说情节相对简单,没有曲折离奇的故事,学生初读便可把握小说的基本内容。在这种学情基础上,仅仅请学生根据故事的开端、发展、高潮、结局来概括故事情节,把握故事的具体内容,这是远远不够的。甚至,教师仅仅围绕"小说三要素"展开教学,也是流于表面的。当我们将关注点放在小说的叙述者身上时,便可以读出小说的另一种韵味,这也是进入小说故事情节的新的切入点。于是,笔者先抛出了一个问题："我"在小说中的作用是什么?为了让问题更加明确具体,我采用了填空题的形式,即"我"在小说中是(　　)者和(　　)者。

对于这个问题,学生很快就回答出了"叙述者",这也是显而易见的。对于另一空,有的学生说是"旁观者",有的学生说是"亲历者",也有的学生说是"见证者"。而笔者预设的答案是"叙述者"与"见证者"。"叙述者"是着眼于小说叙述的视角、人称与口吻,而"见证者"强调的是"我"作为参与故事的人员之一,与故事本身的关系。于是,另一个问题出现了："我"是如何参与到具体的故事中去的?或者说,"我"是如何成为整个事件的"见证者"的?经过再读原文,学生抓住了"我忽然撞到了一个人的肩膀上"这句话,这也是"我"参与事件的一个契机,而这一"撞",也撞出来一个美好的爱情故事。

那么,"我"为什么会撞到这个小伙子呢?师生之间开始了抽茧剥丝、层层深入的分析与对话：

师："我"为什么会撞上这个小伙子呢?

教材研读

生:因为"我"很慌张,而且在小跑,情急之下不小心撞到了小伙子。

师:"我"为什么很慌张呢?凭票进入剧场不就可以了?而且等待看芭蕾舞剧的人那么多,为什么会单单撞上这个小伙子?

生:一来是因为"我"迟到了,芭蕾舞剧已经开始了,所以很慌张。二来是因为天下着小雨,"我"要从售票处以及相连的平房那儿绕向阶梯,于是撞上了小伙子。

师:"我"既然已经迟到了,而且《天鹅湖》说不定已经跳完了第三幕,整个舞剧已接近尾声,"我"为什么还要赶过来呢?

生:原文说,"我是个狂热的芭蕾舞迷",从这句话可以看出,"我"不是普通的芭蕾舞迷,而是"狂热"的舞迷。即使迟到了,即使《天鹅湖》所剩无多,"我"依然风风火火地赶过来,正好印证了"狂热"二字。

师:既然"我"是"狂热"的芭蕾舞迷,为什么还要迟到?

生:原文说"我"是"因为业务上的急事耽搁到8点40分才脱身",说明"我"原本是买好票可以准时观看的,只是由于突发状况才不得不迟到。

师:还有一个细节,不知大家有没有关注到?剧场外有宽大的阶梯,按照常理,"我"在空旷的地方撞上一个人的概率是很小的。但是由于一个意外,"我"在棚檐下撞到了小伙子,这个意外就是天正下着雨。那么,小伙子当时在棚檐下干什么?

生:肯定是避雨,而且暗示了小说的题目"等待散场","我"在棚檐下避雨是为了等恋人。

很多老师认为这个情节平淡如水,没有探究的价值。其实,对于看似平淡的小说,经过这种刨根究底的思辨性阅读,也可以读出诸多味道。美国学者格拉泽尔认为:"在一个人的经验范围内,有意愿对问题和事物进行全方位的考虑,这种态度就是批判性思维。"吴格明教授认为:"思辨性阅读,要把省略的东

现场：阅读教学行与思

西思考出来,才是真正理解了。"①陈兴才老师也认为,思考语文阅读和写作教学,可以有一个通俗的表达:从"有见识"到"能识见"。② 所谓"有见识",实际上是从知识与能力的角度,把握小说的具体内容,知晓故事情节;而所谓"能识见",则是需要对小说的内容例如故事情节进行深入分析与评价,从原因与价值的角度进行探究,不仅"知其然",还要"知其所以然"。

二、从"合情合理"的角度,探究情节的"穿帮处"

当师生通过对话的方式,赏析了小说前两段的故事情节之后,笔者便引导学生概括出了小说情节的第一个特征:合情合理性。按照正常的教学设计,本节课将开始分析故事情节的另一个特征,即一波三折。但正当笔者准备引出另一个话题时,一个教学意外出现了。一位同学站起来对刚才的分析提出了疑问:"我觉得这个情节也有不符合生活情理之处。例如原文说'我是一个狂热的芭蕾舞迷','我'既然可以在舞剧临近结束时赶过来观看,为什么不下了出租车直接跑向剧场入口呢？因为原文说天下着小雨,'我'那么狂热,都不能忍受一小段距离的淋雨吗？"

这个疑问立即引起了部分同学的认同,笔者当时感觉有点"吹毛求疵",正欲忽略学生的疑问时,突然冒出一个想法,何不请学生针对故事情节,给小说"挑挑刺"？于是笔者没有轻易否定学生的疑问,而是继续围绕这个问题,请同学们展开讨论,并且找一找小说中其他的"穿帮"之处。

学生对于这个问题显然兴致盎然,纷纷埋头阅读,寻找小说中的不合情理

---

① 吴格明:《离开了思维,语文就成了一堆鼓励的词句和文化碎片》,《中学语文教学》,2017年第8期。
② 陈兴才:《思辨读写,走出整本书阅读困境的最佳途径》,《中学语文教学参考》,2017年第13期。

之处。有的学生认为"我"作为一个男人有点矫情,不肯冒雨跑向剧场门口,好像是专门去撞小伙子似的。有的学生当即反对,认为"我"的性别特征并不是十分明显,小说中没有直接点明"我"的性别。有的学生说作者是刘心武,"我"自然也是男的。另一名同学又反对,认为小说的作者与叙述者不是同一个人……

此时,有一位同学指出了小说中另一处不合情理的地方。他认为,当"我"撞上小伙子之后,此后的对话不符合情理。按照常理,小伙子问"您有票吗",一定是有某种交际目的的,而"我"才会产生误会,认为小伙子是要买"我"的票。当误会澄清之后,小伙子道出了事情的原委,而"我"提出将票送给小伙子之后,小伙子只是仔细看了一下排数座号。这就与最初的"您有票吗"的提问产生了矛盾。既然担心恋人会提前出来而不肯接受"我"的好意,为什么会在相撞之后突兀地问一句:"您有票吗?"

不得不说,学生的思维很敏锐,能够从常理的角度对情节进行质疑,并且结合文本进行论证分析。笔者本打算从生活真实与文学真实的角度进行阐释,但为了保护学生的批判性思维,只是点拨了一句:"小说情节存在着不合理之处,恰恰从反面说明小说的情节应该更加合情合理。"

学生是有潜在的思辨性阅读的潜质的,教师要善于保护这种潜质,而不是忽略甚至轻易否定学生的质疑。余党绪老师说:"理解文本自身的逻辑,靠的是文本细读与综合分析的能力;然后用自己的逻辑去判断文本的逻辑,寻找共鸣,或者发现破绽,靠的是质疑、分析、判断与评价的功夫。"[③]单纯的质疑或否定,都不是思辨性阅读的应有之义。对于思辨性阅读而言,质疑的基础与前提是与文本进行充分对话,全面把握文本的内容,进而运用批判性思维,对文本进行分析与评价。在质疑的基础上,通过分析与论证,证明自己的结论,才是通向思辨性阅读的合理路径。

现场：阅读教学行与思

三、从多元取向的角度，探究小说的主题

小说的主题是小说教学绕不开的内容，对于《等待散场》的主题，多数教师认为是歌颂了男女纯真美好的恋情，塑造了一个执着诚挚、恪守承诺的男主人公和一个温婉可人、善解人意的女主人公的形象。这种解读固然不算错误，但存在单一化的阐释维度。小说的主题与作者的表达意图有关，而作者的表达意图往往存在着多元性甚至模糊性。因此，笔者也从多元取向的角度，引导学生对小说的主题进行深度把握。

将主题定位为"歌颂纯真美好的恋情"，这是从男女主人公的行为与心理的角度进行分析的结果，但小说中还存在着另一个人物，即"我"，转变一种解读视角，从"我"的角度对故事进行观照，结论可能就不太一样了。在故事中，"我"作为事件的亲历者与见证者，同时也作为故事的叙述者，整个事件是在"我"的叙述中得以呈现的，整个事件也是通过"我"的眼光观察的。于是，小说便存在着"我"与男女主人公的潜在的对话。小说写道："我倏地忆及自己的青春，一些当年的荒唐与甜蜜场景碎片般闪动在我心间。""荒唐"是对这件事的否定性评价，而"甜蜜"则是正向肯定，两个含义相反的词语结合使用，定有深意。于是一个问题的切入点便找到了："我"为什么认为这是"荒唐与甜蜜"的场景？

一位同学说："'荒唐'是'我'对此事的第一印象，'我'在文中是一位老人，历经沧桑之后再来看青年男女的恋情，会觉得文中的小伙子与妙龄女郎的行为很幼稚。但看似'荒唐'的背后，是男女纯真的爱情。"

一位同学说："'荒唐'是用实用标准，或者说生活标准来评价的。小伙子把票让给心上人，执意在外等待散场，这不符合实用价值的标准。但是从情感或审美的角度看,这种行为恰恰包含着真挚的情感。"

一位同学说:"当'我'垂垂老矣,激情消退,心中早已没有了爱情的感觉,而正是小伙子的举动,勾起了'我'对青春与往事的回忆,并且在想象中重温当年的甜蜜。荒唐是表面的,甜蜜是内在的。也可以说,荒唐是现在的,甜蜜是过去的。"

还有的同学抓住了文末一句话:"我站在那儿,摩挲着鬓边白发,沉浸在永恒的旋律里……"认为这篇小说的主题不仅仅是对青年男女纯洁爱情的歌颂和"我"对这对男女的祝福之情,更包含着"我"本人对青春的追忆,对逝去的青春的伤感与无限留恋,或许还有对经历过沧桑之后对人生的深切体悟。

董毓教授认为:"批判性思维阅读要寻找、辨别、追踪文本给出的对主题论点的根据,或者产生作者的目的、情感、思想的深层原因。"[1]而阅读的过程,其实就是阅读者将自己"投入"文本的过程,是一个主动发展自己的认知、情感与思维的过程。思辨性阅读,需要教师的引导与启发,更需要学生的思考与融入。对于《等待散场》主题的多元分析,正是不拘泥于固有的、通用的结论,回归文本,从文本实际出发,结合自己的生活经验对文本意义进行重新建构。

张玉新老师说:"思辨性阅读是指由教师主体策划的以具有思辨性的文本为学习资源的,旨在培育学习主体思维能力发展和思维品质提升的学习活动。"[2]也就是说,思辨性阅读并不是孤立存在的,而是从语言文字运用的角度分析文本,在此基础之上提升思维能力,培养思维品质。这一点是需要引起注意的。

(本文原载《中学语文教学参考》2018 年第 1—2 期,略有修改)

---

[1] 董毓、余党绪:《批判性思维与思辨读写对谈》,《语文教学通讯》,2017 年第 1 期。
[2] 张玉新:《整合:思辨性阅读的有效策略》,《中学语文教学》,2017 年第 8 期。

基于精读的《说和做——记闻一多先生言行片段》的教学内容重构

统编本语文教材中《说和做——记闻一多先生言行片段》与原人教版语文教材中的《闻一多先生的说和做》相比,不论是教材编排还是教学内容指向,都有了一些新的变化,其中最大的一点就是,前者出现了以"精读"为教学内容的指引。这一点也是统编本教材的新理念,如何在课堂教学中落实践行这一理念?这就需要教师及时调整教学思路,对教学内容与教学流程进行重新"布局"。

原人教版教材七年级下册第三单元是以"杰出人物"为主题的一组文章,单元导语提出:"学习本单元,要理清作者的思路,深入理解课文的思想内容。"即作者的思路与文章的思想内容是这类文章的教学重点。而在这篇文章的正文前的"预习提示"中又说:"熟读课文,想一想,我们应该学习闻一多先生的什么精神?作者是从怎样的角度选取材料和确定记叙重点的?"课后的"研讨与练习"题目中,第一题针对课文内容,请学生分析闻一多前期和后期思想品格上的主要特点,并分析前后期的变化和共同之处。第二题围绕重点句子和关键词句展开。第三题分别围绕文章的结构和描写手法设置题目。有了这样的教学提示,教师就是把记叙文的选材、结构、语言、手法作为教学重点。

统编本教材七年级下册第一单元也是以人物为主题编排的,但又明确提出"本单元学习精读的方法"。如何精读呢?单元提示有明确的方法指引:"在通览全篇、了解大意的基础上,把握关键词语或段落,字斟句酌,揣摩品味其含义和表达的妙处;注意结合人物生平及其所处时代,透过细节描写,把握人物特征,理解人物的思想感情。"而在《说和做——记闻一多先生言行片段》这篇课文的"预习"中,编者提示:"本文的作者也是一位诗人,他的语言精致凝练,富有诗意。阅读时,注意体会这个特点。"而课后的"思考探究"题则分别从课文内容、细节描写、语言品味三个角度设题。

教材是课程的载体,教材编写的观念也是课程理念的反映。统编本教材加强了对阅读方法的教学,例如初一学段就要学习朗读、默读、快速阅读、精读、熟读精思、略读、浏览等不同的读书方法,打破了以往"朗读"和"默读"二分天下的局面。精读的指导与教学,显然是这篇文章的主要教学内容,或者说是将教学内容贯穿起来的一条"红线"。

一、依据学情的精读

课堂教学要建立在学生的已有学习经验以及实际学习困惑上,这一点已是教学常规。但在实际的教学中,教师还是习惯于从自身的阅读经验出发,预设教学内容与板块。对于这篇文章而言,"把握前后两个时期的闻一多的思想品格"之类的教学内容便是如此。实际上,学生对文章的两个关键词的理解是相当模糊的,他们想当然地认为"说"和"做"对应的就是"言"与"行",因为作者在文本中也是如此表述的,例如"言论与行动完全一致,这是人格的写照"等。于是,要回答"我们应该学习闻一多先生的什么精神"这个问题时,学生不假思索的答案便是"言行一致"。教师把握不清,学生认知不准,便会导致这种似是而非的结论。王荣生教授多次提到:"一篇课文的教学内容,从学生的角度讲,可以归结为以下三句话:学生不喜欢的,使他喜欢。学生读不懂的,使他读懂。

现场：阅读教学行与思

学生读不好的，使他读好。也就是说，老师要教的，是学生不喜欢的地方、是学生读不懂的地方、是学生读不好的地方。"①对于"说"和"做"这两个关键词的理解，其实是学生以为自己读懂了但实际上是很模糊的地方。基于学生实际的阅读状况，教师需提供相应的"支架"，安排教学环节。

支架一：请学生在了解全文内容的基础上理解文章开头的"我是做了再说"和"我是做了也不一定说"在整篇文章中所对应的内容。

其实，这两句话中的"说"和"做"的含义是一致的，但并没有具体的内容指向，"做"带有做事、实际行动等意思，"说"则是用语言表达自己"做"的内容，这一点与通常理解的意思没有明显区别。从情感倾向上看，"说"带有一定的否定价值，"不说"才值得肯定与赞扬。这一点与闻一多作为学者的一面有相似性，与作为革命者的一面差距较大。

支架二：课文中"他并没有先'说'，但他'做'了，做出了卓越的成绩"和"'做'了，他自己也没有'说'"中的"说"和"做"具体指什么？

这个内容学生容易理解，"做"指的就是通过学术研究的方式为民族的病症找到治疗的药方，而"说"则是大肆宣扬自己的学术成果。这个内容指向的显然不是"言行一致"，而是埋头苦干、踏实研究等内在的品格。用这个内容引导学生要"言行一致"，无异于缘木求鱼。

支架三：课文中"他'说'了，跟着的是'做'……现在，他'说'了就'做'"这句话中的"说"和"做"又指什么？

这个内容理解起来略有难度，但通过点拨，学生是可以把握的。"说"，其实是公开表达自己对独裁的批判、对民主自由的向往、对国民党反动势力的愤

---

① 王荣生：《阅读教学设计的要诀：王荣生给语文教师的建议》，北京：中国轻工业出版社，2014年版，第109页。

怒,而"做"则是通过演讲、示威游行等实际行动来争取民主自由。这里的"说"带有正向价值,是需要肯定与发扬光大的,与"支架二"中的"说"完全是不同的含义。

支架四:闻一多作为学者时的"说"和"做",与作为民主战士时的"说"和"做"有哪些不同?彼此有无关联?

这是统编本教材"思考探究"的第一题,当前三个"支架"的内容把握之后,再来回答这个问题,就会相对容易了。首先,两个"说"不论是含义还是价值取向,都是完全不同的,可以说没有比较的必要性。其次,两个"做"之间,既有内涵上的不同,也有内在的联系。不同是"做"的具体内容不同,联系则是闻一多一贯的思想取向与性格特征,例如都是救国救民。前一个"做"是从文化上拯救民族,后一个"做"则是通过政治斗争来拯救国家。

二、依据文体的精读

原人教版教材引导教师把《闻一多的说和做》作为记叙文来教,不论是选取材料和确定记叙重点,还是叙述过程中人物描写的方法,都明确了这一点。但统编本的教材强化了"写人文章"的文体特征,淡化了"记叙"这个术语,而是用"叙述"的表达方式取而代之。或者说,统编教材是引导教师将文章作为"写人记事散文"来教的。

首先,从写作手法来看,原人教版教材强调的是"叙述过程中的形象描写",统编教材强调的是"叙述过程中的细节描写"。笔者认为,"细节描写"更符合"写人记事散文"的文体特征,而"形象描写"在概念上有点含混不清。因为可以表述"通过细节描写来展现闻一多的人物形象",而不能表述为"通过形象描写来展现闻一多的形象"。而且,"细节描写"的指向性更为清晰,也更为具体,人物的语言、动作、心理活动、外在神态等,都有细节描写的成分,"形象描写"可能会偏重于"昂首挺胸,长须飘飘"之类的外在形态的描写,人物的心理活动很难纳入"形象描写"的范围。从学生的角度看,找出文章的细节描写,分析其作用,对于初一的学生来讲,这个内容是恰当的。

其次,从结构照应来看,重视过渡段落是两种不同文体取向的相似之处。但从前后照应来看,二者还是有所区别。所谓"前后照应",一是语辞表面的照应,一是内容逻辑的照应。具体到这篇文章,开头的"人家说了再做,我是做了再说""人家说了也不一定做,我是做了也不一定说"与结尾的"他,是口的巨人。他,是行的高标"仅仅是语辞表面的照应,从内容逻辑上不构成照应关系。开头只是引出"说和做"的话题,并且含义范围局限于"作为学者的闻一多",而结尾这句话仅仅是对"作为民主战士、革命家、革命烈士的闻一多"的概括,因为"口的巨人"无法涵盖闻一多作为学者的一面。因此,这篇文章既不是"总分总"的结构,也不是"总分"结构,而是前后并列的结构。这一点也决定了本文不能作为学生写作记叙文时"注意写作结构"的范例。

再次,这篇文章更不是议论文,不是将闻一多的事例作为论据,证明"言行一致"的观点,而是突出人物身上的某种品质与特征。因此,将"叙议结合的手法"或者"议论的作用"作为教学内容也是不恰当的。正因为文章不是议论文而是散文,在内在逻辑上便有一些不太严密之处,这是由本文的文体特征决定的。例如作者说"这个方面,情况就迥乎不同,而且一反既往了",如果按照议论文的论证逻辑,"一反既往"应该是前后完全相反。按照这样的逻辑,作为学者的闻一多的"做了再说"和"做了不说"与作为民主战士的闻一多的"说了就做"之间并非"相反"的关系,而是"并列"的关系。再比如"闻一多先生,是卓越的学者,热情澎湃的优秀诗人,大勇的革命烈士"这句话,从议论文的严密性上讲,也站不住脚。一来文章并没有提到闻一多作为诗人的一面,二来三种身份的排列顺序不符合常规,三来这句话比起结尾一句话来,更像是本文内容的概括,放在此处有点不伦不类。这些所谓的"逻辑"问题,在"议论文阐释框架"内是解释不通的,只有将其置于"形散神聚的散文框架"内,才能够解释得通。

三、依据语体的精读

所谓"语体","并不局限于某一种特定的语言学模式,它与语法修辞、体裁以及其他语言运用知识有关",[①]除此以外,对于叙述性散文来说,叙述的语气、姿态、视角、情绪、节奏等,都属于语体的范围。基于语体的精读与基于文体的精读有内在的关联,但前者更强调文本的言语形式。对于统编本的《说和做——记闻一多先生言行片段》来说,语言的"诗化"就是其语体的最大特征。这一点不仅在"预习"中的"本文的作者也是一位诗人,他的语言精致凝练,富有诗意"中有所体现,同时体现在课后"思考探究"的第三题"下列句子读起来像诗,能引发丰富的感受与思考"的指引中。因此,体会语言的诗化特征,也是本文的教学内容之一。教师可以从以下四个方面入手,给学生提供相应的学习支持:

一是用典分析。典故的运用,是古典诗词的突出特点。作为一篇诗人创作的带有浓厚诗化意味的散文,作者对典故的运用可以说是信手拈来。这不仅包括引用闻一多本人的诗句,将"漂白了四壁"有机融入文章中,同时还使用了很多历史、文学典故。例如"目不窥园",出自《汉书》,化用了董仲舒读书的典故;"兀兀穷年",出自韩愈的《进学解》中的"焚膏油以继晷,恒兀兀以穷年"。再比如"众物腾怨""分阴""群蚁排衙""一反既往"等词语,都是具有深厚古典

[①] 胡勤:《超越文体的语体教学》,《中学语文教学》,2017年第11期,第15页。

文学素养的作者,通过变形、扭合、化用、替代等方式创造出来的词语。这里词语的出现,使得文章具有了古典味道,有些词语被改造之后显得活泼调皮、幽默风趣,为文章增加了诗化的色彩。

二是手法分析。作者善于运用比喻、拟人、对比、对偶、排比等多种修辞手法,使人物形象更加立体化。除此以外,还有一些其他的手法,例如"炯炯目光,一直远射到有史以前""深宵灯火是他的伴侣,因它大开光明之路,'漂白了的四壁'"等,不仅是比喻,同时还是拈连的手法,教师可使学生重点把握"射""大开""漂白"等词语,体会这种独特的言语表达形式。再比如有些句子,不是严格意义上的对偶,而是一种普遍的对举的手法。例如"目不窥园,足不下楼""不动不响,无声无闻""潜心贯注,心会神凝""气冲斗牛,声震天地"等,即在写完一句话后还意犹未尽,必须再补上与之相对的另一句话,才能使句意的表达、情感的抒发更为充分。

三是朗读体会。引导学生重点朗读某些词句,体会字里行间的情感,以及那种言有尽而意无穷的韵味,也是精读的方法之一。例如"他正向古代典籍钻探,有如向地壳寻求宝藏。仰之弥高,越高,攀得越起劲;钻之弥坚,越坚,钻得越锲而不舍",对于"钻探",要读出重音,读出力度。而后一句中的两个"弥"和四个"越",也要读出力量,能够体现"越"字包含着的程度不断加深之意。再比如"别人在赞美,在惊叹",其中"在赞美"和"在惊叹"之间,不仅要读出递进的语气,同时缩短二者之间的停顿时间,读出某种二者之间的衔接与联系的意味。还有"起先,小声说,只有昆明的青年听得到;后来,声音越来越大,他向全国人民呼喊,叫人民起来,反对独裁,争取民主"一句,朗读的声音要逐步加大,体现出从"小声"到"声音越来越大"再到"呼喊"的变化。

四是改编创作。本文的作者臧克家是现代诗人,他的诗作《有的人》已成名篇经典。文中很多句子,调整一下格式或顺序,其实就是一首新诗。例如:

饭
几乎忘了吃
他贪的是精神食粮。

  类似的句子，从顺序、表达上讲，本身就带有诗的特征，这也是本文"诗化"的特点。学生也可以试着找出其他句子，改编成新诗。当然也可以模仿作者的表达方式与句式特点，以闻一多先生的事迹为素材，自己进行新诗创作。

  总之，新的教材理念不仅需要教师教学方法的转变，更需要教学内容的调整甚至重构。依据学情、依据文体、依据语体特征进行教学内容的重新确定，是准确把握文章教学重点的前提，同时也暗合了新课标的理念。

（本文原载《语文教学研究》2018 年第 11 期，略有修改）

立足学情，立足文体

——《皇帝的新装》教学内容再辨析

安徒生的《皇帝的新装》自 1963 年首次被《全日制小学语文教学大纲（草案）》确定为高小第四册内容以来，又入选多家语文课本。新课标实验教材人教版、苏教版、北师大版语文教科书都收录了此文，可见其影响之大。最新的统编本教材七年级上册第六单元，再一次收录此文。一篇经久不衰的文章，一定隐藏着诸多奥秘，关于阅读的，关于教学的，关于社会的，关于人生的。而更值得注意的是，一篇情节并不复杂的文章，在教学中却引起了较大的争议。本文无意于梳理围绕这篇文章进行的争论历程，而是从童话本身的文体特征以及学生的学情入手，辨析本文在教学内容上的一些偏差与迷误。

一、童话与寓言："反映论"的迷误

过去将《皇帝的新装》作为"揭露封建统治阶级虚伪、愚蠢、腐朽的本质"的文本，这种倾向已经被钱理群、孙绍振等学者扭转，从社会阶级角度对文本进行解读的取向，已得到了彻底的反思。因为这种解读思路包含的机械反映论、社会环境决定论等观点，已背离了文本解读的基本规律。钱理群、孙绍振等学者更倾向于从"真"与"伪"的普遍人性出发，阐述本文的主题，这一观点在语文

教育界也得到了践行。例如彭伟先生在《〈皇帝的新装〉哲理内涵探究》一文中说:"文学是人学,从人性出发去阅读、解读、品鉴文学作品更容易抵达作品真谛,更容易触碰到作者所要揭示的人性弱点或光芒。"①

不过,值得警惕的是另一种"反映论"的变体,认为这篇文章反映了某种道德倾向,分析对象从皇帝转向了说真话的孩子身上,有的教师借助文本,教育学生要诚实守信,要敢于讲真话,这一点也反映在部编本教材课后的"积累与拓展"题目上:"说真话需要勇气,有时还要付出代价。思考一下,如果你当时也在游行现场,会怎么做?然后结合生活体验,讨论关于说真话的话题。"笔者认为这又陷入了一种"道德训诫"的迷途,即将童话文本作为教育学生的载体。其实,说真话与年龄、勇气都没有内在的因果关系。童话里的小男孩,之所以说真话,靠的并不是什么勇气,而是一种处于不自知的状态下的真实想法的自然流露。小孩子用天真无邪的眼光看待这个世界,他没有私心杂念,没有功名利禄的纠缠,更没有社会的历练,在那种场合下说出真话,仅仅是出于一种直觉,而不用什么勇气。试想,当孩子也接受了骗子的逻辑"任何愚蠢的小孩都看不见这套衣服",他还会说真话吗?也就是说,小男孩之所以说真话,恰恰是骗子的逻辑没有发挥相应的作用。将《皇帝的新装》作为道德文本,在逻辑上也站不住脚。

还有的文章将注意力集中在"生活教育"的层面,认为"批评成人固有的虚荣与倡导向儿童纯真的复归,是这则童话的整体性寓意",教师要"引导儿童就骗局隐喻意义、行骗受骗之道和防骗破骗之术加以讨论""开采出《皇帝的新装》一文的生活教育价值"②,并且指出"《皇帝的新装》不仅隐含着人性的批判

---

① 彭伟:《〈皇帝的新装〉哲理内涵探究》,《中学语文教学》,2014年第5期,第51页。
② 陈尚达:《〈皇帝的新装〉文本意义新解与教学重建》,《语文建设》,2018年第1期,第53页。

与忠告,还暗示出生活并非总是阳关大道,也会有各种陷阱,需要人们加强防范并善于识破"。① 挖掘教材文本的生活教育价值,这一点无可厚非,但如果将《皇帝的新装》视为"防骗手册",无疑降低了其作为童话文本的独有价值。

究其原因,笔者认为这些观点恰恰是忽略了童话本身的文体特征,将童话等同于寓言故事。所谓"寓言"之"寓",就是将某种哲理、道理、观念、主旨寄寓在故事之中,甚至还要明确地点示出来,而童话意在呈现故事,疏于专门揭示主旨,更何况,童话是运用丰富的幻想与想象创造出来的奇异故事。试图从童话故事里发现甚至挖掘出某种阶级批判、人性反思、道德训诫、生活道理的做法,其实都没有准确把握童话这一独特文体的内在特征。

二、成人与学生:"学情观"的偏差

童话整体上属于儿童文学,是专门写给儿童看的,《皇帝的新装》也不例外。虽然文本隐含着某种批判、反思的意味,但那不是作者原本的创作意图。成人站在自己的角度,可以读出上述阶级批判、人性反思、道德训诫、生活道理等内容。教师的阅读感悟与学生的感受自然也有较大的差异,教师如果将自己的阅读心得生硬地传达给学生,其实就是忽视学情的表现。

成人的阅读经验、生活阅历以及掌握的背景资料,决定了成人可以从多个层面、多个角度对文本进行解读。例如肖培东在教《皇帝的新装》时,读出了"虽然我们常常被感动,虽然这个稚嫩的声音,足以让我们汗颜不已,可是我们有时候还必须学会习惯无地自容"②的感悟;王开东老师读出了"每个人都有

---

① 陈尚达:《〈皇帝的新装〉文本意义新解与教学重建》,《语文建设》,2018年第1期,第55页。
② 肖培东:《谢谢你,让我从你的全世界路过——再教〈皇帝的新装〉》,《七彩语文(中学语文论坛)》,2017年第1期,第51页。

'新装',每个人都有人性的弱点,而这些弱点必将被洞察人性的骗子抓住,一旦我们不能剔除这些人性的弱点,我们就只能上当受骗"[1]的体悟。这些人生感悟是不是要通过课堂教学原封不动地"传达"给学生,使学生具有和教师一样的阅读心得?笔者认为未必如此。对于初一的学生,灌输一些关于人性的、关于人生的感悟,未必切合学生的内心需求和实际阅读经验。

尊重学生的实际阅读体验,顺应这种体验进行教学,是较为可行的思路。学生在读完《皇帝的新装》后,第一反应肯定是"太搞笑了""很有趣""太不可思议了"等,这是直觉反应。当然,也是童话带给学生的审美感知。童话是通过想象编织故事的,这一点也是由儿童的年龄特征决定的。正如俄国文艺理论家别林斯基所说:"幻想是丰富天性的最必要因素之一,幸福对于这类天性来说仅仅寓于人心生活之中。因而培养这种幻想对于幼儿的心灵来说是必不可少的。"[2]学生阅读文本的感悟是感性层面的"趣味",教师阅读文本的收获是理性层面的"道理",这是由两种不同的思维取向决定的。面对这种差异,教师首先应该尊重学生喜欢幻想的天性,应该让学生自由畅谈阅读《皇帝的新装》之后的感觉,暂时不必深究理性层面的主旨或者给予人的启发等生活道理。

畅谈之后,教师也不必基于一定的教学流程,请学生梳理故事情节、分析人物形象、理解文本主旨等,而是再请学生从文本出发,阐述自己感觉文本"很搞笑""不可思议"等内在的原因,即:童话的哪些地方让你感觉很有趣、很好玩、很荒诞?学生自然又回到文本中,透过语言文字的表层去分析感悟背后的深层原因。例如在这篇童话中,一个皇帝居然嗜"衣"如命。人们提到他,总是说:"皇上在更衣室里。"这一点本身就不符合生活真实,也不符合人们固有的

---

[1] 王开东:《每个人的新装——解读〈皇帝的新装〉》,中学语文教学,2014年第10期,第47页。
[2] 周忠和编译:《俄苏作家论儿童文学》,郑州:河南少年儿童出版社,1983年版,第20页。

认知。再比如骗子用一句话把全国人民都欺骗了,这种事情发生的概率到底有多大?特别是最后,皇帝也意识到新装可能并不存在,还依然"摆出一副更骄傲的神气",内臣们则是跟在后面,"手中托着一条并不存在的后裙"等,这些情节本身就带有一定的夸张成分,与日常生活产生了某种疏离与间隔,从而产生了令人发笑的阅读体验。

当然,教学内容并不完全是学生的"畅谈",教学内容应是建立在学生直接的阅读体悟的基础上,实现"教师体悟"与"学生体悟"的对话与沟通。或者说,类似于钱理群、孙绍振等专家以及肖培东、王开东等教师的阅读心得与理性反思,应该在这一阶段以对话的姿态出现。比起阶级分析与生活教育来,笔者更认同人性分析的思路,即每个人都有自己的人性缺陷。皇帝对衣服的"变态式的痴迷",被骗子钻了空子,但受骗的不仅是皇帝本人,还有大臣、普通人等。在童话中,大臣与民众盲从的,既是骗子的逻辑,也是皇帝的权威。皇帝的轻信与民众的盲从,究其原因都是没有运用自己理性思维的结果。当然,还有个体根深蒂固的"囚徒心理",自己要想通过"看得见衣服"证明自己的称职与智慧,同时又不想让他人因为自己"看不见衣服"而证明自己的不称职与愚蠢。作者写道:"全城的人都听说这织品有一种多么神奇的力量,所以大家也都渴望借这个机会测验一下:他们的邻人究竟有多么笨,或者有多么傻。"对于民众而言,并不存在明显的称职与不称职的问题,但是愚蠢与否却是每个人都关心的问题。退一步说,民众可能会接受愚蠢,但一定不会接受"愚蠢得不可救药",那将意味着取消了自己存在的所有价值。一方面担心自己是否真的愚蠢,一方面又挖空心思去测试他人的愚蠢与否,这就是一种天然的自私。害怕被人发现自己愚蠢,一心想要检测他人是否愚蠢,最终的结果自然是大家心照不宣地互相欺骗,而且不仅欺骗别人,也欺骗自己。

当然,这些内容不宜过度深究,更不应作为主要的教学内容,而是应该作为学生阅读体悟之上的阅读点拨，或者给学生留下一个"阅读悬念"，留待以后随着阅读经验与生活阅历的增加，从而更深刻地理解关于人性的论题。

三、童话与小说："教学内容"再确定

观察多位教师的案例、实录和教学设计，笔者发现多数教师是按照小说教学的思路教《皇帝的新装》，例如概括故事情节、分析人物形象、鉴赏艺术特征、概括文章主旨等，这一点在宁鸿彬老师的课堂上最为明显。实际上，童话和小说虽然具有共同点，但却是两种不同的文体，在教学中自然应该有所区别。

小说与童话，都是一种叙述文体，都可以进行想象与虚构，这是它们的相似之处。但小说更讲究塑造典型人物，而童话里的人物多是脸谱化的类型人物，他们甚至没有名字，个性特征并不十分突出，人物与人物之间的重复概率比较高。就拿两位诚实的老大臣来说吧，他们去骗子屋子里查看新衣制作的进程，两个情节相似度很高，虽然具体的语言有差异，但性质是一样的。也就是说，老大臣只是某一类人物的代表，他们并没有突出的个性特征。作品中的皇帝，虽然有明显的个性特征，但其生活的时代很模糊，作者只是说"很多年前"，其性格其实也是单向度的，即由某种嗜好引起的轻信、虚荣、自欺欺人等缺点，人物本身并不是恩格斯所说的"典型人物"。或者说，童话里的人物是抽离了时代社会、家庭背景、人际交往、生平经历等方面的"单面人"，人物身上没有多重的甚至矛盾的性格，其性格也没有明显的转变，因此，他们只是类型化的人物。而大多数小说，则是通过故事情节或其他描写塑造典型人物。

小说讲究"叙事"，编织曲折离奇的故事情节，以达到吸引读者的目的，这也是很多小说的共同取向；同样，童话故事为了达到吸引儿童注意的目的，也会构造曲折的故事情节，这是两种文体的相似之处。除了这种相同点，童话还

有一个突出的特点,就是部分情节的重复性。就像《阿里巴巴和四十大盗》《白雪公主》《渔夫和金鱼的故事》等,在情节设置上都会有重复之处,但个别情节会打破这种固有的反复。在《皇帝的新装》中,两位老大臣的情节,重复性比较高;两位老大臣与皇帝来查看骗子的制衣进度,也带有某种重复性。孙绍振教授认为这是"统一而丰富",他说:"比起小说来,童话这种形式更加强调统一,以统一的因果性,达到单纯的效果。因而除了文字上的差异以外,人物的心理并没有多大差别。如果是在小说中,可以肯定,那两个大臣的个性肯定是要有巨大反差的,甚至可能产生矛盾乃至冲突。这是因为,在童话中人物的普遍性比之人物的特殊性更受到重视。"[1]小说的情节更讲究曲折性,以达到吸引人的目的。童话的阅读对象多是儿童,重复性降低了童话的理解难度,从而更适合儿童的年龄特点。这一点是需要引起学生注意的。

同样是虚构的故事情节,小说更讲究叙事的视角与技巧,而童话故事则完全是全知全能的叙述,故事情节与内容与接受者的阅读收获是完全同步的。全知全能,会导致故事没有什么悬念性,一切都被叙述者讲述出来了。而小说则会采用某种特殊的艺术手段,埋下伏笔,留下悬念。作者说,"有一天来了两个骗子",故事的开篇就揭示骗子的身份,这就使得故事非常透明。在叙述过程中,作者也不断地揭穿骗子的诡计,例如"装作是在工作的样子""因为的确没有什么东西可看""事实上它们并不存在""因为什么东西也没有"等等,这些叙述与其说是真实的讲述,不如说是叙述者从讲述中"跳"出来,直接对故事发表评论。这些"有意"暴露情节的行为,其实也是考虑到童话的接受对象,从而降低接受难度。如果是小说,作者则不会、也不用在故事讲述中添加过多的评论,甚至会故意省略某些信息,留给读者"填空"。教师可以不必引入"叙述视

---

[1] 孙绍振:《〈皇帝的新装〉中的人物为什么没有个性?》,《语文学习》,2006年第6期,第50页。

角"的文体学知识,但可以引导学生通过词句的替换去感知这种叙述的特点,从而积累阅读童话的经验与方法。

  总之,对于《皇帝的新装》,教师要尊重学生直接的阅读感悟,在此基础上进行"教师"与"学生"的对话。而在教学内容上,则要注意区分童话与寓言、童话与小说的不同文体特征,针对独属于童话的文体内容进行指导。

(本文原载《语文教学研究》2019年第2期,略有修改)

《台阶》教学探讨

李森祥的小说《台阶》既被原人教版八年级语文教材收入,最新的部编本语文七年级下册教材也将其收入。文本本身没有变化,但随着教材编写思想与体系的改变,教学内容与重心也应有所调整。本文从《台阶》在教材体系中的位置变化入手,系统阐述其相应的教学内容与教学策略的调整。

一、教学内容:从"教文本"到"教读法"

"教文本"与"教读法"并不是截然相对的两个概念,而是侧重点的不同。前者重在引导学生全面透彻把握文本的内容,后者则重在阅读方法的教授与指导。从"教文本"的角度看,《台阶》的教学内容应该是小说的主题、人物形象的塑造、细节描写等,而从"教读法"的角度看,则应将教材作为一个"阅读方法指导"的"例文",具体说来就是以《台阶》为例,教学生如何阅读。

重视阅读方法的传授,梳理阅读方法的体系,并从"技术"层面解剖阅读方法,是部编本教材新的价值取向。七年级上册教材依次阐述朗读、默读、快速阅读三种阅读方法,下册教材则阐述了精读、略读、浏览等阅读方法。《台阶》的教学,首先应该将其置入"阅读方法"的系列中,这一点集中体现在第三单元的单元导语中:

本单元的学习注重熟读精思。要注意从标题、详略安排、角度选择等方面把握文章重点;从开头、结尾、文中的反复及特别之处发现关键语句,感受文章的意蕴。

如果说过去的重心在"感受文章意蕴"的话,那么部编教材的重心则在熟读精思的具体方法。当然,文章的意蕴与阅读方法本身是不可分离的,两者只存在教学侧重点的不同。如果将"文章意蕴"比作"鱼"的话,那么"阅读方法"就是"筌",过去讲究"得鱼而忘筌",现在则强调"依筌而得鱼"。

具体到《台阶》的教学,这篇文章的主旨、人物形象、艺术手法等依然是教学内容的"基础部分",只是要用新的思路与方法对这些基础内容进行调整,凸显"阅读方法"的独立地位。例如以前重在"分析概括文章的主旨",现在的重点是"如何分析概括文章的主旨""从文章的哪些地方获取信息,进而概括主旨"等,人物形象的教学亦是如此。

例如对标题的分析,这几乎是所有教师都会重点把握的教学点。但分析"台阶"本身并非最终的教学目的,最终的教学目的在"例",即以此为例,使学生掌握分析鉴赏标题的方法。对于《台阶》而言,这个标题可以说是"意象性标题",即以文本中出现的重要事物作为标题。对于这类标题,既要引导学生从"意象"与"人物"的关系入手,思考"台阶"这一意象与小说人物形象的塑造,分析"台阶"体现的父亲的形象,同时也要从"意象"本身的象征意义入手,把握意象承载的独特理念与写作意图,这就是小说的主旨。除此以外,还要从文体特征入手,把握"台阶"在小说叙述中的线索功能、情节功能等,具体说来就是"台阶"如何将故事的片段串联起来,如何推动情节一步一步向前发展。

再比如"关键语句"这个点,在教学时要凸显其作为"阅读方法"与"教学方法"的独立价值。把握关键语句,是阅读方法的体现;教会学生如何把握关键语句,则是教学方法的体现。在这个话题下,有必要从文章的开头、结尾、反复、矛盾等关键地方寻找关键语句，品味关键语句，将其与小说主旨、人物形象、艺术技巧等内容结合起来，进而感受文章的意蕴。"父亲总觉得我们家的台阶低"，这既是"开头之处"，也是"反复之处"，显然，这句话需要细细品读，并思考"作者为什么用这句话作为开头""为什么要将其独立成段""为什么在后文父亲说'我们家的台阶低'时也要独立成段""为什么要用'总'字""这句话体现了父亲怎样的形象"，等等。

二、文本体式：从"教小说"到"教散文化小说"

"熟读精思"是某一类文章的共通方法，在本单元中，不仅适合《阿长与〈山海经〉》《老王》这样的散文作品，同时也适合李森祥的小说文本《台阶》。"教读法"并非"得筌而忘鱼"，部编本教材给予"读法"独立的教学地位，但并不意味着可以抛开文本单独传授方法，而是要依据文本，凸显读法的价值。对于《台阶》的教学重心的把握，还有一个重要维度，那就是学生的实际阅读困惑，表现在这篇文章中，则是"体式混乱"。

所谓"体式混乱"，是指学生依据自己的阅读经验，明明感觉这是一篇优美的叙事散文，但教材和老师都认定这是一篇小说。而且，很多教师通过教材注释，把握到文章的体裁之后，也会立即按照小说教学的"套路"展开教学，例如用一句话概括文章的主要内容、把握小说中的人物形象、分析小说的细节描写与中心主旨等。完全不顾学生的实际困惑，将小说的知识与阅读方法生硬地塞进学生头脑中，没有使学生建立新的阅读图式与经验。

能够按照小说的"文体特征"进行教学，有明显的"体裁意识"，做到这一点已经很不容易，但止步于此就不足取了。在"小说"这一文类下，还有更多带有"体式特征"的类别，例如无情节小说、先锋小说、抒情小说、散文化小说等，用阅读"批判现实主义小说"的方法去解读沈从文的小说，就有点驴唇不对马嘴了。或者说，用"小说三要素"的抽象特征去"套"所有的小说，是目前小说教学中比较严重的倾向。

很明显，《台阶》与惯常的阅读经验中的"小说"有很大的区别，它没有曲折的故事情节，没有紧张的场面描写，没有激烈的矛盾冲突，更没有将"情节、人物打出常规"（孙绍振语），同时也没有什么环境描写可供分析，这样一篇"四不像"的小说，实际上是一类特殊的小说，我们可称之为"散文化小说"，即没有可以拉开与作者实际生活经验的距离而完全虚构，淡化故事情节，用散文化的笔法、抒情性的手法来"讲故事"。教师依据文本体式进行教学的目的在于，在"小说三要素"的框架基础上，构建起新的阅读心理图式，丰富学生的阅读经验。

这就要求教师在把握文中能够揭示"父亲"人物形象的句子、能够体现小说艺术特征的细节描写的句子外，还要善于引导学生体味、赏析看似闲淡实则韵味无穷的语句，例如：

再大些，我就喜欢站在那条青石门槛上往台阶上跳。先是跳一级台阶，蹦、蹦、蹦！后来，我就跳二级台阶，蹦、蹦！再后来，我跳三级台阶，蹦！又觉得从上往下跳没意思，便调了个头，从下往上跳，啪、啪、啪！后来，又跳二级，啪、啪！再后来，又跳三级，啪！

这些句子与故事情节、主要的人物形象的关系并不是很紧密，甚至给人一种拖沓的感觉。其实，这些句子采用的正是散文笔调，作者不厌其烦地用"蹦、蹦、蹦""蹦、蹦""蹦""啪、啪、啪""啪、啪""啪"等词语，意在描述某种动作的重复性与渐变性。重复的正是"我"与青石板台阶的关系，渐变的则是"我"的生命成长。这种重复与渐变，也从侧面暗示出父亲准备造一栋有高台阶的新屋的时间是漫长的，漫长到"我"从小到大的经历，漫长到父亲的一生。对于这些

句子,教师需在指导学生反复朗读的基础上,感受作者特殊的情绪,分析小说中散文笔调的特殊价值。当然,教师也可指导学生将这些描写与后文中新台阶造好之后"我真想从台阶上面往下跳一遍,再从下往上跳一遍"进行比较。

除此以外,小说中带有意境美的句子、带有主观抒情性的句子,都是散文化小说的关键处。这些句子及其言语表达形式,才是这篇小说的难点,也是学生接受方面的困惑。至于概括内容、分析人物形象等,可以交由学生自主解决,这也涉及"教读"和"自读"的区别了。

三、教学取向:从"教读"到"自读"

部编本语文教材总主编温儒敏教授认为:"新编语文力图让'教读''自读',加上'课外导读',构成三位一体的教学体系,这一切都是指向'少做题,多读书,好读书。读好书,读整本的书'。"①也就是说,部编本教材的一大亮点在于着力构建"教读—自读—课外阅读"三位一体的阅读教学体制,将原来的"精读"篇目改为"教读",将"略读""选读"改为"自读",自读课文设置导读或者旁批,引发学生自主阅读的兴趣。这其实选文功能的改变,由此也带来了教学重心的转变。

试比较一下原人教版八年级上册的《台阶》与部编本七年级下册的《台阶》,很明显可以感受到这种差异。原选文是将《台阶》与朱自清的《背影》比较阅读,课后"研讨与练习"题目,则指向小说的叙述视角、人物形象的把握以及关键语句的赏析,题目与试卷上的阅读题无异。部编本教材的导读内容依然是人物形象、小说主题与细节描写,但不同的是,教材加了旁批旁注,意在引导

---

① 温儒敏:《温儒敏论语文教育三集》,北京:北京大学出版社,2016年版,第71页。

学生关注文本的关键细节。课后的"阅读提示"部分也有三个问题,但设问方式比较灵活,更重要的是,问题之前还有长长的分析与示例。这些变化都意在提醒教师关注"教读"与"自读"的区别,鼓励教师用多种手段探索自读的方法与课堂组织形式。

实际上,"自读"的要义在于发挥学生独立阅读、主动阅读的精神,但并不意味着"自读"就是"自习",更不意味着教师完全退出课堂教学。或者说,"自读"并不是一种阅读方法,而应该是一种教学方法,其全称应该是"教学生自读"。对于《台阶》而言,笔者试提供几种教学思路。

板块式阅读。教师可以按照小说的文体特征,将自读教学分为故事情节探讨、人物形象探讨、小说主题探讨、细节描写探讨等板块,教师提供阅读思路与分析手法,学生依据教师的指导,或分组讨论,或集体探究,将"教读课"学到的方法与积累的经验运用到自读篇目的学习中。

串珠式阅读。教师可以把"台阶"作为主线,甚至可以将文本中反复出现的"父亲坐在台阶上"的动作作为"红线",将小说的内容、手法、细节等串联起来。对于"父亲坐在台阶上"这根红线,教师还可以指导学生赏析"坐在台阶上洗脚""坐在台阶上抽烟"等场景,甚至要指导学生分析"坐在旧台阶"与"坐在新台阶"上的父亲内心变化的轨迹,从而更深入地把握父亲的形象。

整合式阅读。教师可补充一些与课文相关的资料,例如李森祥写的《站在父亲的肩膀上——〈台阶〉创作谈》以及《衢州日报》上的《访语文课本上的〈台阶〉的衢州作者李森祥》,当然还包括李森祥的其他作品。这些资料部分内容对理解教材文本有很大的作用,例如《站在父亲的肩膀上——〈台阶〉创作谈》曾提到,"原来我早就并且一直踩在他的肩膀上,父亲用他的肩膀作为我的人生的《台阶》",这句话对理解小说的主旨是有很大帮助的。

对比式阅读。教师如果注意到教材题目的注释"选自小说集《台阶》(作家出版社1992年版),有删节",就应该敏锐地捕捉到"有删节"这几个字,进而将小说文本与教材文本进行对比阅读。由于资料有限,作家出版社1992年的小说集《台阶》没有查到,但笔者查到了中国青年出版社2007年出版的小说集《台阶》,经对比阅读发现了两点。一是"台阶旁栽着一棵桃树"这一段前面一段话选入教材时被删去了,主要描写的是父亲的背脊。教师就可以引导学生从单元导语中的"详略安排"入手,探究教材编者删去这段话的意图,甚至可以探讨删减的合适与否。二是文章的结尾,最后一句话"怎么了呢,父亲老了",这句话在小说原文中并不存在,想必是教材编者添加上去的。教师也可引导学生分析这种变化,并结合前文中"不知怎么回事,我也偏偏在这让人高兴的瞬间发现,父亲老了"这句话进行对比阅读。

总之,教材的变化需要落实到教学的变化上,部编本教材体现的课程理念也需要用课堂教学来贯彻。《台阶》的教学,应该在"基本内容"保持稳定的情况下,依据小说的体式,从教学重心到教学方式,都有一个与时俱进的变化。

(本文原载《课程教材教学研究(中教研究)》2019年第11—12期,略有修改)

基于教材解读的小说教学内容的选择与确定
——从"不同角度"说起

对于小说解读与教学,目前不少教师采取"要素板块框架",即从情节、人物、环境、主题等角度对小说进行解读,并按照类似的框架设计教学,即引导学生概括故事情节、分析人物形象、分析包括环境描写在内的表现手法、理解小说的主题等;中考测评又围绕上述内容设计具体题目,从而实现了解读、教学、测评三者之间的一致性。这种一致性反过来又强化了教师对"要素板块框架"的依赖。教师利用"要素板块框架"进行教学时,不再具体区分不同小说的体式与风格,这就严重固化了小说的教学内容与流程。所幸的是,初中语文统编教材在小说单元的教学指引中,加入了新的元素。一是引入了西方叙事学的知识与概念。例如《我的叔叔于勒》的课后"思考探究"第三题:"……不妨试着变换一下叙事视角,体会一下有什么不同",题目中的"叙事视角"也称"叙述视角",是叙事学理论的重要概念。二是在"要素板块"的解读框架下,更强调从"不同角度"理解小说的各大要素。本文以《我的叔叔于勒》的解读与教学为例,具体阐述"不同角度"在小说解读与教学内容确定方面的表现与落实策略。

现场：阅读教学行与思

一、"不同角度"与小说情节梳理

尽管学术界对于"情节"有不同的界定，对"故事"和"情节"进行过区分，但教材依然是将"故事情节"作为一个整体概念。"情节概括"是小说教学不可或缺的环节，教师往往引导学生从开端、发展、高潮、结局四个时间段对情节进行概括。这种单一化的教学思路，窄化了学生对情节的理解与把握。小说的情节被抽取了血肉之后，摆在学生面前的只是一副骨架。统编教材有意识地改变了这种单一化的情节教学思路，将"不同角度"引入到情节概括与理解中。

课后"思考探究"第一题是：小说围绕菲利普夫妇对于勒态度的变化，讲述了一个曲折的故事。试根据下面的提示，从不同角度梳理课文的故事情节。

开端→发展→高潮→结局（情节）　　　原因→结果（逻辑）

期待→破灭（心理）　　　　　　　　悬念→结局（技巧）

教材编者提供了理解《我的叔叔于勒》故事情节的四个角度。除了情节角度，教材还提供了逻辑、心理、技巧三种梳理情节的不同角度。其中，"逻辑角度"侧重于情节的因果关系，有的学者认为情节本身就是按照因果逻辑组织起来的一系列的事件。最为著名的论断来自英国作家福斯特，他曾经对"故事"和"情节"进行过区分："国王死了，不久王后也死去"便是故事；而"国王死了，不久王后也因伤心而死"则是情节[1]。即情节不仅仅是按照时间顺序组织的一系列事件，而是要用因果关系对这些事件进行解释和重新组合。"心理角度"

---

[1] 福斯特：《小说面面观》，苏炳文译，广州：花城出版社，1984年版，第75页。

侧重于从人物心理变化的角度来概括情节,凸显人物的心理落差。作者依据人物心理从"期待"到"破灭"的过程来组织情节,有助于顺利实现创作意图,例如老舍的《骆驼祥子》,就是人物从"期待"到"破灭"的反复并最终归于"毁灭"的过程。"技巧角度"则是单纯考虑小说创作的艺术,暂不考虑故事本身的内容。从设置悬念到揭秘悬念,这是小说情节构造的常用方法,例如狄更斯的《远大前程》,在整体上就采用了这种方式。

从课堂教学角度看,教师采用的最合宜的方法是小组合作探究。每个小组抽取一个角度,在理解"情节""逻辑""心理""技巧"等概念的基础上,对《我的叔叔于勒》的情节进行梳理概括。完成任务后,各小组再进行成果汇报与分享。经过这样的教学流程,学生对"情节"的梳理不再机械地按照时间顺序,而是有多种选择。学生对"情节"的理解也不再是单一化和片面化,而是多元化和立体化。例如有学者提出要区分"小说情节"和"故事情节"两个概念,这两个概念都指向了按一定顺序呈现的一组或若干组具体的生活事件,但前者侧重于小说文本呈现出来的顺序,后者侧重于事件本身的时间顺序。[①] 在以顺叙为主的小说里,小说情节和故事情节是基本重合的;但在以倒叙、预叙、插叙等为主的小说中,两者是不一致的。教材提供的梳理情节的四种角度,"情节""逻辑"和"心理"侧重于故事情节,而"技巧"更侧重于小说情节,即作者对事件本身进行改造、重组。

遗憾的是,目前较多教师依然完全按照开端、发展、高潮、结局这样的思路指导学生梳理情节,对统编教材刻意强调的"不同角度"视而不见,尽管这与考试测评导向、教师本身的专业知识水平有关,但教师还是要不断思考、落实统编教材的新理念。

---

① 王荣生:《小说教学教什么》,上海:华东师范大学出版社,2015年版,第116页。

现场：阅读教学行与思

二、"不同角度"与人物形象分析

统编教材九年级上册第四单元的"单元提示"提出"试着从不同角度分析人物形象"，课后"思考探究"第二题是："于勒是一个什么样的人？试根据小说内容和你自己的理解，与同学讨论。"这也看出，人物形象分析不仅是小说教学的重要内容，而且教材也凸显了不同角度在人物形象分析中的作用。对人物形象进行不同角度的分析，可以从以下几个方面进行：

1. 从人物形象构成的多重要素角度进行分析

所谓分析人物形象，就是回答"某某是什么样的人"的问题。学生对于人物形象的把握，难点在于不能用最准确、合适的词语进行概括，甚至会出现"标签＋原句"的简单化分析思维。人物形象本身是多方面的，包含了人物的身份地位、社会关系、性格特点、道德品质等多个要素，其中最主要的是人物的性格和品质。性格是人物在长期生活中形成的相对稳定的心理特征，品质则是人物对道德、责任、社会等层面的追求与取向。例如对菲利普夫妇的形象分析，就要关注到他们性格中因贫困形成的吝啬、世故的成分，也要关注到其道德品质方面漠视亲情、嫌贫爱富的成分，然后结合其身份和社会地位等，才能梳理出整体性的人物形象来。

2. 打破"好/坏""善/恶"二元对立的人物分析模式

平时在阅读小说或观看影视剧时，读者或观众往往会关注哪些人是好人，哪些人是坏人，故事就是在好人与坏人的矛盾对抗中展开，最终"好人终有好报，坏人遭到惩处"，这也符合了大众对故事的心理期待。实际上，小说中的很多人物不能被纳入好与坏、善与恶的绝对化框架中。例如教学参考书认为"这

篇小说对金钱社会扭曲人性的罪恶进行了尖锐的批判""在资本主义社会里，金钱主宰了人的心灵和生活"[1]等，而菲利普夫妇就是这种金钱扭曲人性的代表。这其实就是将人物置于一定的社会分析框架中，并且用"善"与"恶"的框架进行绝对化区分。实际上，菲利普夫妇虽然有自私、势利的一面，但也有为生活所迫的成分。于勒有早年荒唐败家、如今穷困潦倒的一面，也有自食其力、感恩图报的一面。他知道欠了兄嫂的钱，即使离故乡很近也不愿意回到"我们"身边，这也说明于勒是有羞耻感的，而且不愿意再次拖累兄嫂。

3. 要从人物的相互观照中进行分析

人物形象既有客观实在性，也含有主观与变化的一面。认为"某某是什么样的人"，实际上也是"在某某眼中，某某是什么样的人"。读者可以站在阅读与接受的角度判断人物形象的客观性一面，也可以站在小说中其他人物的视角把握人物形象主观性、动态化的一面。这实际上是小说中"看"与"被看"关系的具体化表现。例如"于勒是一个什么样的人"，就要逐次分析"菲利普夫妇眼中的于勒""'我'眼中的于勒""船长眼中的于勒""于勒眼中的自己"，进而结合小说内容，去分析体会"读者眼中的于勒"，只有这样，才不会单向化地理解人物。同样，对于菲利普夫妇形象的分析，也要从"于勒眼中的菲利普夫妇""'我'眼中的菲利普夫妇"等角度进行把握。王富仁教授曾认为这篇小说的作者"是以'我'的眼光环视周围的人物的，他同情、理解于勒，也不可能不同情和理解自己的父母。他不可能站在一个旁观者的立场上嘲笑自己的父母。与此相反，小说中的大量描写都集中在对'我'的父母的理解和同情上。"[2]这就是从

---

[1] 人民教育出版社课程教材研究所中学语文课程教材开发研究中心：《义务教育教科书教师教学用书 语文 九年级 上册》，北京：人民教育出版社，2018年版，第184页。

[2] 钱理群、孙绍振、王富仁：《解读语文》，福州：福建人民出版社，2010年版，第409页。

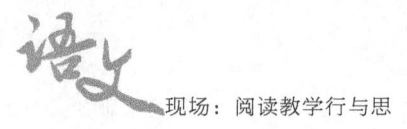

人物观照的角度对小说进行的个性化解读。

除此以外,对小说人物的分析还可以采用叙事学的相关知识,将人物区分为"功能型人物"和"心理型人物"两种,前者关注的是人物在叙事层面的作用,后者关注的是人物本身具有的性格、心理特征。《我的叔叔于勒》这篇小说中的"若瑟夫",从叙述功能层面讲,是一个故事的观察者、讲述者、见证者,同时又参与到故事之中,是故事中的一个正直善良的人物。不过这部分内容专业性强,教师可根据学情进行取舍。

三、"不同角度"与小说主题理解

对于《我的叔叔于勒》而言,教师一般是从社会阶级的角度把握主题的,与统编教材配套的《教师教学用书》也不例外。教材"单元导语"提到要"结合自己的生活体验,理解小说的主题",尽管未明确提出从"不同角度"把握小说主题,但"结合自己的生活体验"已经暗示了小说的主题对于读者而言不是单一的,学生可以结合教材提示,从自我生活经历出发,对小说主题进行多元化的理解。

1. 依据单元人文主题理解小说主题

本单元的人文主题是"少年成长"。教材"单元导语"提示说:"本单元的小说,或涉及少年成长这一话题,或从少年视角观察世间百态,取材独特而广泛。阅读这些作品,可以加深对社会和人生的理解,确立自我意识,更好地成长。"《故乡》是从故乡人物的变化角度,表现作者对人生的洞察与思考,小说最打动人的莫过于"少年闰土"到"中年闰土"的转变;《孤独之旅》更是直接描写少年成长之路,尤其是主人公杜小康在家庭变故中经受的磨难。《我的叔叔于勒》与本单元人文主题的关联在于:一是从若瑟夫这一少年的角度观察周围的人和事,二是小说是以若瑟夫回忆少年时代往事的角度来叙述,这就涉及少年的成长。黄厚江老师设计了这样一个语言活动:"在若瑟夫看来,亲情比金钱更可贵。大家设想一下,再过 20 年,若瑟夫会不会长成菲利普夫妇那样的人?"①这就是从少年成长的角度对小说主题进行的延伸性把握。

2. 依据"母文本系统还原"理解小说主题

回答黄厚江老师提出的问题,学生势必会产生分歧,有的学生认为若瑟夫少年时代就正直善良,以后也会延续这一品格,有的学生则认为若瑟夫少年时涉世未深才具有善良的天性,随着周围环境的变化以及对社会了解的深入,他也会逐渐势利,也会成为像他父母那样的人。这些讨论都是有意义的,但如果将教材文本《我的叔叔于勒》和莫泊桑小说《我的叔叔于勒》的原文进行对比阅读,更能准确把握小说的深层主题。小说原文是"套层结构",在选入教材时,编者将小说的开头和结尾删去了,即:

(开头)一个白胡子穷老头儿向我们乞讨小钱,我的同伴若瑟夫·达佛朗司竟给了他五法郎的一个银币。我觉得很奇怪,他于是对我说:这个穷汉使我回想起一桩故事,这故事,我一直记着不忘的,我这就讲给您听。事情是这样的……

(结尾)此后我再也没有见过我父亲的弟弟。以后您还会看见我有时候要拿一个五法郎的银币给要饭的,其缘故就在此。

可以看出,若瑟夫在教材文本中是作为叙述者出现的,而在原文中,不知名的"我"成了叙述者,若瑟夫成了"外层故事"中的一个人物;若瑟夫讲的有关叔叔于勒的故事,是作为"内层故事"出现的。从这个意义上讲,《我的叔叔于

---

① 徐杰、黄厚江:《用语言活动撬动小说的教学——〈我的叔叔于勒〉课堂实录及观察》,《语文建设》,2015 年第 11 期,第 74 页。

勒》的原文并不着意于批判资本主义社会中人与人之间赤裸裸的金钱关系,而是体现"我"身上的那种对亲情的珍视以及对陌生人的人道主义关爱之情。

3. 依据个人生活体验理解小说主题

邓彤曾说:"教小说最好的境界是让学生若有所思、思有所悟、怦然心动、潸然泪下,而又说不出来,我觉得这是最高境界。"[①]学生都是带着一定的"前见"进入文本的,要达到邓彤所说的审美境界,必然要借助个人的生活经历来深入理解小说主题,从而和作者产生共鸣。经历过家庭困顿的读者,会读出菲利普一家人的生活拮据,从而对菲利普夫妇多一份理解和同情;学生更多地会站在若瑟夫的角度,对亲情多一份珍视。笔者从这篇小说中读出了人的生存困境的主题,菲利普夫妇不断地集聚希望,最终不免于彻底绝望,他们的生活会一如既往地贫穷,这是物质上的生存困境;于勒因为年轻浪荡被送到美洲,一心想要弥补曾经的过失,最终沦为底层的水手,这是人生选择的困境;若瑟夫对于于勒的同情与怜悯,犹如暗夜里的一道微弱的光,最终也不能真正改变什么,这是一种精神上的生存困境。小说要展现的,或许就是社会中形形色色的人对生活的抉择,这种抉择中包含着或是无奈、或是冷漠、或是温情。

总之,基于小说要素教学的框架,教师要善于落实统编教材的理念,指导学生从不同角度梳理故事情节和分析人物形象,进而从不同侧面把握小说的主题,这样的小说教学才更有效果。

(本文原载《中小学教材教学》2020年第11期,略有修改)

---

① 王荣生:《小说教学教什么》,上海:华东师范大学出版社,2015年版,第17页。

"一体四面"理念下的初中文言文
教学内容确定与重构

——以《唐雎不辱使命》的教学为例

王荣生教授在《文言文阅读教学设计基本原理》一文中提出:"在文言文中,'文言''文章''文学''文化',一体四面,相辅相成。"[①]所谓"一体四面"中的"一体",指的就是以文言这种古代书面语写成的文章,"四面"就是解读文言文本身的四个角度,即文言、文章、文学、文化。从教学的层面看,这"四面"也是文言文教学内容确定与重构的四个角度。文言文的字词、语汇、语法等知识层面的内容,是理解文言文的基础,也是文言文课堂教学的重头戏。文言文在记录、交际、言志等方面的功能,是其"文章价值"的体现;文言文在谋篇布局、炼字炼句、形象塑造、文学手法方面的特点,是其"文学价值"的体现;文言文在文化传承与理解方面的内容,是其"文化价值"的体现。当然,这些价值并非截然对立的,而是交织在一起。对于九年级下册第三单元的《唐雎不辱使命》一文,也可以从"一体四面"的角度探讨其教学内容。不过,有关《唐雎不辱使命》中的固定的文言实词、虚词、语法、翻译等基础内容,教师都会将其作为首要的教学重点,本文不再详细梳理文言层面的知识。

---

① 王荣生:《文言文教学教什么》,上海:华东师范大学出版社,2014年版,第4页。

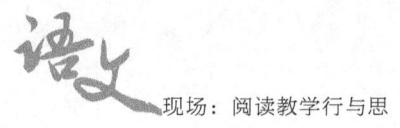
现场：阅读教学行与思

一、史传记录与"士"的形象

作为一篇出自《战国策》的史传文章，《唐雎不辱使命》的文章价值既不是发挥某种交际的功能，也不在于表达个人理想与志趣，而在于记录，记录当时的重大事件与重要的人物，从而为后人提供某种借鉴或教训。"编年体"重在以时间顺序记人，"纪传体"重在记录人物的事件。《战国策》一般被认为是"国别体"，实际上也是"纪传"与"编年"的混合。因此，从文章角度探讨《唐雎不辱使命》的教学内容，主要是事与人两个层面。

事的层面：课文的预习提示"本文记叙了强大的秦国和弱小的安陵国之间的一场外交斗争"，这就是对本文的"事"的概括与定性。既然是"外交斗争"，学生既要大致了解这场外交斗争的历史背景，又要把握外交斗争的起因、过程及结果。也就是说，"唐雎不辱使命"的过程，不仅仅是唐雎个人与秦王之间的较量，而是唐雎代表的安陵国与秦国之间的矛盾斗争。不过，也有教师抓住唐雎的年龄、安陵国的存亡、"挺剑而起"与秦国的法律等问题，引导学生认识到这篇文章的"虚构性"，这虽然有助于学生的知识拓展与思维提升，但似乎偏离了初中文言文教学的重点。

人的层面：课后的"思考探究"第二题"本文通过人物语言塑造了唐雎这一'士'的形象。仿照示例，另选一处人物语言加以分析"，这道题本身是文学层面的探讨，即作者是如何运用描写手法尤其是人物的语言描写来塑造人物的。但题目中提到的"士的形象"，是先秦散文尤其是《战国策》中最光辉的群体，"书中大量描写策士奔走于诸侯之间，纵横捭阖，令'所在国重，所去国轻'的重要作用和社会地位，可以说是一部士阶层，尤其是策士行迹的生动写照"。① 例如苏秦、张仪、鲁仲连、荆轲、冯谖、毛遂、侯嬴等。探讨士阶层的历史与整体形象，自然不是本文教学的重点。但我们要认识到，《战国策》中的士包含着谋士、策士、勇士、隐士等多种不同的类型。《唐雎不辱使命》中的唐雎，首先是一名外交策士，其次也带有勇士的特征。课文的注释"非士之怒也"中的"士"为"有胆识有才能的人"，实际上侧重于唐雎作为勇士的一面。对课"思考探究"第二题的回答，就需要考虑到唐雎的这两个层面的身份特征。

二、章法结构与炼字炼句

王荣生教授认为："学习文言文，研习谋篇布局的章法、体会炼字炼句的艺术，是两个重点。章法考究处、炼字炼句处，往往就是作者言志载道的关节点、精髓处。"②从章法角度看，《唐雎不辱使命》是按照事件的先后顺序写成的，符合历史叙事的特征。但在具体的片段中，也有一些值得注意的艺术手法。

章法布局方面，首先，当秦王提出"以五百里之地易安陵"时，不论是安陵君，还是唐雎，都反复用到了表示否定意义的词。因为秦国的把戏在与赵国、楚国等打交道的过程中都出现过，安陵君一眼便看穿其真实目的，用"弗敢易"表达了自己的态度。值得注意的是，安陵君说的不是"弗易"而是"弗敢易"，一字之差，表明他并不是直接拒绝秦王，而是担心对不起先王。当秦王用同样的话质问唐雎，并咄咄逼人地提出"君逆寡人者，轻寡人与"的大国强盗逻辑时，唐雎连用三个否定词"否""非若是也""虽千里不敢易也"，这一来意味着安陵君不是轻视秦王，也不敢轻视秦王，二来也再次强调安陵君愿守先王之土的决

---

① 袁行霈：《中国文学史（第一卷）》，北京：高等教育出版社，2003年版，第107页。
② 王荣生：《文言文教学教什么》，上海：华东师范大学出版社，2014年版，第7页。

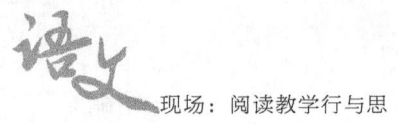
现场：阅读教学行与思

心。其次，本文特别注重前后文段的照应关系。秦王初见唐雎，用韩魏灭亡的史实加以恐吓，即"秦灭韩亡魏"，而唐雎慷慨陈词并拔剑而起时，秦王又说到同样的史实，话语却变成了"夫韩魏灭亡"，前者强调是秦国凭借强大的军事力量消灭了韩魏，后者则悄悄转移了重心，强调韩魏灭亡的原因之一是国家缺少像唐雎这样的智勇双全的"士"。同时，秦王先说"君以五十里之地存者，以君为长者，故不错意也"，最后又说"安陵以五十里之地存者，徒以有先生也"，这就暴露出其"不错意"的虚伪。当与秦王展开正面交锋时，唐雎面对秦王的"天子之怒，伏尸百万，流血千里"，针锋相对地提出"若士之怒，伏尸二人，流血五步"，表达了欲与秦王同归于尽的勇气与决心。

  炼字炼句方面，作者善于使用一些虚词，例如副词、连词、语气词等，来表达人物微妙的心理，兹举两例说明。第一，第一段中秦王"使人"来和安陵君谈条件，为了更加凸出秦王的傲慢、骄横和安陵君的不卑不亢，叙事过程中省略了很多细节，例如使者听到安陵君的回答之后表现如何，使者又是如何回复秦王的等，只写出了"秦王不说"，这与后文的"秦王怫然怒"形成了照应。安陵君肯定是得到了"秦王不说"的消息之后，才派遣唐雎出使秦国，化解危机，即"安陵君因使唐雎使于秦"，本句中的"因"字，删去之后并不影响文意的表达。但"因"字在此不仅写出了"秦王不说"和"唐雎使于秦"之间的因果关系，同时也写出了安陵君内心的矛盾之情。面对强大的秦国，安陵君需要保全自己的国土，他既不能接受秦国的条件，因为那无异于将安陵国拱手送于秦国，也不能彻底激怒、得罪秦王，因为那样就会有大军压境。因此，一个"因"字写出了安陵君内心的惶恐与矛盾之情，甚至带有"立即"派遣唐雎出使秦国的意味。第二，秦王回答唐雎的"布衣之怒"时说，"布衣之怒，亦免冠徒跣，以头抢地耳"。按照常理，秦王听到"大王您听说过布衣之怒吗"，那么直接回答"布衣之怒的表现免冠徒跣，以头抢地"即可，而他偏偏多用了一个"亦"字，意思是"只不过是",一个不起眼的副词,表明了秦王对布衣之怒、对唐雎的极度轻视、不屑一顾的态度。

三、历史眼光与文化价值

《唐雎不辱使命》所在单元的"单元导语"提示"能够运用历史眼光审视作品的当代意义",这就是要求教师和学生从文化角度把握文言文的价值。《普通高中语文课程标准(2017年版)》把"文化传承与理解"作为语文学科核心素养之一。文言文的文言本身就是一种文化,除此以外,文言文体现的古代人的思维方式以及记载的典章制度、地理人文等知识,也是文化层面的内容。更重要的是,学习文言文,要善于把握古代仁人志士身上的优秀品质、思想与情怀,并思考其在当今社会与时代的价值,既要有历史视野,也要有发展的眼光。

唐雎作为策士和勇士,身上体现出来宝贵的外交智慧以及勇气胆识,这些可以成为学生学习的内容,但对于他援引的专诸、聂政、要离等人体现出来的某些道义,还需冷静辨析。笔者一直很奇怪的是,唐雎作为正义的使者,敢于凭借血肉之躯对抗强秦,这是一种非常高尚的品质,但他为什么要引用专诸、聂政、要离等例子呢?只要稍微梳理一下历史事实就能发现,这三个人并没有什么"怒",体现出来的"义"也值得怀疑。首先,专诸刺杀王僚,纯粹是帮助吴国的公子光争夺权力,从现代的眼光看,专诸只是权力斗争的牺牲品。他之所以答应公子光去刺杀王僚,只是受到了"善客待之"这样的礼遇。其次,聂政刺杀韩相侠累,也仅仅是因为严仲子能够把聂政当作知己,聂政出于"士为知己者死"的想法而实施刺杀行动,丝毫没有顾及严仲子和韩相侠累之间孰是孰非。再次,如果说专诸帮助公子光刺杀王僚是为了某种政治利益,那么要离刺杀庆忌就是公子光要对王僚及其后代赶尽杀绝的非人道行为。要离为了取得

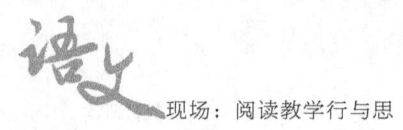

庆忌的信任，居然提出"愿王戮臣妻子，断臣右手"，①最终要离的妻子被焚弃于市，这样一种人伦悲剧，在现代社会是绝对不值得提倡的。要离在刺杀行动中表现得如同小丑，受到重创的庆忌"顾而挥之，三捽其头于水中，乃加于膝上"，②反倒是庆忌体现出了一种英雄气概："此是天下勇士。岂可一日而杀天下勇士二人哉？"③也就是说，同样是刺杀，专诸、聂政、要离等人的刺杀和荆轲刺秦王有相似之处，唐雎的"挺剑而起"的行为本身与荆轲相似，但更类似于春秋时期鲁国的曹沫持匕首劫持秦桓公、战国时期赵国的蔺相如完璧归赵等。前者体现的是私人之间的礼遇与报恩，是小义，甚至要离的行为根本算不上义，后者体现的则是国家大义，即为了国家利益勇于牺牲个人的生命。因此，笔者认为唐雎援引专诸、聂政、要离等例子，大大降低了自己行为的价值与意义。

而且，尽管不能完全用现代法律观念判断古人的行为，但对于古人的某些处事习惯与行为准则，要有批判性的眼光。对于专诸、聂政、要离等只顾及私人恩惠，不考虑事情本身的正义与否，其刺杀行为不是出于国家大义和民族公义，而是个人之"私义"，这也并非真正的"士之怒"。这也是"文化传承与理解"的本意所在：传承，意味着要继承和发扬中华优秀传统文化、革命文化、社会主义先进文化；理解，则是要对传统文化中不适应现代社会的内容进行反思，批判并绝弃其中的糟粕。

（本文原载《教育科学论坛》2021 年第 4 期，略有修改）

---

① 张觉：《吴越春秋校注》，长沙：岳麓书社，2006 年版，第 67 页。
② 张觉：《吴越春秋校注》，长沙：岳麓书社，2006 年版，第 68 页。
③ 张觉：《吴越春秋校注》，长沙：岳麓书社，2006 年版，第 68 页。

基于"母文本系统还原"的说明文教学内容辨析与确定

——以《大自然的语言》为例

初中语文说明文教学,多以说明对象的特征、说明方法、说明顺序、说明语言特征等作为主要内容,不少中考试题也围绕这几大板块设计问题。在具体的教学过程中,"概念理解+举例验证"的教学思路最为常见,即先讲解说明文的文体知识,然后请学生从文中找到相应的语言片段加以验证,借此达成教学目标。例如说明顺序的教学,往往是先提供诸如时间顺序、空间顺序、逻辑顺序等概念并进行解释,学生则判断文章采用了何种说明顺序。文体知识的掌握与运用,是说明文教学的主要内容。如何将文体知识转化为学生阅读说明文的能力与素养?本文以《大自然的语言》一课为例,将课文与最初的报刊原文进行对比解读分析,通过"母文本系统还原"的方式,探索具体的教学内容及教学策略。

一、"物候现象"与"物候学"

《大自然的语言》属于科普文,最初发表于《科学大众》1963年第1期,原题为"一门丰产的科学——物候学",作者是竺可桢和宛敏渭(教材只列"竺可桢"

为作者,这是不准确的,建议更正)。该文分为四个部分,分别是:"大自然的语言""四个因素""在各国的发展""作用很大"。① 教材编者以原文的前两部分为主,并概括了原文"作用很大"这一部分的少量内容,以"大自然的语言"为题,形成了一篇典型的教材文本。

从题目差异上看,原文阐述的是物候学的相关知识与原理,其说明对象是"物候学";教材文本是以原文的第一、第二部分为主的,主要阐述的是"物候现象"。"物候学"和"物候现象",两者之间既有紧密的关联,也有概念上的差异。应该说,"物候学"是一门研究"物候现象"的科学。也就是说,原文和教材文本在说明对象上是有一些差异的,这些差异恰恰是理解"大自然的语言""物候""物候学"等相关概念的关键。因此,有必要对此进行辨析。课文后的"思考探究"第一题:"本文题为《大自然的语言》,主要是讲物候现象,你能概括一下'物候'是什么吗?"这道题就是围绕上述三个概念展开的。其中的关键问题是"大自然的语言"能否与"物候"画上等号?课文里有一句话说:"这样看来,花香鸟语,草长莺飞,都是大自然的语言",这些自然现象是"大自然的语言",难道自然现象都是"大自然的语言"吗?或者说,是不是所有的自然现象都是"物候现象"?其实,自然现象并不都是"物候现象",只有那些与农业生产有关的、能够对农事安排有指导意义的自然现象,才能称得上是"物候"。因此,作者才说,发现物候现象的是古代劳动人民,物候知识多出现在农谚里。那些与气候无关、与农业生产无关的自然现象,并非本文所说的物候现象。

再看标题"大自然的语言",其实是用形象化的语言揭示了"自然现象"和"物候现象"的关系。语言是沟通交流的工具,人与人的交往需要语言,那么,大自然的"语言"也带有交流意味,这种交流就体现在本文第二段中的"传语"

---

① 竺可桢、宛敏渭:《一门丰产的科学——物候学》,《科学大众》,1963 年第 1 期。

"暗示""懂得"等词语上。大自然交流的对象是劳动人民,交流的工具自然是"物候现象"。花香鸟语,草长莺飞,这些现象引发诗人的诗兴时并非"物候现象",只有用来指导农业生产时才是"物候现象"。纯粹意义上的"大自然的语言"不是"物候现象",只有在这种"语言"用来与农民进行农业生产方面的交流时才是"物候现象"。

正因为如此,"物候学"也不是研究纯粹的自然现象与气候关系的科学,而是"利用物候知识来研究农业生产"的一门科学。因此,原文《一门丰产的科学——物候学》的主要内容应该是介绍物候现象、决定物候的四个因素、物候学在各国的发展、物候学的作用。而教材文本的主要内容则是介绍物候现象、决定物候的四个因素、物候学的作用。教材文本的"物候学的作用"就是课文的倒数第二段,非常简略,而原文则是用了七个段落来阐述物候学的作用。

二、"说明顺序"的辨析与教学策略

王君老师曾经对"说明顺序"的教学层面进行过阐述,她认为:"同样是教学逻辑顺序就可以进入不同的层面。一是判断。判断说明顺序是逻辑顺序最简单。二是应用。应用是在知道说明顺序是逻辑顺序的前提下引导学生灵活运用。比如,可抽出一个段落让学生判断其应该放在什么地方,或者是打乱段落的顺序让学生重组。三是创造。事实上,就算文章是按逻辑顺序写成的,各段也会有多样的排列组合,并不是完全固定的。"[①]很多教师的教学是在判断层面上的,而在应用的层面上,王君老师提供了两种具体策略:一是抽出一个段落让学生判断应该放在哪个位置(当然,教材文本对原文内容的"删减段落"用

---

① 王君:《我们必须自己开发说明文教学内容》,《语文教学通讯》,2016年第17期。

现场：阅读教学行与思

在此处更有意义)；二是打乱段落顺序让学生重组。而创造的层面几乎不被教师发觉，这是因为有"教材文本是绝对正确的"这种固化观念的存在。

对于《大自然的语言》的说明顺序的教学与考查，课后"思考探究"设计了一道题："第 7—10 段说明物候现象来临的决定因素，采用了怎样的说明顺序？你认为这样的顺序安排是出于什么考虑？"这道题的答案并不难，因为排除了时间顺序和空间顺序之后，剩下的只能是"逻辑顺序"。问题在于，这四个顺序是否可以互换位置？例如，这四个因素的段落能否这样安排：首先是经度；纬度的差异是影响物候的第二个因素；影响物候的第三个因素是古今的差异；此外，物候现象来临的迟早还有高下的差异？

对于这个问题，首先有必要对原文《一门丰产的科学——物候学》与教材文本进行对比分析，主要涉及的是对"第四个差异"的不同表述：

（原文）第四个因素是古今的差异。就是说古代和现代，物候的迟早是不同的。①

（教材）此外，物候现象来临的迟早还有古今的差异。

表面上看，两种表述并无根本区别。实际上，原文的"第四个因素"和教材的"此外"所包含的内容是完全不一样的。试想：古今的差异是物候现象来临迟早的"决定因素"吗？很显然不是，并不是古今差异导致了物候现象来临的迟早，只能说"物候现象来临的迟早存在着古今的差异"。古今差异只是物候现象的"表现"，而不是其迟早的"原因"。从这个意义上讲，原文的"第四个差异"的表述就是不正确的。教材将其改为"此外，物候现象来临的迟早还有古今的差异"是符合科学事实的。那么，课文后的"思考探究""积累拓展"题目中的"第 7—10 段说明物候现象来临的决定因素""这篇文章总结了物候现象来

---

① 竺可桢、宛敏渭：《一门丰产的科学——物候学》，《科学大众》，1963 年第 1 期。

临的四个决定因素"的表述都是不准确的。准确地讲,"决定因素"只有三个,第四个因素只是"表现"。

那么,除去第四个因素,前三个因素的顺序是否可以变换呢?很明显,经度的差异,纬度的差异,地势的差异,三者之间是并列关系,它们之间既没有时间的先后,更没有内在的因果联系,因此,笔者认为在词句通顺的前提下,是可以互换位置的。当然,这一点也可以指导学生展开探究,不必拘泥于教材的顺序。

三、"说明方法"的辨析与教学策略

王君老师谈到说明方法的教学时又说:"说明方法的教学,与其让学生散漫地到文本中去找各种各样的说明方法,然后对号入座——再现知识和搬运知识,还不如重点学习某一种说明方法在这篇文章中的呈现方式。"[①]笔者对此非常认同。判断一种说明方法并非难事,在说明文写作中运用某种说明方法亦非难事,难的是对某一种说明方法进行深层的探究。课后"思考探究"第三题说:"说明事理有许多方法,如举例子、作比较、列数字、引用等。试从课文中各找出一个例子,说说其作用。"对于本文而言,笔者认为"列数字"的说明值得探究。

《大自然的语言》用到了很多关于年份、天数、温度的度数等相关数字。数字不是冷冰冰的存在,不是静态的、固化的、可以忽略的科学知识。数字的存在,并非让学生获得关于物候学的自然知识,而是要成为一个探究的触发点或载体。例如笔者在进行教材对比阅读时发现,原文对南京与北京的桃花、刺槐

---

① 王君:《我们必须自己开发说明文教学内容》,《语文教学通讯》,2016年第17期。

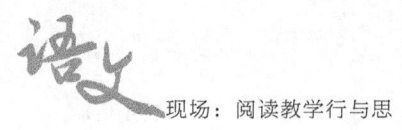

的开花时间的表述,与教材第 7 段的表述是不一致的:

(原文)如长江黄河下游平原地区,北京和南京相差六个纬度强;在阳历三、四月间桃李盛花期,前后竟相差 19 天。但到四、五月间柳絮飞、洋槐花时,南京和北京的物候相差只有 9 天而已。①

(教材)如在早春三四月间,南京桃花要比北京早开 20 天,但是到晚春五月初,南京刺槐开花只比北京早 10 天。

查竺可桢、宛敏渭合著的《物候学》,谈到同一话题时,作者附上"北京南京春季物候迟早比较表",并作如下表述:

如以黄河、长江下游平原地区的北京与南京相比,春季物候迟早如下表所示(图表略)。从表 1 可知,北京、南京纬度相差 7 度强,在三四月间,桃李始花,先后相差 19 天;但在四五月间,柳絮飞、洋槐盛花时,南北物候相差只有 9 天或 10 天。②

对比三则材料可知:首先,教材文本的表述更为清晰。原文以及《物候学》一书中说"前后竟相差 19 天""先后相差 19 天","前后""先后"与"北京和南京"的顺序不一致,反而给人感觉是北京的桃花开得早。其次,教材说的是"桃花""刺槐",而另外两则说的是"桃李盛花"和"柳絮飞、洋槐花"。关于桃李花开的时间,教材的数字是 20 天,其他两则材料则是 19 天;关于柳絮飞和洋槐盛花的时间,原文是 9 天,教材是 10 天,《物候学》一书则是 9 天或 10 天。实际上,这些数字的来源是《物候学》一书中的"北京南京春季物候迟早比较表",该表中的北京物候数据是根据 1950—1961 年的记录,南京物候则是根据 1921—1931 年的记录。"桃李始花"一项,北京是 4 月 19 日,南京是 3 月 31

---

① 竺可桢、宛敏渭:《一门丰产的科学——物候学》,《科学大众》,1963 年第 1 期。
② 竺可桢、宛敏渭:《物候学》,长沙:湖南教育出版社,1999 年版,第 27—28 页。

日;"柳絮飞"一项,北京是5月1日,南京是4月22日;"洋槐盛花"一项,北京是5月9日,南京是4月29日。按照表中的数据,准确的表述如下:如在早春三四月间,南京桃花要比北京早开19天,但是到晚春五月初,南京刺槐开花只比北京早10天,南京柳絮飞比北京早9天。

因此,对于"列数字"的说明方法,只有进行这样的分析与探究,才能深刻体会到数字在说明文教学与写作中的重要性。

四、"说明语言"的分析与教学策略

《大自然的语言》课后"积累拓展"题目中也提及了说明语言的内容,即"比较下面两段文字的不同特点,体会说明语言的生动性和准确性"。说明语言的准确性,不是概念或静态知识层面的内容。说明语言的准确性,不仅仅体现在数据的精准上,也体现在其他用语的准确上。理解这种准确性,也需要一个具体分析的过程。笔者依然将教材文本与原文进行对比分析,从差异入手,具体理解说明语言的特征。兹举几例说明:

第一处:课文第一段最后一句话是"在地球上温带和亚热带区域里,年年如是,周而复始",而原文直接表述为"年年如是,周而复始",[1]为什么教材编者要加入"在地球上温带和亚热带区域里"一句话呢?这一点不难理解。因为作者在第一段中提及的春夏秋冬的季节交替以及相应的物候现象,只有在"温带和亚热带区域"才存在。地球上的其他区域,例如热带地区、寒带以及地中海气候等区域内,这种春夏秋冬的季节交替就不存在。因此加上"在地球上温带和亚热带区域里"的限制条件,"年年如是,周而复始"的表述才更加准确。

---

[1] 竺可桢、宛敏渭:《一门丰产的科学——物候学》,《科学大众》,1963年第1期。

第二处:课文第三段第二句话是"物候知识在我国起源很早",而原文表述为"物候知识的起源,在世界上以我国为最早"。① 一个"很早",一个"最早",这不仅是语言层面的差异,而是关系到物候知识起源先后的大问题。表面上看,"很早"属于模糊表述,"最早"属于精确表述,但"精确"与"模糊"的表述还要考虑到真实的情况。如果现有资料无法证明我国物候知识的起源比其他国家都要早,那就只能用"很早"这样的既符合事实又相对模糊的表述。在原文第三部分"在各国的发展"中,作者说,"西洋的物候知识起源也很早",又说,"物候学在我国虽起源很早,到如今还是个空白点"。② 在《物候学》一书中,作者说,"欧美的物候知识也起源很早,因为人类从事农业生产,即有对物候知识的需要和取得这种知识的可能。所以,2000多年以前的希腊时代,雅典人即已试制包括一年物候的农历"。③ 我国的物候知识起源于周秦时代。这些材料也证明,物候知识在我国起源"很早",但是不是"最早",目前还无法准确判断。教材编者将原文的"最早"改为"很早",是符合实际情况的,也体现出说明文语言的准确性。

除此以外,在谈到物候现象来临的古今差异时,作者引用了英国南部物候的一种记录,原文是"如以1741—1750年十年平均和1921—1930年十年平均的春初七种乔木抽青与始花的日期相比较,则后者比前者早九天。换言之,二十世纪的三十年代比十八世纪中叶,英国南部的春天要提前九天"。④ 教师也可以引导学生将其与教材文本进行对比分析,借以体会说明语言的准确性。

(本文原载《语文教学通讯》,2022年第29期,略有修改)

---

① 竺可桢、宛敏渭:《一门丰产的科学——物候学》,《科学大众》,1963年第1期。
② 竺可桢、宛敏渭:《一门丰产的科学——物候学》,《科学大众》,1963年第1期。
③ 竺可桢、宛敏渭:《物候学》,长沙:湖南教育出版社,1999年版,第17页。
④ 竺可桢、宛敏渭:《一门丰产的科学——物候学》,《科学大众》,1963年第1期。

文本原生价值与教学价值的辨析与教学建议

——以《陈太丘与友期行》为例

文本原生价值与教学价值的不统一,这是语文教材的重要特点。胡立根老师用"信息处理价值"来概括文本的这两种价值之间的逻辑关系:"语文教材作为语文学习客体,其核心、本质的教学价值也就不在于为作为社会阅读主体的学生提供了多少现成信息,而在于是否作为语文学习主体的学生提供了进行语言信息处理的适当的范型、空间、机会和过程。"[1]实际上,文本的原生价值与教学价值之间并非对立关系,而是有着内在的关联。本文以《陈太丘与友期行》一文为例,阐述并辨析两种价值的表现,进而提出相应的教学建议。

一、"诚信"与"方正":文本价值的变迁与开掘

《陈太丘与友期行》选自《世说新语》,该文的文字、标点都与余嘉锡的《世说新语笺疏》的原文保持一致。读者很容易从元方的"无信""无礼"中提炼出本文"诚信守礼"的主题,并以此为依据,对学生进行价值观的引导与教育。李

---

[1] 胡立根:《中学语文教材教学价值特征简论》,《深圳教育学院学报(综合版)》,1999年第2期。

现场：阅读教学行与思

霞老师的《试解〈陈太丘与友期行〉与魏晋风骨》一文从魏晋风流的角度解读人物的率真，尤其关注"一诺千金"在人物身上的体现；①周龙腾老师的《从〈陈太丘与友期行〉管窥魏晋士人的"礼"观》则从"礼"的角度对人物进行分析；②何君辰老师分析了11篇公开发表的《陈太丘与友期行》课例，发现也有不少教师围绕"元方入门不顾是否失礼"请学生展开辩论，探讨"诚信守礼"的主题等。③

应该说，"诚信守礼"的主题是普通读者读完这则故事之后的"第一反应"，是基于文本本身的理解与概括。原人教版教材七年级上册第一单元《陈太丘与友期行》课后"研讨与练习"第二题是"《陈太丘与友期行》中'君''尊君''家君'的称谓有什么不同？元方'入门不顾'是否失礼？说说你的看法"。这道题基本上也是围绕"礼"展开的，不过更侧重于考查学生的批判性思维。统编版初中语文教材七年级上册第二单元的《陈太丘与友期行》的课后"思考探究"第三题："《陈太丘与友期行》出自《方正》篇。方正，指人行为、品性正直，合乎道义。文中哪些地方能够体现出陈元方的'方正'？"从题目导向上看，统编教材更重视文本所在的语境系统，能够将具体课文还原到"母文本系统"中进行考量，而不仅仅局限于一篇文章的直觉式解读。对于《陈太丘与友期行》而言，围绕着"方正"，师生不仅可以探讨陈元方的"方正"，更可以探究陈太丘甚至友人的行为与人品是否符合"方正"的道德水准。

当然，"诚信"和"方正"并不冲突，品性正直本身就包含了诚信守时、尊礼等维度，只不过是在侧重点上有差异而已。也有教师从魏晋风流的角度分析人物的率真，这也体现了文本原生价值的多元性。

---

① 李霞：《试解〈陈太丘与友期行〉与魏晋风骨》，《中学语文教学参考》，2019年第12期。
② 周龙腾：《从〈陈太丘与友期行〉管窥魏晋士人的"礼"观》，《语文月刊》，2019年第11期。
③ 何君辰：《去伪存真，回归文本语境——〈陈太丘与友期行〉教学内容重构》，《语文建设》，2019年第1期。

二、"方正"与"亲情":教学价值的辨析与重构

《陈太丘与友期行》的原生价值跟"诚信""方正"有关,这些内容也可以作为语文教材的"信息传输价值",也可以实现对学生价值观的引导与教育。但不论是人教版教材还是统编教材,这篇文章所在的单元的人文主题既不是诚信守礼,也不是美好品德,而是"亲情"。也就是说,教材编者希望通过这篇文章引起学生对亲情的关注与体验。那么,教师在教学时,究竟是尊重文本的原生价值呢,还是尊重文本的教学价值?

人教版教材七年级上册第一单元和统编教材七年级上册第二单元的"单元导语"都围绕"亲情"展开;从单元篇目看,统编教材只是去掉了人教版教材中的《羚羊木雕》一文,其他篇目基本一致。另外,"亲情"的教学价值导引都出现在两个版本教材的"预习提示"中。人教版课文"预习提示"说:"从七岁儿童元方身上,你能体会到他维护父亲尊严的'责任感'和无畏精神吗?"统编教材则提示:"预习课文,注意感受古代儿童的聪慧机敏和良好的家庭教养。"一个是维护父亲尊严的"责任感",一个是良好的家庭教养,虽都与亲情相关,但侧重点又有差异。前者是"子对父尊严的守护",后者是"父对子无形的影响"。

面对文本原生价值与教学价值的分离,教师在实际教学中究竟侧重教"方正"呢,还是"亲情"? 其实,这二者之间并非截然对立。胡立根老师说:"语言信息处理这一语文智能价值虽然是语文教材的价值核心,但它并不是语文教材教学价值的全部内涵。作为学习主体的学生本身是一种双重主体,而且从语文学习的逻辑起点说,学生首先必须是社会阅读主体,要学习语言,首先必须接受文章所直接承载的思想情感与社会自然知识,这些思想、情感、知识等

也是建构学习主体完善的语文心智结构所必备的因素。"①也就是说，学生首先要作为普通的社会读者走进文本，关注文本本身的语言层面的知识、社会文化概况、人物本身的性格与品质以及相对集中的主题等。在此基础之上，关注教材本身的价值导引，即文本的原生信息在学生教育过程中的作用——用胡老师的话说就是"作品原生的思想、情感、知识建构着学生的语文心智结构"——这就是文本原生价值与教学价值的辩证统一。

三、教学建议

文本原生价值与教学价值的辩证统一，说明这两种价值既有区别，但又非对立，不是非此即彼的关系。只关注文本的原生价值，就无法对学生的语文素养进行系统培养，而忽视了文本的原生价值，那么教学价值也就成了"空中楼阁"。对于文言文教学来说，不论是"言文一致""文道统一"，还是"一体四翼""一语四文"，抑或是"炼字炼句处""章法考究处"的教学观念的形成与实践，都应该在文本原生价值与教学价值辩证统一的前提下展开。对于《陈太丘与友期行》一文，笔者试提出如下教学建议：

（一）以言语形式为抓手，对文本进行透彻解读

言语形式是通向言语内容的重要桥梁，从言语形式的角度进行文本解读，可以捕捉到作品人物的复杂心理与多重品格，可以体察到作者在文学艺术方面的匠心。兹举几例说明：

其一，陈太丘是一个怎样的人？从"过中不至，太丘舍去"的言语内容本身

---

① 胡立根：《中学语文教材教学价值特征简论》，《深圳教育学院学报（综合版）》，1999年第2期。

可以看出陈太丘的诚信守礼的一面。但如果从言语形式的角度分析,"太丘舍去,去后乃至"的表述就值得关注。《世说新语》的语言是极其凝练简洁的,作者为何不说"太丘舍去,友乃至",而是要强调"去后"呢?既然太丘已"舍去",即陈太丘的离开已经是一个事实了,为何还要说"去后乃至"?其实,这样表述一来使用了顶真的修辞格,使得句子在音节与句意上有了更为顺畅的衔接,二来强调了友人是在陈太丘离去之后到达的,这就更加反衬出陈太丘的"方正"。这种"方正"的表现是诚信守时的社会原则以及个人道德准则要重于朋友之间的交情、情面,即宁可得罪友人,也要维护自己的道德准则。

其二,元方说"待君久不至,已去",既陈述了父亲已经离开的事实,又交代了离开的原因。一个"久"字,不仅是对父亲等待了很久的客观陈述,同时也隐含着对友人的指责。如果从"亲情"的角度看,"久"字也体现了元方对父亲尊严的维护,意在表明错不在父亲。如果去掉"久"字,虽能够陈述事实,但情感方面的力度就减弱了。

其三,友人说"非人哉!与人期行,相委而去"是不是其真率的表现?其实,我们不能从魏晋时期的整体风尚来判断某一个人的性格与行为取向,而从言语形式的角度就能读出更多的意蕴。友人的"勃然大怒"是事实,不过其内心是有委屈的。这种委屈就体现在"相委而去"的"委"字上。"相委"即"丢下我、抛弃我"之意,友人不说"与人期行,过中而去",而说"相委而去",可见他不能接受的是陈太丘将自己丢弃、舍弃的感觉。在他看来,即使自己迟到了,但"我们"是朋友,怎么能够抛弃自己而径自离去呢?因此,此处的"非人哉"并不一定是率真,而是失落情绪的瞬间喷发。

其四,对于元方的"日中不至,则是无信;对子骂父,则是无礼",多数教师都认为这是元方诚信守礼的表现,也是"方正"的表现。但如果考虑到元方的年龄及其心理,可能会读出更多的含义。元方对"信""礼"的认识,定然不是天

现场：阅读教学行与思

生的,七岁孩童就能够条理清晰地摆出"无信""无礼"的概念并陈述原因,这就是良好家庭教养的表现。而且,考虑到元方说这番话时的"儿童口吻",即用儿童的口吻表述成人化的概念与认知,那么这种"方正"就有了两层含义:一是元方受到耳濡目染之后形成的"方正",二是透过元方窥探出陈太丘本人的"方正"。也正因为如此,明代的王世懋才评论说:"小儿语,故自'方正'。"①

（二）以称呼语作为切入点,深切体会"方正"和"亲情"

称呼语是本文的知识教学内容之一,统编教材《陈太丘与友期行》课后"积累拓展"第五题就涉及谦称和尊称等称呼语,而且"知识清单"提供了"古代常见的敬辞和谦辞"的内容。对于古代常见的称呼语,识记、辨别和运用是很有必要的。如果在文中注意到称呼语背后隐含的人物心理与性格,就可以将称谓的知识转化为阅读能力。在实际的课堂教学中,多数教师已经关注到了称呼语这个教学点,但如果在文本原生价值与教学价值辩证统一的视角下进行分析,将会读出更多的含意来。

其一,当友人迟到赶来,见到正在门外玩耍的元方,直接问:"尊君在不?"元方回答:"待君久不至,已去。"这里面就有一个问题:元方与友人是否相识?可以想象一下,友人来到陈太丘家门口,并没有问元方是否陈太丘之子,而是直接问"尊君在不",这就说明友人是认识元方的。何况,作为陈太丘的朋友,友人和元方不相识的概率是很小的。正因为元方也认识友人,知道这个人就是父亲要等的人,看到友人之后自然是有怨气的。而在心怀不满的前提下,元方依然能够尊称友人为"君",这是难能可贵的。更可贵的是,当友人"对子骂父"之后,元方依然能够强忍怒火,再一次尊称友人为"君",说明元方是有涵

---

① 刘强:《世说新语会评》,南京:凤凰出版社,2007年版,第166页。

养的。

其二，友人当着元方称呼陈太丘为"尊君"，这说明友人也是有修养的。当他得知自己被抛弃之后，一时情绪难以接受，说了一番"过头话"，这固然不对。但当元方指出友人的问题之后，友人立即意识到了自己话语的不妥，并知错即改。实际上，友人的表现虽然无礼，但他可能是出于对孩童的轻视心理，没有与儿童进行平等的对话。这一点从"下车引之"可以看出。"下车引之"，一方面说明了友人是在车上问话以及"对子骂父"的，另一方面，他意识到自己行为不妥之后，立即"下车"，还想去拉着元方向他道歉，只可惜元方并没有给友人表达歉意的机会。

元方对友人使用了尊称，友人对元方及陈太丘也使用了尊称。这种称呼体现了二人良好的修养。这两个人，一个是陈太丘的儿子，一个是陈太丘的朋友，这也暗示出陈太丘在教子与交友方面的过人之处。不过，三人虽都体现出"方正"的行为与品格，但并非完人。元方的"入门不顾"，带有孩童式的任性；友人的"对子骂父"，是一种盛怒之下的无礼；陈太丘的"过中不至，太丘舍去"缺少一些"益者三友"中的"友谅"的维度。

（三）以群文阅读为思路，进行大单元教学设计

王荣生教授认为，语文教学内容"既包括在教学中对现成教材内容的沿用，也包括教师对教材内容'重构'——处理、加工、改编乃至增删、更换"。[①] 教师为达成特定的教学目标，是可以对教材进行加工处理的。对于《陈太丘与友期行》的单一文本而言，教师可以围绕"亲情"展开教学，也可以围绕"诚信""方正"等内容展开。这也是文本原生价值与教学价值辩证统一的体现。但如果

---

① 王荣生：《语文科课程论基础》，上海：上海教育出版社，2003年版，第246页。

着眼于"单元教学",进行大单元教学设计,还是应考虑到"这一篇"与本单元内其他篇目的关系。

本单元的人文主题是"亲情",篇目包括《秋天的怀念》《散步》《散文诗二首》和《〈世说新语〉二则》。这几篇文章置于同一单元,主题相近,可以进行群文阅读教学。群文阅读采用"议题"作为选择文本、结构课堂的基础。所谓"议题",指的是"一组选文中所蕴含的可以供师生展开议论的话题",[①]一组选文中可以具有一个或者多个议题。例如在"亲情"话题的统摄下,可以设置"亲情的不同表现""亲情与言语形式"等议题。《秋天的怀念》侧重于写母亲给"我"的爱以及"我"的悔恨之情;《散步》则侧重于亲情中的生命意识以及中年人的家庭责任感;《金色花》侧重写儿童对母亲的依恋之情;《荷叶·母亲》则直抒胸臆,抒发母爱的伟大;《咏雪》是在谈论文艺的家庭活动中体现高雅、和谐的亲情;《陈太丘与友期行》的亲情主要表现在孩子对父亲尊严的维护以及家庭教养对孩子的影响等方面,这种亲情更带有一种理性色彩。

至于具体的教学过程,教师可以设置一定的任务,例如编印《人间至情·亲情卷》的语文读本、制作"细节见真情"手抄报等,甚至可以将该议题与语文综合性学习、口语交际以及作文训练结合起来,实现真正的大单元教学设计。

(本文原载《中小学课堂教学研究》2021年第3期,略有修改)

---

① 于泽元、王雁玲、黄利梅:《群文阅读:从形式变化到理念变革》,《中国教育学刊》,2013年第6期。

理解·运用·创造:文艺论文的教学策略探究

——以《山水画的意境》教学为例

文艺论文是一种以阐述文学、艺术、美学、文艺鉴赏等知识与规律的专业性文章。从文体特征上看,文艺论文带有一般议论文和论述类文本的特征,例如都有较为鲜明的观点,都运用各种论据证明自己的观点,都讲究说理论证的严密性和逻辑性。但文艺论文由于论述对象的特殊性,其表现形式相对自由,而且文艺气息浓厚。阅读这类文章,可以提升自己的文艺评论与鉴赏能力,培养高雅的审美情趣。在高中学段的教学中,这类文章在教材中所占比重较小,典型的课文有《谈中国诗》《说"木叶"》《咬文嚼字》等。在实际的教学中,教师对这类文本的教学不够重视,只有当这类文章出现在高考的"论述类文本"阅读板块时,才会引起教师和学生的注意。在初中学段,2011年版的《义务教育语文课程标准》只有"阅读简单的议论文"的要求,原人教版教材中也没有相关的课文。统编教材九年级下册第四单元出现了"读书问学、谈文论艺"的文章,尤其是李可染的《山水画的意境》、朱光潜的《无言之美》和叶圣陶的《驱散我们的想象》三篇文章,可以说是典型的文艺论文。遗憾的是,一来该单元的学习安排在九年级下学期,很多教师和学生已经进入了中考复习阶段,无暇顾及这类文章的教学;二来到目前为止,这类文章几乎没有出现在中考试卷上。因

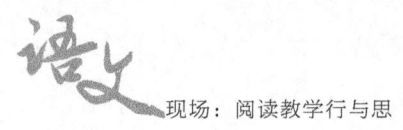

此，这些文章基本上处于被冷落甚至忽视的状态。笔者认为，在九年级下册的教材中安排这组文章，为的是实现初中和高中语文教学与学习的有效衔接。当然，学习这类文章本身也是有意义的，不仅有助于简单议论文的学习，而且可以培养审美情趣，提高艺术修养。

本单元的"单元导语"第二段话提出了具体的阅读方法和目标："阅读时，要注意了解作者观点，学习思辨方法；发现疑难问题，独立思考，有自己的见解；还要学习文中介绍的文艺欣赏方法，迁移运用到自己的欣赏实践中。"这段话提出了文艺论文阅读的理解、运用、创造等维度。理解，主要是把握作者在文中阐述的观点，把握观点和材料的关系以及行文思路；运用，主要是学习文艺鉴赏的方法，并进行拓展性阅读，进而将这种方法迁移到同类文章的阅读中；创造，则是对文本进行批判性阅读，独立思考，形成自己的见解，并内化到自己的认知、审美结构中。本文以《山水画的意境》一文的教学为例，从理解、运用、创造三个层面具体阐述文艺论文的教学思路与策略。

一、对文艺论文进行"理解"的三个角度

对文艺论文首先要进行理解性阅读。理解性阅读的目的既不在于获取信息，也不在于形成审美态度与价值观念，而在于"理解"文章的观点、概念、思路等。对于《山水画的意境》而言，教师要引导学生理解本文的专业术语和概念，理解作者所引材料和观点的关系，理解文章的行文思路。

首先，专业术语或概念是文艺论文不可或缺的元素，也是文本得以展开论证的核心要素。不过，有些时候，概念也能成为读者理解文本的绊脚石。因为概念不理解，整句话的意思就得不到合理的解释，于是便会出现一知半解、似懂非懂的情况。王荣生教授主编的《实用文教学教什么》一书认为："一篇实用

文之所以复杂,往往是其中使用了很多专业术语。在阅读这类文章时应该聚焦这些使用了专业术语的部分。这些部分的内容在全篇之中一般是相对独立的,尤其是传达知识的文章更是如此。因此在阅读时应该分辨这些内容,理清内容之间的关系,通过分析正确理解其中的专业术语,进而把握作者的观点。"①理解概念,一要借助于工具书,二要借助于上下文的语境。当然,教师引导学生对专业术语的把握,要用理解而非研究的态度。

本文最重要的专业术语自然是"意境"。作者在第二段提出,"意境就是景与情的结合",从表面上看,这是对意境的解释说明,但实际上,这个解释并非下定义,而是一种说明,因为"情与景的结合"仅仅是一种情景关系,是"意境"存在的前提条件。"意境就是景与情的结合"其实就是"情与景的结合产生了意境",这句话揭示的是意境的由来,至于"什么是意境",文章并没有明确的阐释。因此,学生对意境的理解程度,能够达到"意境就是诗歌和绘画等艺术作品中情景交融的状态"即可。

除此以外,还有"山水画""中国画"等术语。第9段第一句话说:"中国画不强调'光',这并非不科学。"此处的"中国画",就是"国画",是一种独特的绘画形式,主要指的是画在绢、宣纸、帛上并加以装裱的卷轴画。中国画主要有人物、花鸟、山水等几大类,因此山水画是"国画"的一种。从这个意义上讲,作者讲的"山水画""意境"等,都是带有中国古代艺术特点的概念术语。

其次是理解作者所引材料和观点的关系。《山水画的意境》的主要观点是我国的山水画和古诗是有意境的,要想获得意境,作者就要深刻认识对象,要有强烈、真挚的思想感情,而且还要有意匠。这些观点如同一个人的骨骼,是支撑整个人体的主要部分。但文艺论文不能只有骨骼,还要有血肉,其血肉就

---

① 王荣生:《实用文教学教什么》,上海:华东师范大学出版社,2014年版,第166页。

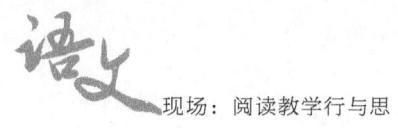

是作者在文中为证明某个观点所引述的材料。将观点与材料一一对应，进而建立起观点与观点之间的联系，这是读懂文艺论文的最重要的方法。引述材料，使得文艺论文不再是干巴巴的、枯燥的说理文章，而是成为有说服力的、血肉丰富的可读性强的文学作品。对于文艺论文而言，引述材料或例证，更是作者学术功力与写作功力的体现，体现出作者对某种现象、某个文本、某个片段的独特理解。为了更清晰地呈现材料与观点的关系，教师可通过图表呈现，并请学生通过小组合作等方式填写"观点"部分。如表1：

表1　文本观点与材料关系图

材　　料	观　　点
李白《送孟浩然之广陵》	
毛主席《十六字令三首》	
齐白石画虾	
毛主席《沁园春·雪》	
荆浩太行山上画松	
苏州"清""奇""古""怪"老柏	
四川民谚	
颐和园风景	
齐白石的"老齐手段"	
杜甫的诗句	

再次是理解文章的行文思路。本文共有10个自然段，但所阐述的内容相对集中，行文思路还是比较清晰的。作者先阐述了"什么是意境"以及古诗中意境的存在与表现；其次是"怎样获得意境"，主要谈了要深刻认识对象，要有强烈、真挚的思想感情以及要有意匠三个内容。值得注意的是，第一，"深刻认识对象"和"强烈真挚的思想感情"表面上看是并列关系，实际上有着内在的因果联系。教师要提醒学生注意这句话："意境的产生，有赖于思想感情，而思想

感情的产生,又与对客观事物认识的深度有关。要深入全面地认识对象,必须身临其境,长期观察。"也就是说,只有身临其境,长期观察,才能够深入全面地认识对象;只有全面深入地认识对象,才会产生强烈真挚的思想感情,作品才会有意境。第二,作者在第9段中说:"画画要有意境,否则力量无处使,但是有了意境不够,还要有意匠;为了传达思想感情,要千方百计想办法。"表面上看,意境和意匠也是并列的关系。实际上,有意匠也是有意境的必要条件。因为意匠即表现方法的主要作用是传达思想感情,这是意境产生的首要条件。

二、文艺论文观点的迁移与运用

文艺论文本质上属于与文学类文本相对应的实用类文本。曾祥芹先生曾把阅读动机分为基于认知性的阅读动机、基于功利性的阅读动机、基于审美性的阅读动机,他认为:"文章阅读以对文本的理性认知为手段,以准确领会文本的意义为出发点,并以从中探寻处理解决实际事务的有关信息为目的。它引导读者走向客观现实世界,以实现一定的功利目标。"[①]文艺论文的阅读是"文章阅读"的一种类别,也讲究实用性,即能够将文中的观点迁移到对其他文艺作品的鉴赏上,并且能够分析理解同一类型的文本。对于《山水画的意境》而言,这种迁移与运用主要表现在:

一是能够运用文中的观点分析文内"语焉不详"的例子,丰富对文章本身的理解。作者用"写景就是写情""情与景要结合"等观点赏析了李白的《送孟浩然之广陵》。但对于毛主席的《十六字令三首》,作者也进行了分析,只是没有列出原文,学生对这三首词的理解总是"隔了一层"。教师有必要列出原文,

---

① 曾祥芹:《文章阅读学》,郑州:大象出版社,2009年版,第4页。

并引导学生具体分析这三首词的意境"深在何处"。

其一：山，快马加鞭未下鞍。惊回首，离天三尺三。

其二：山，倒海翻江卷巨澜。奔腾急，万马战犹酣。

其三：山，刺破青天锷未残。天欲堕，赖以拄其间。

结合这首词的创作背景，领会词中的意象以及具有冲击力量的动词，把握本词所用的表现手法，重点分析词中情与景的关系，进而把握毛主席在词中抒发的英雄主义的革命豪情。这样才能体会作者说的"毛主席的诗句，意境是很深的"这样的结论。

二是能够运用本文的观点分析教材中以及教材之外的古诗词和其他文艺作品。课文后的"积累拓展"第四题是"运用课文中有关意境的论述，选择一首自己喜欢的古诗词进行赏析"。这就是强调观点的运用。本册教材中有意境的诗词，例如范仲淹的"四面边声连角起，千嶂里，长烟落日孤城闭"，苏轼的"锦帽貂裘，千骑卷平冈""料峭春风吹酒醒，微冷，山头斜照却相迎"，辛弃疾的"沙场秋点兵""一轮秋影转金波，飞镜又重磨""不尽长江滚滚流"，秋瑾的"为篱下黄花开遍，秋容如拭"，纳兰性德的"一抹晚烟荒戍垒，半竿斜日旧关城"，岑参的"瀚海阑干百丈冰，愁云惨淡万里凝"等，教师可通过专题阅读、群文阅读等方式，系统分析这些诗词中的情景关系。当然，对于其他诗词作品和文艺作品，也可以运用本文的观点进行赏析。

三是山水画创作的心得体会，对学生的写作尤其是文学写作有启发意义。课文后"思考探究"第三题："各种艺术门类之间总有一些共通之处，彼此往往能够互相借鉴。下面这些山水画创作的心得体会，对你的写作有哪些启示？"这道题就体现了观点之间的迁移与运用。例如"对客观对象不熟悉或不太熟悉，就一定画不出好画"，这对学生写作的启示是要写好记叙文或说明文，一定要对外界景物或事物进行观察，要通过各种途径深入了解外物，例如查阅资料、实地访查等;对于"一个山水画家,对所描绘的景物,一定要有强烈、真挚、朴素的感情,说假话不行",这对学生写作的启示是抒发情感不一定要用华丽的辞藻,感情要真挚朴素,不能"为赋新词强说愁",这样才能融情于景,抒发出真实的感情,进而引发读者的情感共鸣。

三、创造性阅读与自我认知的构建

理解和运用,都是围绕文章本身的观点与内容展开。读懂文章的标志,不仅仅是能够用自己的语言复述文章的内容与观点,也不仅仅是将作者的观点运用到教材之外的情境中,还包括对文章进行批判性阅读,将文章的观点与内容融入自己的知识结构与情感结构中,形成新的阅读经验。

首先,"意境"论是最能体现中国人思维方式与文化特点的理论,也是中国学者独创的文艺批评的理论体系。这个概念对学生来说可能是初次接触,也没有融入到学生的认知体系中。但在未来的语文学习中,这个概念又是非常重要的。更重要的是,作者在这篇文章里只是谈了意境的一个方面,要想全面把握作者对意境的阐述,还要深入阅读作者的其他文章。李可染先生原本在1959年的《美术》期刊5月号发表了《漫谈山水画》一文,但对山水画的意境论述得不够,于是另成一文,即教材中的《山水画的意境》,集中谈论山水画的意境,本文"理论阐发愈发精辟透彻,在社会上、在美学界产生更为深广的影响"。[①] 在《李可染画论》一书中,编者又将李可染先生涉及"意境"的文章汇编成"意境"板块,以"可贵者胆 所要者魂""物象精萃 感情化身""缘物寄情 寓情于景""笔惊风雨 画泣鬼神""新的时代 新的意境""经营意匠 突出意境"为小

---

① 李可染:《李可染论艺术》,北京:人民美术出版社,2002年版,第43页。

标题,透彻阐述艺术作品的意境问题,包括课文中对"意匠"未展开阐述的内容。这些文章都可以一并提供给学生,指导学生展开对意境的探究。

其次,作者从情景关系的角度阐述了对意境的看法,从另一个角度看,这种论述是不全面的,甚至有偏差。我国古代文学艺术批评中的"意境"概念,绝不是情景结合所能概括得了的。本册教材中朱光潜的《无言之美》、叶圣陶的《驱遣我们的想象》等文章,其实都谈到了与意境论有关的文艺观点。叶圣陶先生还举了"大漠孤烟直,长河落日圆"的例子,而《红楼梦》中的香菱对这句话也有着很好的感悟,应该说,香菱的感悟才算是把握到了意境的实质。童庆炳先生主编的《文学理论教程》认为意境是"抒情性作品中呈现的那种情景交融、虚实相生的形象系统,及其所诱发和开拓的审美想象空间",[①]并且认为文学意境的主要特征是情景交融、虚实相生、韵味无穷。由此可见,李可染先生对意境的阐述是不太全面的。

也就是说,学生只有在全面把握李可染先生对意境阐述的基础上,并且适度拓展阅读空间,查阅有关意境的资料,才能真正实现创造性阅读,将意境的相关概念与理论融入自我的认知系统中。

(本文原载《语文教学研究》2022年第5期,略有修改)

[①] 童庆炳:《文学理论教程》,北京:高等教育出版社,2015年版,第239页。

教学设计

하나 둘셋

《等待散场》教学设计

一、教学目标

把握小说情节的两个特点:合情合理、一波三折。

二、教学方法

对比阅读、自主探究、对话合作。

三、教学课时

1课时

四、教学过程

(一)第一步:导入

教师导入:"《等待散场》是刘心武先生的一篇微型小说,小说讲述了一个

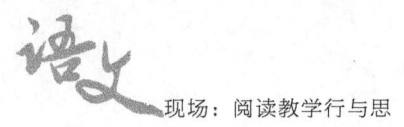

深婉唯美的爱情故事。今天,我和大家一起走进刘心武先生构建的文学世界,看看纯洁的爱情是如何在情节的跌宕起伏中缓缓流淌出来的。"

(二)第二步:情节初步把握

按照西方结构主义叙事学的理论,情节应该成为小说的核心,这篇小说的情节理应成为教学重点。

教师设计问题:"初读课文,请你用精练的语言概括小说的主要情节,要按照事情的开端、发展、高潮、结局概括。"

3分钟后,请学生回答,并且归纳学生答案。如下:

开端:"我"去看芭蕾舞剧《天鹅湖》迟到了。

发展:"我"撞到一个守在剧场门口的小伙子,送票给他,他却不要。

高潮:剧场内的姑娘与小伙子正互相守望。

结局:"我"为他们纯洁而坚贞的爱情深深感动。

(三)第三步:比较阅读与改写

教师提出问题:"您能否用简洁的语言将小说的第一人称叙述改为第三人称叙述?"5分钟后,展示一位同学改写的文字:

天下着小雨。芭蕾舞剧场里正上演着如梦如幻的《天鹅湖》。

剧场前的小广场上,在路灯光下,霏霏细雨中活像巨型甲虫的小汽车,默然地斜趴成一大排。

一个戴眼镜的小伙子在棚檐下下踱来踱去,他不停地看表,时不时地向剧场门口张望,像是等待着什么人出来。

剧场内,最边上一扇门是虚掩的,门边站着一位妙龄女郎,她正隔着玻璃朝外看,看到了小伙双臂抱在胸前,痴痴地朝剧场大门这边守候着……

从演出区泻出《天鹅湖》最后一景的乐曲,王子与白天鹅的爱情即将冲破恶魔的阻挠而终于圆满。妙龄女郎望着雨丝掩映的那个身影,忽然咬紧嘴唇,眼里闪出异样的光……

教师进而引导学生思考:"我"在故事情节方面起到什么作用?

(四)第四步:情节分析——合情合理

独立思考上述问题,形成比较有条理的答案,然后小组合作探究,交流自己的见解,形成更为完整的答案,时间5分钟。整理学生的答案,引导学生进行深层思考。

学生答案:"我"是小说中男女主人公爱情的见证者,是贯穿全文的一条线索。

教师进一步引导学生思考:"我"为什么会成为"见证者"?

学生答案汇总:(1)"我"是一个狂热的芭蕾舞爱好者。这是"我"的身份,芭蕾舞是"我"的爱好,这是整个故事的前提。如果没有这个前提,芭蕾舞剧场的一切都不会得到见证。(2)"我"迟到了20分钟,迟到的原因是"业务上有急事"。如果"我"没有迟到,而是按时入场,那么熙熙攘攘的人群中"我"肯定不会注意到戴眼镜的小伙子。(3)天下着小雨。"雨"在此并不仅仅是烘托氛围,而是推动者情节发展,正因为下着小雨,小伙子才会在挡雨的棚檐下,"我"才不会直接通向剧场大门的宽大阶梯,而是"从售票处以及相连的平房那儿绕向阶梯",因为那里可以避雨。(4)"我"很慌乱。一方面,"我"迟到了,另一方面,为了避雨,"我"小跑着过来,于是才会撞到一个人的肩膀。如果作者慢悠悠地走过来,估计也不会撞上人。这一"撞",居然"撞"出个美好的爱情故事来。

教师点评:同学们的答案很有条理,善于抓住文本中的细节进行分析,善

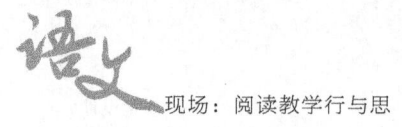

于还原当时的真实情境。正是因为存在着与"我"相关的事情的细节,整个故事才显得合情合理。所谓"合情合理"指的就是故事情节符合生活逻辑,读起来不会有胡编乱造之感。小说尽管有自己的故事逻辑,但是支配小说深层逻辑的其实还是生活本身。同学们能够通过细读文本把握这一点,说明我们的文学素养比较高。

(五)第五步:情节分析——一波三折

清代的袁枚曾说:"文似看山不喜平。"小说要想好看、耐看,故事情节就必须曲折,力争做到一波三折。教师进一步引导学生思考:比较阅读课文和改写后的文段,大家肯定会发现故事情节大大简略,主要少了"我"与小伙子的一大段对话。仔细阅读原文中这段对话,分析故事情节的曲折性。(时间5分钟)

学生答案汇总:"我"与小伙子的对话存在着"三问三答",首先,小伙子问"您有票吗",这让"我"误认为小伙子是在等退票,于是回答"'我'自己要看",因为"我"是一个狂热的芭蕾舞爱好者,即使迟到了也要赶过来,"我"当然不肯轻易把票给别人。其次,小伙子并不是在等退票,于是误会消除,新的疑问又产生了:"你不看,呆在这儿干什么?"小伙子说:"等散场。等她出来。"这是对题目的照应,也是情节的突变。疑问消除,原来是一对恋人同来等退票,只等到一张,因此小伙子让姑娘先进去了。此时,"我"对恋人的"成人之美"胜过了自己的爱好,于是提出来把票给小伙子。再次,按常理说,小伙子应该立刻拿着票去找"她",没想到他拒绝了,于是新的误会产生了,"我"误认为小伙子嫌票贵。"我"表态:"不用给钱。"没想到小伙子再次拒绝了,理由是:"我答应在外面等她……她也许会随时提前出来……我还是要在这儿一直等着散场……"

教师点评:通过大家的分析可以看出,情节的曲折主要靠悬念与误会,当一个悬念变成现实,新的悬念又会产生,当误会消除,新的误会又产生了,于是故事情节才会"一波三折",极尽曲折之美。

(六)第六步:延伸训练

学生已经对"合情合理"和"一波三折"有了初步认识,教师要加深学生的理解,引导学生进行延伸训练:能否从"合情合理"和"一波三折"两个角度分析"我"进入剧场之后的情节。(时间3分钟)

学生答案汇总:"我"进入剧场之后,"从每扇门的大玻璃都可以看到前廊里亮着的灯光。可是'我'推了好几扇门都推不开",所以"我"才发现了最边上的一扇是虚掩的,于是才会碰到一位女士。这是"合情合理"。"我"误把她当作收票员,这是误会的产生,"我"随即发现这其实是位妙龄女郎,她站在前廊门边,隔着玻璃朝外看,而小伙子仍在原地,痴痴地朝剧场望着。原来,姑娘和小伙子都在"等待散场"。真相终于大白,这就是"一波三折"。

(七)第七步:深度剖析——主题再阐释

这篇小说的主题一般认为是歌颂纯真的爱情。教师要鼓励学生深入挖掘文本的内涵,引导学生进一步思考:仔细阅读文本中与"我"相关的细节,思考"我"的出现有没有给小说带来更加丰富的意蕴?

教师提示:在明白了小伙子不要退票的原因后,小说写道:"我倏地忆及自己的青春,一些当年的荒唐与甜蜜场景碎片般闪动在我心间。"而结尾处,小说写道:"我站在那儿,摩挲着鬓边白发,沉浸在永恒的旋律里。""我"为什么会有这种感情呢?(时间5分钟)

学生答案:这是一个经历过沧桑的老人撞见的爱情故事,"我"想起自己的青春,想起那些天真纯真的爱情往事,或许还想到了青涩的初恋,而今,"我"双鬓斑白,过去的一切都已经远去了,因此,这篇小说的主题不仅仅是对青年男

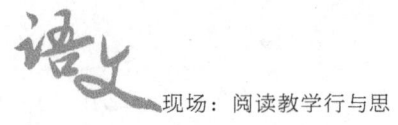现场：阅读教学行与思

女纯洁爱情的歌颂和"我"对这对男女的祝福之情，更包含着"我"本人对青春的追忆，对逝去的青春的伤感与无限留恋，或许还有对经历过沧桑之后对人生的深切体悟。这样，"我"的存在，就使得文本本身的内涵无限丰富了。

（八）第八步：结语

教师总结：《等待散场》我们就学完了，通过这篇小说，我们不仅深深地沉浸在作者营造的甜蜜爱情的氛围中，也领会了小说故事情节的"合情合理"和"一波三折"，更进行了一场思维游戏，例如对主题的挖掘，希望同学们能够举一反三，用本节课学到的知识与方法分析其他经典小说。

五、设计反思

一节小说赏析课结束了，尽管有很多不成熟、不完美的地方，但是我尽量实践了如下语文课堂教学理念：

1. 让语文课堂充满"语文味"。听过很多老师讲同一篇课文后，我感受到了浓浓的"爱情味"，但是感觉不到多少"语文味"。这节课，我引导学生改写小说、分析小说情节的合情合理和一波三折两个特点，并且引导学生挖掘小说的深层主旨，这些才是语文的教学内容。

2. "教师引导、学生主导"的"双导教学模式"。这节课，学生思考讨论的时间多达20分钟，还不包括回答问题的时间，教师仅仅起着穿针引线的作用。在教师的指导下，学生不仅有探讨的热情，而且对文本的理解越来越深入，学生的思维能力在这个过程中也得到了训练。

3. 教师对文本要有更深入、更透彻的理解。我们经常说，"给学生一杯水，教师要有一桶水"，教师在课堂上的作用尽管只是穿针引线，但是花在备课、查

资料、反复揣摩文本、设计问题上的时间却相当多。如果教师没有细读文本，深入思考，引导学生思考的问题就失去了方向，学生的答案也无法点评。

4. 鼓励学生多视角地阐释文本。教师要善于引导学生打破常规，大胆质疑教科书甚至是前辈学者的权威答案，要有创新思维。例如对《等待散场》主旨的理解，学生就能够不拘泥于爱情主题，从文本的细微之处入手，分析出了更为深刻的人生主题。

(本文原载《课程教学研究》2013年第2期，略有修改)

《囚绿记》教学设计

一、学情分析

通过问卷调查发现学生在理解与鉴赏本文方面存在着以下问题：1. 大部分同学都能读懂散文，但对于一些细节，读起来比较困难。2. 较多同学认为本文的主旨是"生命赞歌"，因为文中有原话。3. 很多同学反映，读完之后，貌似读懂了，但仅仅是一个主旨方面的概括，对于文章的行文脉络，还是一片模糊。4. 文章读起来感觉不是很通顺，不是太喜欢这样的文字表达风格。5. 课后习题不会做，不知道如何思考问题，等等。

二、教学目标与教学内容

1. 读顺文章，通过对"绿"的称呼的变化，把握本文的行文脉络。
2. 读懂文章，通过对"绿"的内涵的揭示，把握文本的核心意蕴。

三、教学课时

1 课时

四、教学过程

(一)第一步:导入

绿,象征着希望,象征着生命。绿即美,绿即雅。白居易笔下的江南是"春来江水绿如蓝",王安石笔下的春风,吹绿了江南两岸,朱自清笔下梅雨潭的绿,带着幽幽的离合的神光。绿是不羁的生命,怎能被"囚"住?绿是不屈的灵魂,怎肯低下头?今天,让我们一起走进陆蠡的《囚绿记》。

(二)第二步:解题

题目为《囚绿记》,我们直观感觉,"囚"字用得不一般。"囚"是一个会意字,框内有"人",但问题是这篇文章囚的对象好像并不是人,而是常春藤,是一种植物。植物应该与"木"有关,与木有关的字应该是"困"。或者说,文章为什么不叫"困绿记",而要叫"囚绿记"呢?这是一个值得探究的问题,但是学生不一定要立刻形成答案,可能仅仅是某种感觉,例如"困"揭示的仅仅是一种客观的状态,而"囚"则带有强烈的主观意味。

（三）第三步：引导学生分析对"绿"的称呼的变化，把握文章的脉络结构

有较多同学反映，读完这篇散文，虽有一个大致读懂的印象，但对文章内容的把握比较零乱。很多教师的设计是以"绿"为宾语，请学生补充谓语，即补充"__绿"，然后以此为脉络，对文章进行整体把握。但这种分析多少带有一些教师自己的意愿，有的概括也不恰当，例如"寻绿"，在文本中就没有着落。因此，我想改变一种思路，从作者对"绿"的称呼变化的角度，梳理行文脉络。学生在预习的基础上，再次阅读，注意查找作者对"绿"的称呼，并且思考这些称呼有无变化？为什么会有变化？

学生读完文章之后，将划出的相关句子结合起来分析，完成表1。对于称呼，学生只需要将所有对"绿"称呼的词进行分类即可，相关段落与句子也就相应找到了。找到之后，就进入对文章脉络的分析了。

表1 探究作者对"绿"的称呼

对绿的称呼	相关段落	相关句子	直观感觉	深层分析
绿影				
绿色、绿叶				
绿友、植物				

1."绿影"分析

作者称"绿"为"绿影"，为什么会有这样的称呼？作者对"绿影"的态度是什么？

学生答案预设一：前四段，作者并没有直接从正面来写常春藤，仅仅写到了它在阳光下投射到简陋的屋子里的绿色的光线，这样写符合实际情况。

学生答案预设二：我注意到了"瞥见"一词，这说明，"我"与常春藤是初次接触，还没有正面观察。"瞥见"说明"我"只是有了一个模糊的直观的印象，没有经过理性思考，便与绿产生了某种精神的关联。

学生答案预设三：文中有几个表达作者心情的词也值得注意，例如"毫不犹疑""欢喜""喜悦"等词，写出了"我"对常春藤的绿影的喜爱之情。

学生答案预设四：我觉得这种爱，仅仅是第一印象，作者对绿充满了期待，因此初见绿影，便有了喜悦之情。

教师总结：同学们能够抓住文本中的关键词句进行品读，值得肯定。作者对绿，之前充满了期待，因此一见之下便"毫不犹疑"地选择了这个简陋的房间。作者对"绿影"的态度是"爱"吗？我觉得还需要进一步辨析。这里面肯定有爱的成分，但更多的是一种需要。当时，作者物质条件艰苦，精神很孤单，因此特别需要一位知心朋友，而常春藤就是作者心中的好友。是不是可以这样理解，作者此时的"需要"多于"爱"？这个问题还可以再探究。

细节探究：作者在写居室时，为什么要刻意写到六角形玻璃左下角的大孔隙？

学生答案预设：大孔隙不仅是"我"与"绿"进行对话交流的窗口、通道，同时也为后文写"我"囚绿埋下了伏笔。后文写"我从破碎的窗口伸出手去，把两枝浆液丰富的柔条牵进我的屋子里来"。这里的"破碎的窗口"指的就是"大孔隙"。

2. "绿色""绿叶"分析

作者称"绿"为"绿色""绿叶"，有哪些句子值得注意？这个称呼与"绿影"相比有何变化？作者此时对"绿"的态度是什么？

学生答案预设一：从表面看，"绿影"仅仅是直观的印象，"绿色""绿叶"则

现场：阅读教学行与思

是正面观察、欣赏之后的称呼。这也说明"我"与"绿"开始正式的相处。

学生答案预设二：我注意到了第5段中"它是生命，它是希望，它是慰安，它是快乐"。这是直接写绿的象征意义的句子。

学生答案预设三：我注意到了第5段中"我怀念着绿色把我的心等焦了"等直接写作者心情的句子。作者此时对"绿"，不仅是一种理性概念的概括与象征，同时也是一种强烈的期待，一种主观的需要。

学生答案预设四：我注意到了"绿叶和我对话。我了解自然无声的语言，正如它了解我的语言一样"，这是写"我"与绿之间的交流。此处，"我"对"绿"已不仅仅是一种需要，而是成了一种精神的交流。

学生答案预设五：第6段中，作者将自己对绿的喜爱与留恋，与度越沙漠者、航海者进行类比，也写出了作者对"绿色""绿叶"的爱。而且，本段"度过一个月，两个月"，含义丰富。作者不说"过了两个月"，而是说"度过了一个月，两个月"，意在延长作者与"绿"之间的交流时间。

学生答案预设六：我注意到了第7段中一些动词例如"伸开""攀住""舒开""摆舞"等，这不仅说明了作者对"绿叶"观察得细致，同时带有了拟人的色彩。作者眼中的"绿叶"已不再是客观存在的绿叶，而是一个"自由生长状态的生命"。

学生答案预设七：这一段出现了两个描述"我"的心情的关键词，一个是"巴不得"，一个是"爱"。此处的"巴不得"和"爱"是一种有距离的赏鉴，是一种对话交流式的观照，而不是占有。这也为下一段写"自私的念头"奠定了基础。

教师总结分析：同学们回答得很细致，很有条理。对于这个称呼的理解，我觉得要把握最关键的一个问题：作者对"绿色""绿叶"的态度是什么？大家都回答了是观赏、是爱。这一点很准确。以此为基础，再去理解其他细节与个别词句，就会有着落了。

细节探究:第 8 段为什么要用大量的"我"? 集体朗读第 8 段,然后将不必要的"我"去掉,再次品读,分析作者用这么多"我"的意图何在。

学生答案预设一:去掉之后,感情似乎没有这么强烈了。用了这么多"我",好像很急切,急切地占有眼前的绿叶,而且感情很强烈,是一种强烈的主观意愿。

学生答案预设二:这一小段话,用了以"我"为开头的句子,一连用了三个,而且短短几句话,出现了 7 个"我",这就可以看出作者此时强烈的主观性,同时也照应了本段开头的"忽然有一种自私的念头触动了我"。

3. "绿友""植物"分析

作者在第八段将"绿"囚禁之后,对"绿"的称呼也发生了相应的变化? 变化的深层含义是什么? 请结合相关段落与语句,进行分析。

学生答案预设一:作者此处虽称"绿"为"绿友",但课本上的绿友带了引号,引号的作用是反语,这暗示在"我"心中,"我"对"绿"的爱已经变质了,已经不再是欣赏的爱,不再是关爱,而是一种自私的占有的爱了。

学生答案预设二:作者称"绿"为"植物""枝叶"等,也是一种占有的体现。既然是"植物",理所当然应该为人类服务了。在这种关系中,"我"成了核心,"植物"成了附属,双方的交流关系也就此终止了。

学生答案预设三:我注意到了第 9 段中的"依旧"、第 10 段中的"可是""总""都""仍旧"、第 11 段中的"仍旧""生长"等词。这些词既体现了绿叶对"我"无声的反抗,同时也揭示了我心中的"魔念"。

教师总结分析:"我"把"绿"囚禁之后,"绿"对"我"也进行了抗议,这说明"我"与"绿"之间的亲密友爱关系变成了占有与被占有的关系。这也是理解"囚绿记"中的"囚"的一个关键点。同学们能够从称呼的变化入手进行比较分析，这其实就是对文章脉络的把握。还有的同学注意到了文中大量的副词，这种细读文本的态度与方法值得提倡。

细节探究：文本最后一段中"我怀念着我的圆窗和绿友"，这里的绿友，为什么不带引号了？

学生答案预设："我"离开北平后，同时也离开了常春藤。临行前，"我"被囚禁的"绿"开释了，但"我"并没有看到"绿"真正恢复自由的时光与生长状态。因此，"我"只能默默祝福，既表达一种歉疚与惭愧，同时也在期望得到绿友的原谅。作者此时称"绿"为绿友，正是这种心情的体现。

（四）第四步：整体把握，分析"绿"的内涵，把握文本的核心意蕴

把握了行文脉络之后，学生对文本的整体与细节都会有更为深刻的理解。但根据学情调查，学生对文章的主旨的理解，要么比较浅，要么有偏差，要么停留在"希望""生命"等概念上。为此，有必要再设计一个教学环节，加深学生对文本的核心意蕴的理解。

问题设计：教参上说本文"颂扬'绿（即常春藤）'永不屈服于黑暗的精神，从而颂扬了坚贞不屈的民族气节，抒发作者忠于祖国的情怀"。你认同这种说法吗？你认为本文的主旨是什么？请独立思考之后，小组讨论，然后各抒己见。

学生答案预设一：我认同。原文倒数第2段写"卢沟桥事件发生了"，这就是本文的写作背景，作者写"绿"肯定是有象征意义的。结合时代背景，我觉得"绿"的不屈服于强力的精神就是作者民族气节的表现。

学生答案预设二：如果说"绿"是被侵略被压迫的中华民族的话，那么囚禁"绿"的"我"岂不就是日本帝国主义的象征了，那又如何表现作者的民族气节呢？

学生答案预设三："我"是出于强烈的爱，才萌生了"囚绿"的念头，出发点是好的，本意是好的，只不过是超过了一定的限度。这与日本侵华没有可比性。

学生答案预设四:"我"在离开北平时,将"绿"开释了。也就是说,常春藤恢复自由的原因是"我"良心发现,这与中华民族反抗日本侵略的逻辑也不照应。

学生答案预设五:我觉得本文的主旨是"生命",绿色象征着生命与希望,本文就是一首生命赞歌!

学生答案预设六:我觉得本文的主旨是"爱",要尊重地去爱,而不是自私占有地去爱。

学生答案预设七:我觉得既表现了生命的顽强,同时也揭示了爱的理性。

教师总结分析:大家讲的很有道理,特别是不能将"绿"与日本侵华与中华民族的抗战简单地画等号。至于本文的主旨,受到刚才几位同学的启发,我认为文本写了"生命",但并非单纯地歌颂、赞美生命,并非"生命赞歌",而是写了"我"与"生命"的一次邂逅,是"我"对"生命"的态度的变化历程。而这个态度就是"我"的内心世界、"我"的爱、我的"自私"与"魔念"。文本是在"我"与"绿"之间展开的,只有抓住这条主线,"爱与生命"的主题才能够浮出水面。也就是说,本文表现的应该是要对独立自由的生命充满理性之爱!

(五)第五步:结束语

本节课,我们领略了《囚绿记》的脉络之美与意蕴之美。对于一篇优美的抒情散文,读懂的标志有两个:一是对行文脉络与关键细节的分析与解读,二是对文章的主旨的准确把握,特别是作者在文章中书写的独特的个人经验,抒发的带有强烈个人性的情感。希望我们把握这些方法,将散文读懂,读通,读好!

(本文原载《学语文》2016年第2期,略有修改)

《归园田居》教学设计

一、学情分析

通过问卷调查发现学生在理解与鉴赏本诗方面存在着以下问题：1. 大部分学生都能够对照注释,理解诗歌,但是流于表面,即只能够回答诗歌抒发的作者的思想感情。2. 即使是思想感情,很多学生流于概念化的理解,即厌恶官场、渴望回归田园等已有的阅读经验以及教材中的阅读提示。3. 很多学生提出疑问：中间一段景物描写,读起来也并没有感到多美,为什么就能成为流传千古的经典？4. 对诗歌题目的停顿,存在着疑问。5. 部分同学提出,不知道学习这首诗歌的意义在哪里,特别是在现在这样一个功利化的时代。6. 个别同学在背诵方面存在困难。

二、教学目标与教学内容

1. 赏析陶渊明在本诗中构建的"两个世界",提高学生理解诗歌的能力。
2. 分析平常景物"诗意化"的鉴赏方法,提高学生鉴赏诗歌的能力。

三、教学课时

1 课时

四、教学过程

（一）第一步：导入

在一个"学而优则仕"的官本位的社会里，做官是读书人实现自己政治抱负的唯一途径。但是陶渊明却"不为五斗米折腰"，毅然辞别官场，回归田园。那么，田园世界真的那么吸引人吗？让我们一起走进《归园田居》——

（二）第二步：解题

首先来看题目，题目是《归园田居》。我们都大致理解这四个字的意思，但是都无法从语法角度进行清楚的解释。一般的读法是"归园/田居"，似乎"归园"是一个意思，"田居"是另一层意思。其实不然，北京大学中文系教授袁行霈先生经过考证，认为"园田居"乃渊明之一处居舍（另有"下泽田舍"等），其少时所居，地近南山（即庐山）。他二十五岁前后离开此处，至五十五岁方重归"园田居"，大约三十年也。按照袁行霈教授的观点，题目正确的读法应该是"归/园田居"，应该是一个动宾短语。文本中还有一处旁证就是诗句"守拙归园田"，后面一句是"方宅十余亩"，上句的"园田居"和下句的"方宅"构成了衔接。本首诗正是围绕"归"和"园田居"展开的。

（三）第三步：理解陶渊明构建的"田园世界"

教师朗读，学生自读，最好能够熟读成诵，并且对照注释，对诗歌进行白话还原。时间大约为5分钟。

初次把握诗歌大致内容之后，教师提出第一个问题：陶渊明在这首诗中构建了两个"世界"，一个是"尘俗世界"，一个是"田园世界"，再读诗歌，填写表1中空缺的部分。

表1　比较"尘俗世界"与"田园世界"

	诗中与之相关的词语	特点
尘俗世界		
田园世界		

第一列的问题并不难，学生很快就能找到：尘网、樊笼/丘山、旧林、故渊、自然。不过可能有的学生会忽视诗歌最后一句"久在樊笼里，复得返自然"。于是教师要引导学生对诗歌进行整体观照，不可囿于一隅。至于第二列的问题，即两个世界的特点分别是什么？这就要考查学生的理解与概括能力了。为了突出"田园世界"的特点，有必要先把握"尘俗世界"的特点。

学生答案预设一：肮脏。理由：作者说"误落尘网中"，"尘网"中的"尘"不就是灰尘吗？灰尘当然是脏的，这也表明作者在暗示官场的肮脏。

教师点评：这位同学能够抓住关键词句进行解读，很好。但是，带"尘"字就意味着肮脏吗？我们说"滚滚红尘""尘世"，难道就是肮脏的世界吗？

学生答案预设二：黑暗。理由："尘网"其实只是比喻的说法，并非真的有尘土，在此指代的是官场；陶渊明因为不堪接受上司的"侮辱"，愤而辞官，这也看出官场的黑暗。

教师评点：这位同学能够透过"尘网"的表层意思，去把握其指代的意义，并且能够联系陶渊明的生平进行理解，很好。但是"黑暗"一词的感情色彩是不是太浓了？

学生答案预设三：拘束。不论是"网"，还是"樊笼"，都有约束人的自由的意思。人在官场，一切都要按照官场规则办事，上级派督邮来督察。为人骄横的邮督一到彭泽县就差人把陶渊明叫来见自己，而且要穿好官服，否则将影响他的前程。这些都是身不由己的，为此，陶渊明才辞官回家。

教师点评：这位同学能够分析"网"和"樊笼"的意象，引申出"不自由"的含义，并且能够结合陶渊明的辞官经历进行理解，分析得很透彻。

学生答案预设四：繁忙。虽然文中没有直接点出这一点，但是作者说"虚室有余闲"，既然在田园里有悠闲的感觉，那么与之对应的官场肯定就是公务繁忙。作者忙于公事，得不到片刻清闲，因此向往回归田园。

教师点评：这位同学能够从对立面入手进行分析，很机智，很准确！

在把握了"尘俗世界"的特点之后，那么"田园世界"的特点也就呼之欲出了。

学生答案预设一：自由、悠闲。在官场如同"尘网"，如同"樊笼"，没有人身自由，那么身在田园，便可享受自由而悠闲的生活了。

教师点评：依然从对立面入手进行分析，不错。

学生答案预设二：美感。"尘俗世界"充满了社会主流价值的功利性，例如入世、立功、做官、经世致用等，那么"田园世界"的特征就应该是无功利、诗意、出世、隐居、审美等。

教师点评：这位同学能够深入表层世界的价值观层面，去把握"田园世界"的精神价值，可见，他对文本的理解更加深入一层了。

（四）第四步：进一步赏析陶渊明构建的"田园世界"

学生再次朗读诗歌，特别是从"方宅十余亩"到"虚室有余闲"这十句诗，要反复朗读。读完之后，教师提出问题：陶渊明的"田园世界"真的很美吗？或者说，你认为这段描写的景物美不美？请阐述你的理由。

学生答案预设一：作者选取的意象本身并不具有美感，例如方宅、草屋、榆柳、桃李、村、烟，特别是鸡和狗，都是农村最平常最常见的景物，怎么会美呢？

学生答案预设二：鸡和狗固然都是农村常见的动物，但是榆柳和桃李，还有炊烟，其实本身还是具有美的特征的。这一点可以通过想象获得，例如榆柳和桃李的颜色、烟的形态特征，还可以联系其他诗歌中类似的意象。

学生答案预设三：就算这些事物不美，但是在一个独特的场合，即对刚刚脱离了官场的苦海的诗人来说，他离开三十年后，又回到了昔日长大的地方，那种亲切感、幸福感是溢于言表的。因此，在诗人独特的审美、诗意的目光的观照下，一切都是那么悠闲，一切都是顺应自然，自然即美。

教师点评：刚才几位同学都谈了自己的看法，有的同学回答问题不停留在概念的表面，而是具体分析炊烟、桃李的美，这种思路值得赞赏；有的同学能够将写作语境、作者的心境与诗歌本身结合起来解读，收到了很好的阅读效果。那除此以外，有没有别的视角，例如诗歌的文体特征？

教师引导学生从诗歌的文体特征的角度去赏析诗歌，这就是一种依据文本体式的阅读策略。也就是说，我们要回答的不仅仅是"景物本身美不美"，或者说是"作者的心境使得景物描写很美"，而且我们还要站在读者的角度，站在文本的"言说形式"的角度去思考：是什么文体特点让作者笔下的景物描写显得很美？或者说，景物本身美不美，这是次要问题，主要问题是作者对景物描绘得美不美？这是一个颇具挑战性的问题，学生可能一时还找不到思路。不过教师提示了诗歌的"文体特征",学生的答案也会朝着这个方向思考。

学生答案预设一:这十句诗都讲究押韵,例如田、间、檐、前、烟、颠、闲,虽然不如后代的律诗那么有法度,但读起来确实朗朗上口,从而使日常事务带上诗歌的独特的韵味特征。这一点使诗歌值得反复朗诵。

学生答案预设二:诗歌讲究对偶。对偶,则是一种语言构造技巧,"无"与"有"的对照、"形"与"声"的对照等,"远"与"近"的对照、"聚"与"散"的对照等。这不仅是一种修辞技巧,一种描写技巧,而是一种诗歌的独特的文体特征。

学生答案预设三:作者很讲究炼字,叠词"暧暧"和"依依"、动词"荫"和"罗"的使用等等。"暧暧"写出了远方村落的稀疏朦胧的特点,"依依"写出了炊烟袅袅上升的状态。"荫"和"罗",似乎并非客观的景物描写,而是带有了人的特征。"荫",好像是人物的活动,"罗",似乎是人物在罗列某种东西。

学生答案预设四:作者在诗歌句法方面也很有考究。试比较"狗吠深巷中,鸡鸣桑树颠"和"狗在巷中叫,鸡在树上鸣"。显然,后者带有强烈的口语化的特征,前者则是很讲究句法的使用,即状语后置。

教师点评:上述同学抓住了诗歌的押韵、对仗、炼字、句法等角度,对这几句的景物描写进行了文体方面的观照,这其实就是鉴赏的要义所在。所谓鉴赏,不仅能够说出诗歌之美,而且还要讲出道理来,讲讲诗歌因何而美。

(五)第五步:进一步理解陶渊明构建的"田园世界"的意义

按照现代人的看法,做官意味着富贵,意味着特权,意味着更高的平台与更多的社会资源,谁都向往做官,谁都向往考公务员。其实对于陶渊明而言,做官也是一种物质意义上的保障,既然如此,怎么理解"归园田居"的独特意义呢?

这是一个开放性的问题。首先是"隐居"的文化母题对后世诗人的影响。

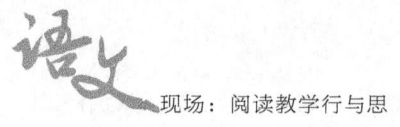
现场：阅读教学行与思

后世诗人，无不在入世与出世之间反复徘徊，既"身在江海之上"，又"心居乎魏阙之下"，这也是中国古代文人的一道独特的风景，也为我们留下了一大批流传千古的名篇。

其次是如何正确对待"立功"与"自由"之间的矛盾冲突，在这个点上，切不可对"功业价值"进行过度批判，而应该辩证看待二者的得失，在立功、自由、人生价值、精神享受等价值观念中做出理性的选择。

这部分，不必过度展开，价值观引导即可。

（六）第六步：结束语

《归园田居》我们就学完了，掩卷沉思，确乎回味无穷。其实，对于诗歌，理解和鉴赏是两大能力，前者着重于内容，后者着重于文体。希望我们在阅读诗歌时，多在内容理解方面下功夫，多在诗歌的文体特征方面花心思。谢谢大家！

（本文原载《学语文》2017年第1期，略有修改）

宗璞的"三个世界"

——《紫藤萝瀑布》群文阅读教学设计

一、设计意图

部编本七年级下册语文教材第17课《紫藤萝瀑布》的课后"积累与拓展"的第五题说:"宗璞有不少写景状物的散文,如《丁香结》《燕园树寻》《好一朵木槿花》等,课外找来读一读并进行比较,看看这些作品有什么共同的特点。"这其实也为教师指导群文阅读提供了线索与方向。

所谓群文阅读,指的是"把几部作品或若干文章按照一定的标准组合在一起,师生在共同研讨的过程中质疑、发现,批判、欣赏,比较、甄别,推演、归纳,使学生逐步具备在阅读中发现问题、思考问题、探究问题、解决问题的能力,从而提升学生的解读力、思考力和表达力的阅读教学策略"。① 也就是说,群文阅读是一种教学上的需要,是通过设计语文活动,达到提升学生阅读能力的最终目标。因此,如果将《紫藤萝瀑布》与《丁香结》《燕园树寻》《好一朵木槿花》组成一个"阅读群"的话,便可以有效扩大教学容量,进而在不同的文本中寻找

---

① 许友超:《"群文阅读教学"现状及优化策略》,《中学语文教学参考》,2017年第6期,第47页。

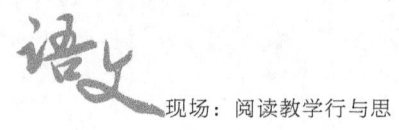

"同",在相似的文本中体察"异",在比较、甄别、分析、论证的过程中,培养学生的文本解读能力。

从作家的角度讲,这四篇散文均出自宗璞的散文集《铁箫人语》,选材与情感都有很多共同之处。按照西方的互文性理论,任何文本都与其他文本处于某种关联之中,正如克里斯蒂娃所说:"文字词语之概念,不是一个固定的点,不具有一成不变的意义,而是文本空间的交汇,是若干文字的对话,即作家的、受述者的或人物的现在或先前的文化语境中诸多文本的对话。"①特别是同一作家的作品系列中,互文性体现得更为明显。宗璞的这四篇散文,从文本内部以及文本间性上讲,也一定存在着某种内在的精神联系。从语言表面的关联入手,走进宗璞的文学世界,进而走进一个独立的审美空间,捕捉文本背后的文化因子,这是本次群文阅读的主要意图。

2017年版的《普通高中语文课程标准》把"语言建构与运用""思维发展与提升""审美鉴赏与创造""文化理解与传承"作为学科核心素养,群文阅读也应该围绕这四大素养进行设计与指导。围绕四大核心素养,笔者设计出"走进宗璞的言语世界""走进宗璞的审美世界""走进宗璞的文化世界"三个语言活动,并在语言活动中贯穿理解、分析、概括、辨析等思维能力的训练。

二、教学内容

1. 走进宗璞的文学世界:从作者的言语内容、言语形式入手,把握宗璞散文语言的表达规律,特别是在描写方面的特点。

---

① 焦亚东:《当代西方互文性理论的基本内涵及批评学意义》,《重庆社会科学》,2006年第10期,第70页。

2. 走进宗璞的审美世界：感受和体验作品的语言、形象和情感之美，用语言表达自己的审美体验。

3. 走进宗璞的文化世界：结合创作背景，分析作品背后的文化因素，理解作品包含的人文精神和批判意识。

三、教学课时

1—2课时

四、教学过程

（一）准备工作

1. 全班分为四个小组，每个小组分别对应《紫藤萝瀑布》与《丁香结》《燕园树寻》《好一朵木槿花》四篇散文，分别承担对应文本的思考探究活动。

2. 全班同学都要认真阅读这四篇作品，每一位同学都要扮演"陈述者"与"对话者"两种角色，前者是陈述自己对应篇目的相关思考，回答相关问题，后者则是与该组同学展开充分的对话与交流。

3. 在读完文本之后，学生还可以借助于网络、宗璞的其他著作、期刊文献等，查找与这四篇散文相关的信息，帮助自己加深对文本的理解。

（二）走进宗璞的文学世界

1. 教师提示。

从文体上讲，宗璞的四篇文章属于写景状物散文，我们的目标是在解读

现场：阅读教学行与思

"这四篇"散文的基础上，形成解读"这一类"散文的经验与方法。写景状物散文，顾名思义就是通过对外界事物、景物的描写，抒发自己的某种情感。这是解读这一类散文的出发点。

2. 把握每一篇散文"个性化的言说对象"，即作者笔下意象或景象的基本特征。

问题一：宗璞的四篇散文分别主要写了什么景或物？它们分别有什么特点？（每一小组集中思考自己对应篇目的问题。时间：6分钟。）

答案预设：

小组一：《紫藤萝瀑布》主要写的是藤萝。藤萝的主要特点有：一是花很多，开得繁盛，作者将其比作"瀑布"，形象地揭示了这个特点；二是它的花呈现淡紫色，而且不同的部位，紫色的浓烈程度也不同；三是藤萝的花穗，开得活泼而热闹。四是藤萝的花香也很有特点，是一种淡淡的芳香。

小组二：《丁香结》主要写的是丁香花。作者笔下的丁香花主要特点有：一是颜色，白丁香是一片莹白，开的花是十字的小白花；二是花的形态，像一个"结"，花苞圆圆的，鼓鼓的。当然，除了白丁香外，作者还用少量的笔墨写了紫丁香。

小组三：《燕园树寻》主要写的是自己住处的三种树。第一是三棵松树，第一株略写，第二株像伞柄，第三株很高大，像迎客松。第二是槐树，它的特点是高大繁密，结成了一张网，招来了很多小虫子。第三是栾树，特点是枝繁叶茂，开着小黄花，夏天变成了浅绿色的小灯笼。

小组四：《好一朵木槿花》写的是木槿花。作者写出了木槿花的如下特点：一是它的颜色，即亮紫色；二是花的形态，娇嫩如蝉翼。当然，它最大的特点是一年两度开花，生命力非常顽强。

【说明：这是一个通过阅读文本就能够把握的"常规问题"，从简单到复

杂、从常规到特殊、从正面回答到多元思考,遵循学生阅读与接受的心理规律。】

问题二:宗璞是如何写这几种花或树的?请从表达技巧、修辞手法、言语形式等多种角度分析。(每一小组要在理解自己对应篇目的基础上,结合其他三篇文章进行综合探究。时间:8分钟。)

答案预设:

小组一:作者用到的比喻修辞手法与众不同。例如《紫藤萝瀑布》中把花比作"瀑布",不仅形象地展现了藤萝的特征,同时化静为动,暗示了生命流动的特征。例如又把盛开的花比作张满了的帆,船舱本来就是喻体,但作者又将船舱进一步比作"忍俊不禁的笑容",不仅是将"喻体"进行"再比喻",同时又将具体事物进行抽象化比喻。其他三篇像这样很特殊的比喻比较少,这也是《紫藤萝瀑布》的突出特点。

小组二:作者笔下的花和树,特别有画面感。在《丁香结》中,作者说到紫色的丁香时,说它们"如同印象派的画,线条模糊了,直向窗外的莹白渗过来",这也可以看出作者是懂绘画的。再比如作者写丁香花,"从外面回来时,最先映入眼帘的,也是那一片莹白,白下面透出参差的绿,然后才见那两扇红窗",作者特别注意颜色之间的搭配与协调,莹白的丁香、参差的绿叶、红色的窗子,组成了一幅水彩风景画。这一点在其他三篇文章也有体现,例如《紫藤萝瀑布》中"每一穗花都是上面的盛开、下面的待放。颜色便上浅下深,好像那紫色沉淀下来了,沉淀在最嫩最小的花苞里",也很有画面感。

小组三:作者不仅用到了比喻,而且善于综合运用拟人、夸张、通感等多种修辞手法。例如《紫藤萝瀑布》中写到紫色藤萝花中最浅淡的部分时,说它们"在和阳光互相挑逗",写到花朵时,又说"彼此推着挤着,好不热闹",这些拟人手法揭示了藤萝身上的活泼的生命气息。《燕园树寻》中写到大栾树时,说"每有大风,树枝晃动起来,真觉天昏地暗,地动山摇",这是典型的夸张手法,为的是衬托栾树枝繁叶茂的特征。《好一朵木槿花》中写作者在荒草中发现了一朵木槿花,"薄如蝉翼的娇嫩的紫花在一片绿波中歪着头,带点调皮",这是一种拟人的手法。

小组四:作者善于运用一种陌生化的搭配,将表面上没有关系的词语连接成一个短语,给人以无穷的回味。例如《好一朵木槿花》中"让紫色的幻想充满在小园中",为什么幻想是紫色的?幻想本来是抽象的,怎么会带有具象化的颜色呢?还有后文中"那朵花冉冉升起",花怎么会"冉冉升起"呢?我们发现在《紫藤萝瀑布》中也有"辉煌的淡紫色""浅紫色的香气",《丁香结》中"淡淡的幽雅的甜香",《燕园树寻》中"知趣地避开了"等,这些搭配有的是通感,有的是拟人,有的其实就是语词的陌生化搭配。这也说明,作者在写景状物时,其语言是经过锤炼的。

小组补充:作者喜欢使用叠词,例如《紫藤萝瀑布》中"深深浅浅的紫""泛着点点银光",《丁香结》中"小小的花苞圆圆的,鼓鼓的",《燕园树寻》中"斜斜地伸出枝干",《好一朵木槿花》中"闪出一点紫色,亮亮的,轻轻的",作者笔下的叠词使得文章有一种舒缓优雅的感觉,特别是叠词连用,更有一种放慢语速、舒缓语气的效果。

【说明:正如王荣生教授所说,"散文阅读教学,要由言及意,往散文中的个性化言语所表达的丰富甚至复杂、细腻甚至细微处走"①,也就是说,宗璞笔下的花和树,承载着作者独特的情感与认知,并且用个性化的表达方式将其展现出来。本环节的主要意图在于,将"象"与"言"联系起来,通过"言"更深刻地把握"象"。】

---

① 王荣生:《散文教学教什么》,上海:华东师范大学出版社,2014年版,第34页。

(三) 走进宗璞的审美世界

2017年版《普通高中语文课程标准》将"审美鉴赏与创造"界定为"学生在语文学习中,通过审美体验、评价等活动形成正确的审美意识、健康向上的审美情趣与鉴赏品位,并在此过程中逐步掌握表现美、创造美的方法"。① 文学作品特别有助于学生审美情趣的培养,因此本节课的第二个环节就是探寻宗璞散文世界中的"美"。

问题三:你在宗璞的这四篇散文中发现了哪些美?请选择一个角度,组织好语言,阐述自己的观点。(时间:10分钟。)

答案预设:

小组一:我们发现了画面美,刚才第二组的同学提到作者在写景状物时很有画面感,这其实就是一种美,就是一种通过语言呈现出来的形象美。例如《好一朵木槿花》中"一阵风过,草面漾出绿色的波浪,薄如蝉翼的娇嫩的紫花在一片绿波中歪着头",娇嫩的紫花和绿色的波浪,色彩和线条同时实现了具象化,这幅画面就能给人以美感。

小组二:我们发现了古典美。作者笔下的"丁香""木槿"也是中国古典诗文中经常出现的意象,作者引用的"芭蕉不展丁香结""丁香空结雨中愁"就是诗词中的丁香意象,而且诗文中丁香的意象就与淡淡的哀愁有关。这一点在戴望舒的《雨巷》中也有体现,那个"丁香一样的姑娘"也是在"在雨中哀怨 哀怨又彷徨"。还有诗词中的木槿花,朝开暮落,也是顽强生命的象征,这一点与《好一朵木槿花》中的情感有相似之处。

---

① 中华人民共和国教育部:《普通高中语文课程标准(2017年版)》,北京:人民教育出版社,2018年版,第5页。

现场：阅读教学行与思

小组三：我们发现了自然美。作者在《未解的结》一文中说，"美文不在辞藻，如美人不在衣饰，而在天真烂漫舒卷自然之中,匠心存焉"，这四篇散文选取的都是身边常见的事物，带有一定的泥土气息，在描写花和树时，也没有用华丽的辞藻，更没有刻意去抒发某种"标新立异"的感情。例如我们读"过了这么多年，藤萝又开花了，而且开得这样盛，这样密，紫色的瀑布遮住了粗壮的盘虬卧龙般的枝干，不断地流着，流着，流向人的心底"这样的句子，感觉非常顺畅，甚至有一种"行云流水"的感觉。

小组四：我们发现了优雅美。自然与纯朴固然是宗璞散文的一大特色，但我们仔细阅读四篇文章，发现作者的语言没有雕饰，但极其优雅，可以用雅致来形容，这也是文人散文的一大特征。《燕园树寻》中的槐树招来的小绿虫，带给人的是一种恶心、恐怖的感觉，但作者说："勉强走过，便赢得十几条绿莹莹的小生物在鬓发间，衣领里。"一个"赢得"含蓄地表达出了自己的感情。这其实就是一种优雅的人生态度。

小组补充：我们发现了一种中和美。就像刚才同学所说，当碰到不喜欢的事物时，作者也能够克制自己的感情，这就是一种性格的平和，作者也就具有了一种中和美。有时候，作者的感情非常强烈，即将直抒胸臆、喷薄而出时，她却理性地转向了别的事物，这是一种情感上的节制，也是作者良好教养的体现。这一点与杜甫的沉郁顿挫是很相似的。

【说明：发现美、读出美、体验美、表达美，可以说是写景抒情散文的一大教学任务，在全面理解文本的基础上自由表达对作者散文中美的认知与感悟，这是落实语文学科核心素养的路径之一。】

(四)走进宗璞的文化世界

优秀的散文作品在写景写人、状物抒情的同时，总会渗透出某种独特的文

化意识,其中包括对时代社会的反思、对人文精神的彰显、对个体生命的尊重、对生存境况的理解等等,因此,我们还有必要通过语言、形象、情感的桥梁,去探寻宗璞笔下潜在的文化世界。

问题四:请选择一个角度,阐述宗璞散文呈现给你怎样一个文化世界?备选角度:时代社会、人文精神、生命意识、文化氛围、生活环境等。(时间:10分钟。)

答案预设:

小组一:我们读出了一个充满生命关怀的文化世界。在《紫藤萝瀑布》中,作者写道:"流着流着,它带走了这些时一直压在我心上的关于生死的疑惑,关于疾病的痛楚。"还有"花和人都会遇到各种各样的不幸,但是生命的长河是无止境的。"这就是作者在紫藤萝身上发现的生命意识,正是在这种生命意识的促动下,"我"从"不由得停住了脚步"变为"不觉加快了脚步"。在宗璞的散文集《铁箫人语》中,我们还读到了一篇散文《哭小弟》,我想《紫藤萝瀑布》中的"生命意识"与作者小弟的去世有着某种关联。

小组二:我们读出了一个对"文革"充满批判与反思的文化世界。《紫藤萝瀑布》中作者说到十多年前家门外的一大株紫藤萝时讲了一句话:"那时的说法是,花和生活腐化有什么必然关系。"我觉得"那时"就是"文革"时期,这是对那种生硬联系的逻辑的批评。《燕园树寻》中,当槐树给作者的生活带来不便,而且申请没有批准时,作者又说:"后来忍无可忍,密谋要向它下毒手了,幸亏人们忽然从'阶级斗争'的噩梦中醒来,开始注意一点改善自身的环境,才使密谋不必付诸实现。"这其实也是对"文革"的批评。再比如在《好一朵木槿花》中,作者直接说:"'文革'中许多花木惨遭摧残,它却得全性命,陪伴着显赫一时的文冠果,免得那钦定植物太孤单。"字里行间也有对"文革"的反思。

小组三:我们读出了一个充满了人文精神的文化世界。在《好一朵木槿

花》中,作者赞美在恶劣环境中开花的木槿,不仅是生命意识的彰显,同时也是歌颂一种顽强不屈的精神。正如作者所说,"拿着它,任何愿望都会实现,因为持有的,是面对一切苦难的勇气",这正是一种可贵的人文精神。这篇散文的结尾令人回味无穷,在逆境中绽放的木槿花,在顺境中却不再开花,作者流露出一种深深的失落感。

小组四:我们读出了一个学识渊博的文化世界。宗璞不仅对外界的花和树观察细致,同时知识丰富,对这些花都很了解。《燕园树寻》中的三棵松,其实就是作者的父亲冯友兰先生的"三松堂"的来源,这三棵松不是普通的松树,而是冯友兰先生深厚的哲学功底的载体。还有,这四篇文章中写到的花、树以及其他环境,都是在燕园,也就是现在的北京大学,读这些散文,就像是在北京大学校园里徜徉一样,自然有一种浓厚的学术氛围。

【说明:这个环节的设计,其实是引导学生对文本既要"入乎其内",又要"出乎其外",能够结合时代背景、创作背景等对文本进行更为深入地解读,读出散文的人文气息与文化韵味。这也是与宗璞"文人散文"的特点相适应的。】

(五)拓展延伸

解读完这四篇散文之后,教师还应该趁热打铁,请学生继续阅读《铁箫人语》或《宗璞散文》等书,并结合课堂研讨的问题,写出更为厚重的读书笔记或小论文来。这一点也是群文阅读的题中之义。

(本文原载《学语文》2019年第5期,略有修改)

基于文本解读的"大单元教学"设计
——以统编教材七年级上册第二单元为例

一、"大单元教学"与文本解读

"大单元教学"是崔允漷教授提出来的适应学科核心素养要求的教学理念。在他看来:"普通高中新课程标准明确了各学科教学的逻辑起点是学科核心素养目标的达成。目标从知识点的了解、理解与记忆转变为学科核心素养的关键能力、必备品格与价值观念的培育。这要求教师必须提升教学设计的站位,即从关注单一的知识点、课时转变为大单元设计。"[①]也就是说,学科核心素养是一个整体,"大单元设计"着眼于该整体本身。

语文学科的大单元教学,要以"大任务"和"大情境"作为基本要素。《普通高中语文课程标准(2017年版)》明确指出:"语文学科核心素养是学生在积极的语言活动中积累与建构起来,并在真实的语言运用情境中表现出来的语言能力及其品质;是学生在语文学习中获得的语言知识与语言能力,思维方法与思维品质,情感、态度与价值观的综合体现。"实现语文学科核心素养的目标,离

---

① 崔允漷:《如何开展指向学科核心素养的大单元设计》,《北京教育(普教)》,2019年第2期,第11页。

现场：阅读教学行与思

不开积极的语言活动和真实的语用情境。该版课标中提出的"语文学习任务群"，就是"大单元教学"的一种形式。语文学习任务群"以任务为导向，以学习项目为载体，整合学习情境、学习内容、学习方法和学习资源，引导学生在运用语言的过程中提升语文素养"。初中语文课程设计与教材编写，虽未以学习任务群为主体和主线，但理念是相通的，即大单元教学的理念同样适用于初中语文教学。

统编版初中语文教材依然是文选型，并且以"单元"呈现，辅之以各类助学系统。但实际上，多数教师依然以单篇教学为主，着眼点依然是单个的人文主题与教材文本承载的"语文要素"，并没有真正实现"单元教学"，遑论"大单元教学"了。其实，教材每个单元都有相对集中的主题，教读课文和自读课文分别承担着不同的单元教学任务，阅读板块后往往紧随写作板块，也有集中的写作主题与要求，有的单元还有"综合性学习"和"名著导读"。这些板块是可以实现统整的，即将分散的语文知识、语文能力以及各种学习要求统整到"大情境"和"大任务"中，学生在真实情境中通过小组合作、项目学习、活动探究、调查研究等多种方式完成相应的任务。有教师认为："真实情境中的单元整体教学设计将单元内的几篇文章看成一个整体，确定一个核心主题，围绕主题将每一篇课文的教学目标分析、整合，并创设贴近学生生活、符合学生认知特点、与教材内容紧密联系的真实情境，通过具体的任务和活动，让学生自主、合作地去探索知识、锻炼能力、提高素养。"①例如七年级上册第二单元人文主题是"感悟亲情"，本单元的阅读目标主要有两个，一是重视朗读，把握文章的感情基调，注意语气、节奏的变化，二是在整体感知全文内容的基础上，体会作者的思想感情。阅读文本包括两篇教读现代文即《秋天的怀念》和《散步》，两首自读

---

① 高红：《真实情境，在深度学习中提升学生语文素养——统编本七年级上册第一单元教学设计与实践》，《语文建设》，2019 年第 6 期，第 12 页。

散文诗即泰戈尔的《金色花》和冰心的《荷叶·母亲》,还有两篇选自《世说新语》教读文言文即《咏雪》和《陈太丘与友期行》。本单元的写作主题是"学会记事",综合性学习的主题则是"有朋自远方来"。这一单元的内容就可以用"大单元设计"来统整,整体安排课时,创设真实的语用情境,设计真实的学习任务,将目标直接指向语文学科核心素养。

不过,"大单元教学"的设计与实施,还有很多理论问题待辨析,也有很多实践问题待解决。"大单元教学"出现之后,过去单篇教学的优秀经验还有没有价值?例如依据文体特征、把握言语形式、注重文本细读、挖掘文学作品艺术匠心等。这些内容在"大单元教学"的任务完成与问题解决的环节中,是否还有意义?也有的"大单元教学"主张"抓大放小",过于重视任务的解决而忽视了对文本本身的解读。过去那种"割裂肢解文本"的做法固然不足取,"大单元教学"中出现的"只抓一点,不及其余"的状况也令人担忧。面对这种情况,笔者尝试提出"基于文本解读的'大单元设计'"的理念。

二、基于文本解读的"大单元教学"设计理念

不论是方兴未艾的群文阅读、主题阅读、专题阅读等,还是"大单元教学"和"语文学习任务群"教学等阅读教学形态,都带有强烈的统整性。但统整的前提,恰恰是单篇文本的自足理解。只有对单篇文本进行透彻的理解,组群、建立大单元等整合行为才更有意义。

(一)将文本解读的"细"与大单元教学的"大"进行互补

文本解读是一个多层次、多角度的复杂概念,既有重视单篇文本的"文本细读",也有重视多文本互相参照的"互文性解读""对比式解读";既有重视与

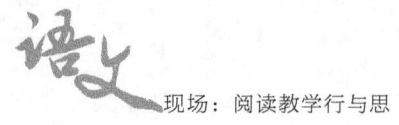

作者、文本对话的文学类文本解读,也包括重视文本的实用意义的实用类文本解读。此处所说的"细",主要是着眼于单篇文本的文本细读。文本细读是建立在英美"新批评"学派以及其他形式主义文论家的理论基础之上,并且吸收了中国古代文学批评的优秀成果例如"评点",形成的适合中小学教材文本解读的一种阅读形式。其优势在于,能够关注文本内部的有表现力的细节,善于从言语形式的角度把握作者的写作意图与匠心,发现文本内部的矛盾并进行还原,从而提升阅读能力。而其缺陷则在于,过于重视细节,对文本整体、文本的语境以及文本与文本之间的关系重视不够。正是为了解决单篇文本教学重视琐碎知识点、重视单项语文能力培养的问题,专题阅读、群文阅读、大单元教学等才应运而生。

正如陆志平先生说:"语文大单元教学通过大任务教学设计,努力整合整个单元的文本资源与语文知识资源,综合运用阅读与鉴赏、表达与交流、梳理与探究多种学习方式,改变单篇文本分段分层分析、单个知识点逐一反复训练的教学方式。"[①]但这并不意味着,文本细读在"大单元教学"时代没有任何意义了。语文学科的"大单元教学"也应在语文课程性质的指导下进行,即牢牢把握"语文课程是一门学习祖国语言文字运用的综合性、实践性课程"的理念。任何"大""群"的阅读教学,也要把语言符号以及由语言符号组成的文本作为起点。或者说,以"细"为基点,逐步过渡到单篇,再过渡到"群文""大单元",这应该是符合语文教育规律的。

(二) 对文本解读的成果进行"大单元教学"转化

对教材单篇文本的解读,其成果不能仅仅是"原材料",而是要经过教学转

---

① 陆志平:《语文大单元教学的追求》,《语文建设》,2019年第6期,第5页。

化,成为符合学情的课堂教学内容。而"大单元教学"面对的是多文本,多文本解读的共通性成果,同样也可以进行教学转化,成为"大单元"的教学内容。有论者指出:"单元情境中的学习,是任务驱动的学习。它以学生学习活动为主线,整合语文学习的各种要素,强调学生为中心的学习活动,引领和促进学生自主、合作、探究。课程标准和教材规定的学习内容和学习要求,知识技能、思想方法、探究模式、情意态度等整合在每一个学习任务之中。"[1]如何对"课程标准和教材规定的学习内容和学习要求"进行整合?那就需要提炼多文本、多材料中的共同因素,这仍需借助文本解读的力量。

例如对于文学作品而言,基于言语形式的解读是一条通用路径。那么,从言语形式的角度对多文本进行解读,其成果可以作为预设的教学内容。学生在教师指导下完成任务和解决问题,同时也整合知识技能、思想方法、探究模式、情意态度等,最终达成教学目标。统编教材七年级上册的第一单元中的《春》《济南的冬天》两篇课文中的儿化音比较多,自读课文《雨的四季》中儿化音比较少,我们就可以设计一个"儿化音与文意表达"的探究专题,请学生查找相关资料,把握儿化这种言语形式对文意表达的影响。如果是小说专题,就可以请学生比较分析不同小说在故事情节安排上的艺术,并借鉴这些艺术,进行小说创作,并以"原创小说比赛"的形式开展"大单元教学"。

三、统编教材七年级上册第二单元"大单元教学"的设计与思考

统编教材七年级上册第二单元的阅读板块和写作板块都与亲情有关,综

---

[1] 戴晓娥:《情境 任务 活动——指向语文素养的大单元教学探索》,《基础教育课程》,2019年第10期,第10页。

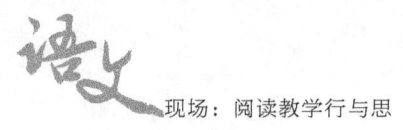
现场：阅读教学行与思

合性学习的内容涉及到友情。以亲情的感悟与理解为主线，将亲情与友情进行对比分析，是该"大单元设计"的总体思路。

任务一：班级"朗读者"(1课时)

【主要内容】针对本单元的6篇文章，特别是前4篇现代散文，学生利用课余时间自行朗读，选择一篇最好的朗读作品进行录制，并上传到班级QQ群里。上课时间则借鉴中央电视台"朗读者"节目，选定主持人，推选朗读者。朗读者可以分享与课文内容有关的亲身经历，可以发表个人对亲情的观点，而且可以配图配乐，深情朗读最有感触的课文。

【设计思考】本单元的"单元导语"说："学习本单元，要继续重视朗读，把握文章的感情基调，注意语气、节奏的变化。"《秋天的怀念》《散步》课后"思考探究"第一题和"积累拓展"第五题以及《〈世说新语〉二则》课后"思考探究"第一题都涉及朗读。特别是，教师在本任务中，要注意学生朗读时语气和节奏方面出现的问题，进而引导学生自行纠正。

任务二：编印《人间至情·亲情卷》(2课时)

【主要内容】全班同学分组编印一本以"亲情"为主题的语文读本，设计4—6个单元，单元以"亲情·____（双音节词）"为标题，每个单元选3—5篇文章，文体不限。单元主题以教材文本的中心主旨作为依据，每篇文章还要写一段不少于300字的推介语。

【设计思考】本单元的"单元导语"说："在整体感知全文内容的基础上，体会作者的思想感情。有的文章情感显豁直露，易于直接把握；有的则深沉含蓄,要从字里行间细细品味。"把握文章的情感,那首先要对文本进行解读,而且要结合背景分析、人物分析、言语分析等。对情感的分析,也是单元标题填空的主要依据。《秋天的怀念》一文,既有母亲对"我"的深切的爱,也包含了"我"的悔恨之情;《散步》主要借散步这一家庭活动抒发生命之感,同时也涉及了亲情中的责任问题;《金色花》写的是儿童对母亲的依恋之情;《荷叶·母亲》则直抒胸臆,抒发母爱的伟大;《咏雪》展现的是亲情中高雅和谐的氛围;《陈太丘与友期行》则涉及亲情与人品问题。这些文本都与亲情有关,但情感的侧重点是不一样的。学生依据不同的情感确定单元主题,将相似主题的文本编为同一单元,就需要参考大量的课外阅读材料。而撰写推介语是一项真实情境中的真实任务。

任务三:制作"细节见真情"手抄报(1课时)

【主要内容】班级每位同学制作一份以"细节见真情"为主题手抄报,即挑出本单元六篇课文中作者通过细节描写抒发真挚情感的句子,把握并鉴赏这些句子中的表现手法尤其是修辞手法,把握言语形式背后的情感力量。每个同学至少选出8处进行赏析。

【设计思考】本单元这六篇阅读文本,真挚感人。教师不仅要引导学生概括作者或人物抒发了怎样的感情,更要把握作者或人物是如何抒发情感的。这就涉及作者个人化的言说方式,尤其是细节方面,最能体现作家的艺术匠心。例如《秋天的怀念》第一段中"望着望着天上北归的雁阵""听着听着李谷一甜美的歌声",为什么不说"望着""听着",而要说"望着望着""听着听着"呢?当"我"发脾气的时候,母亲为什么要"悄悄地躲出去"?《散步》中作者为什么要反复使用"我的母亲""我的妻子"这样的称呼,为什么不直接称"母亲""妻

子"?"我的母亲又熬过了一个严冬"中的"熬"字说明了什么?《金色花》中通过儿童视角表达对母亲的依恋,有什么作用?《荷叶·母亲》中对红莲的细节描写,如何象征着母爱?《咏雪》《陈太丘与友期行》中的"公大笑乐""元方入门不顾",精练的语言是如何传情达意的?对这些内容的把握,就要借助文本解读的力量。这个环节也将任务达成与文本解读结合在一起。

任务四:分享与表达(2课时)

【主要内容】母亲节就要到了,给妈妈写一封信,综合阅读板块习得的表现手法,表达自己特定的情感,例如热爱、悔恨、愧疚、怨怒等。能够结合具体的事例来写,体现"矛盾冲突—矛盾解决"的内容。写信之前,可以先跟同学交流,打开思路,分享自己的感情与观点。

【设计思考】《义务教育语文课程标准(2011年版)》提到初中写作的课程目标之一是"写作时考虑不同的目的和对象。根据表达的需要,围绕表达中心,选择恰当的表达方式"。[1]"给妈妈写信"的写作任务就要有"对象意识",同时还要考虑"矛盾冲突—矛盾解决"的记叙文写作知识。教材中的"学会记事"的相关要求例如"写清楚事情的经过""写得有感情""注意锤炼语言"等要求,也暗含在本任务中了。

任务五:比较探究(2课时)

【主要内容】亲情和友情是人生中非常重要的两种感情。这两种情感究竟

---

[1] 中华人民共和国教育部:《义务教育语文课程标准(2011年版)》,北京:北京师范大学出版社,2011年版,第16页。

有什么异同呢？两种感情会不会发生冲突呢？当冲突时，个人又该如何选择呢？请搜集关于亲情和友情的名言以及其他文章，对这两种感情进行比较探究，并撰写一篇1000字的小论文。写完之后，可以和同学交流自己的观点，甚至可以围绕某些问题展开辩论。

【设计思考】教材第二单元的综合性学习板块的主题是"有朋自远方来"。这是一个与阅读、写作板块相对独立的主题。学生可以查找名家关于亲情和友情的论述或文章，将亲情和友情两种感情进行探究，并尝试写作小论文。

将教材的整个单元进行"大单元设计"，优点是学生可以在情境任务的完成中训练多种能力，可以统筹学习不同的知识。不过也有一些遗憾，例如过于重视课内的语文活动，像编印小册子、制作手抄报、写作训练以及小论文写作，这就导致视野不够开阔；在重视文本本身的同时，忽视了学生口语交际的训练；本设计只是借用了综合性学习的主题，并没有真正开展综合性学习活动。这些都是"大单元教学"实践中需要解决的问题。

（本文原载《语文建设》2020年第1期，略有修改）

教学设计的内容与理路

——从一份《短歌行》教学设计说起

最近,在《中学语文教学》2017年第10期上读到谭文淼老师的关于《短歌行》的教学设计,以及两篇简评。谭老师的设计可以用"行云流水"四个字来概括,美美地忆、美美地读、美美地思、美美地赏四大预设的互动环节,激发了学生学习这首诗的兴趣。特别是,谭老师将不同版本、不同载体的表述与教材文本进行对照阅读,堪称神来之笔。这神来之笔也是这份教学设计最大的亮点与最大的价值体现。不过也有一些细节问题,值得再次辨析与探讨。

一、教学设计的规范表述

谭老师的《〈短歌行〉教学设计》一文,体现了教师的研究意识与语文情怀。对教学目标、教学重点、教学难点的表述如下:

【教学目标】

1. 通过反复诵读,感知全文,梳理文意。

2. 正确理解诗人的"忧",感悟诗人的豪情,培养学生积极进取的人生观。

3. 学习本诗比兴、用典等艺术手法的运用。

【教学重点】

深入体会诗人曲折表达自己渴望招纳贤才以建功立业的心情。

【教学难点】

领会诗人运用典故和比兴手法表达感情的技巧。

一般的教学设计，就是由教学目标、教学重点、教学难点、教学过程四大板块构成。这也是教案演变过来的文体格式。有的文章还与"教学反思"一起构成了"目标—内容—组织—评价"的与泰勒的"课程教学四原理"相一致的教学设计体系。但在具体的落实中，往往会出现一些问题。

首先，教学设计不仅仅是教师单方面的教学底本，更是教师与学生进行交流与对话的基础。因此，教学设计要建立在学情分析的基础上。全面把握学情，是进行教学设计的前提。学情把握，可以通过问卷调查、个别谈话、课堂问答、作业反馈等多种形式进行，但对于一份正规的教学设计来说，问卷调查与分析是最佳手段。通过问卷反馈，学生在理解文本时的困惑、难点将会有效呈现。这将避免我们在教学中走弯路，做无用功。那么，学生对《短歌行》的理解究竟有哪些困惑呢？如何依据这些困惑组织教学？这应该是本节课教学的起点。

其次，对于"教学目标"的表述，很多教师将其与"教学内容"相混淆。"反复诵读，感知全文，梳理文意"其实并非教学目标，而是教学过程中的一个环节和阶段，或者说仅仅只是教学内容的体现。所谓教学目标，实质上是学生通过课堂学习所要达到的成果。像"学习本诗比兴、用典等艺术手法的运用"仅仅是一种学习行为，是师生共同探讨问题的教学过程，不是对学习结果的表述。

再次，是混淆了阅读和"阅读教学"的关系，将"阅读目标"当作阅读教学的目标。阅读教学是一种有计划、有组织、有方法的教学活动，与阅读是两种完全不同的行为。对单一文本内涵、情感的把握，应该是"阅读目标"。例如"正

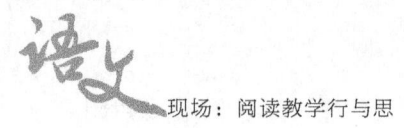

确理解诗人的'忧',感悟诗人的豪情",这是阅读过程中对作者的情感的把握,是"阅读目标"而非"教学目标"。更何况,"正确"用在此处,也值得商榷,究竟怎样了解作者的"忧"才是正确呢?这一点很难确定。

最后,"教学重点"与"教学难点"的区分,有时候很难有统一的标准,"想当然"的成分会比较多。例如上述"教学重点"中的"曲折"一词与"教学难点"中的"运用典故和比兴手法"含义相同,或者说作者的情感与情感表达的方式,原本是不可分割的,不论将何者作为重点或难点,都缺乏合理的依据。

因此,笔者尝试提出一种"学情分析+教学内容+教学目标+教学过程+教学反思"的教学设计框架。其中,"学情分析"既是确定教学内容的依据,也是设定教学目标的依据,"教学目标"则是对"教学内容"的结果评价。而所谓的重点难点,其实也是"教学内容"的一种表述,"教学反思"实际上是对教学设计的学理与依据进行概括总结。

二、教学设计要尊重认知规律

谭老师将"正确理解诗人的'忧',感悟诗人的豪情"作为本节课的教学目标,将"深入体会诗人曲折表达自己渴望招纳贤才以建功立业的心情"作为教学重点,在"美美地思"这个环节设计了如下内容:

通过朗读我们已经感受到了诗人心中之"忧",他到底在忧什么?是如何解忧的?

第一步:自己诵读诗歌,寻找问题关键。
第二步:小组交流合作,商定问题观点。
第三步:小组代表发言,师生共同探讨。
教师引导同学们将"忧"概括为人生苦短、贤才难得、功业未就,将"解忧"

概括为只争朝夕、礼遇嘉宾、天下归心。这种概括的方式简单明了,学生很容易就把握了诗歌的基本情感,但这只是话语表述中的情感状态。因为真实的情感,并不会像概括的那样条理分明,而是一种出于矛盾、纠葛的状态。因此,教师引导学生进行情感分析,也应遵循一定的情感认知规律。

首先,人生苦短之忧、贤才难得之忧、功业未就之忧有着十分紧密的内在关联。正因为人生苦短,因此作者急于建功立业,但建功立业需要贤才支撑,这又带出了贤才难得之忧。教师仅仅以并列的形式列举不同形式的"忧",只完成了第一步。

其次,从文本内部的关联来看,作者先说"何以解忧,唯有杜康",意味着以饮酒为标志的及时行乐观缓解了人生苦短之忧。但后文又说"忧从中来,不可断绝",这就在言语形式上出现了矛盾:既然已经"解忧",为何又"忧从中来"?这个问题也可以作为一个"导火索",可以引发学生对这个问题的思考,比起"诗人的'忧'究竟有哪些"的提问方式,要更为巧妙。

再次,杜康美酒真的能解人生苦短之忧吗?答案自然是否定的。人生之忧是一种生命之忧,甚至是一种哲学之忧。终有一死的人向往永生,向往永生的人终有一死,这本就是人生最深刻的矛盾。这种深层次的人生之忧自然是无法通过饮酒或者及时行乐的方式解除的。畅饮美酒,或许能够暂时让自己忘却忧愁,但永远无法消除这种忧愁,更何况"举杯消愁愁更愁"。而对于曹操来说,只有建功立业、统一中原才是对抗生命短暂的最好办法。也就是说,"人生苦短之忧"与"政治功业之忧"是有内在的情感逻辑的。也可以说,正是前者造成了后者的存在,后者才是对抗前者的方式,而求取贤才,或许才是解除人生苦短之忧的最佳方式。

尊重学生的认知规律,体现于这篇教学设计的,还有另外一个细节,即"美美地思"与"美美地赏"的关系问题。前者思考的主要是诗歌的思想内容,后者

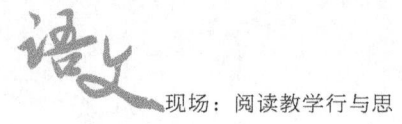

赏析的主要是诗歌的艺术手法。先理解内容，后进行赏析，看似符合学生的认知心理规律，但对于这首诗歌来讲，可能不太适合。这首诗的最明显的艺术手法就是用典，比起比喻、拟人等修辞手法，用典更强调内容之间的联系性。不理解比喻、拟人等修辞手法，虽然也会影响诗意的把握，但至少可以获得对内容的大致把握，因为它们起到的主要是修饰性的作用。但对于用典，如果不在"典故之意"与"诗歌本意"之间建立起内在的关联，是无法把握诗意的。也就是说，只有先弄懂弄通典故的内涵，才能够扫除诗歌理解的障碍；而当真正弄懂弄通之后，用典这种手法的艺术效果也就表现出来了。因此，教师应该先引导学生疏通典故，再赏析手法本身。本诗中的典故，对于学生来说也是理解的难点，有必要组织专门的课堂教学活动，攻克这一难关。

三、教学设计要依据于学情

之所以将"学情"问题放在最后进行探究，是因为谭老师的教学设计没有体现明确的学情意识，实际上还是以教师为中心的"单向度设计"。笔者在教《短歌行》时，曾经做过一个小范围的学情调查，根据反馈，发现学生的困惑主要集中在两点：一是对作者引用《诗经》的几句话以及其他典故存在理解上的困难；二是普遍反映诗歌难以记诵，好不容易记住了，又特别容易忘记，特别是从"呦呦鹿鸣"到"心念旧恩"这几句，基本上都是死记硬背。

对于第一个问题，教师可以通过两个步骤进行。第一步是疏通典故，即既要对典故的本意及本事有一定的了解，更要对诗人用典的意图进行探究。第二步是探究用典的作用。教师可以引导学生思考：既然作者要表达求贤之意，为什么不直接表明，而是要通过用典的形式曲折表达呢？这是一个值得探究的问题，学生的答案可能会从语言的精炼、手法的运用等角度思考。教师在设计相关教学环节时,可以进行一些答案预设。例如作者写《短歌行》的目的并非吸引人才,而是为了表达自己内心深处的渴望贤才之情;或者说,作者的意图在于抒情,而不是达到实用的目的。这一点也可以从文体方面得到解释,作者写的是诗歌,所谓"诗言志",诗歌虽然有交际功能,但抒发自我情志才是根本目的。如果曹操写的是实用类文章例如《求贤令》《招才通告》等,那就没必要引用典故,只需要直接表明自己的需求即可。当然,实用文章引用典故,也可以使文章达到相应的文学功能,但实用仍是其根本出发点。再则,诗歌的抒情讲究含蓄,作者往往通过借助景物、借助外物、借助典故等方式,实现含蓄抒情、语言凝练的文体特征。

对于第二个问题,其实学生的真正问题不在于难以记诵,而在于对诗歌的意脉把握不准。再加上某些句子例如"明明如月,何时可掇"等的多元化的解读,也给学生的理解带来了障碍。或者说,理解的主要障碍在诗歌的"意脉"断断续续,一些"节点"若隐若现。造成这种现象的主要原因就是诗歌意旨的不确定性,诗歌语言的多义性。此时,教师可以通过划分段落这种看似原始实则很有效的方法,即设计如下讨论话题:

人教版《短歌行》:分为两段,从"鼓瑟吹笙"断开。

粤教版《短歌行》:没有分段。

陈日亮:第一组从"对酒当歌"到"唯有杜康",写酒写歌;第二组从"青青子衿"到"鼓瑟吹笙",写思念和欢迎;第三组从"明明如月"到"心念旧恩",写渴望和感恩;第四组从"月明星稀"到"天下归心",写预见与宏愿。

其他观点:分为四个部分,每八句诗是一层意思,即第一章(第1—8句)忧以人生短暂,乐以酒可解忧。第二章(第9—16句)忧以思慕贤才,乐以款待贤人。第三章(第17—24句)忧以人才难得,乐以贤者来访。第四章(第25—32句)忧以明主难择,乐以天下归心。

教师观点：个体生命之忧（从"对酒当歌"到"去日苦多"，4句），杜康解之（从"慨当以慷"到"唯有杜康"，4句）。

政治功业之忧（从"青青子衿"到"不可断绝"，12句），贤才解之（从"越陌度阡"到"天下归心"，12句）。

如果你是教材编写者，你认为这首诗可以如何分段，请阐述自己的理由。

这是一个开放性问题，本身没有标准答案。认同人教版教材的同学，可能会从段落对仗、形式美观的角度阐述；认同粤教版教材的话，可能会对比《诗经》与《短歌行》，得出后者没有重章叠句，自然无须分段的结论；认同后两种观点的同学，更多的是从"意脉"即行文脉络的角度进行分析。当然，学生也可以提出不同于上述分段方式的其他方式。设置这一环节的主要目的就是，加深学生对诗歌脉络的理解，把握作者的情感与思维脉络，从而在理解的基础上迅速背诵此诗。既然没有标准答案，那就可以畅所欲言，但最核心的意图还是依据文本，解读文本。

总之，教学设计从文本格式上讲，要经得起教学理论的推敲；从内在逻辑上讲，要符合学生的情感与认知规律；从学情上讲，则要"一切从学生的经验与困惑出发"。只有这样，才能进行科学合理的教学设计，这样的设计才更有针对性，也更有价值。

（本文原载《中学语文》2018年第13期，略有修改）

"故事"与"情节"的分野

——曹勇军老师《最后的常春藤叶》教学的设计之妙

在西方叙事学的理论视野中,小说的"故事"与"情节"是侧重点不同的两个概念,而在我国中小学的小说教学中,习惯地笼统称之为"故事情节"。伴随着叙事理论的发展,有必要将"故事"与"情节"的区分引入到中学语文教学领域中来。

古希腊的亚里士多德已经意识到"事件"与"情节"的差异。在他看来:"情节是对行动的摹仿,这里所说的'情节'指事件的组合。"① 也就是说,情节是诗人对事件及其关系的重新理解与展示。小说理论家亨利·詹姆斯认为:"小说是形式的艺术,为了构建完美的艺术形式,小说家应该从结构层面对素材进行重新安排。"② 他说的素材,其实就是未经加工的事件。俄国形式主义理论家什克洛夫斯基认为,"故事"仅仅是情节结构的素材而已,它构成了作品的"潜在结构",而"情节"则是作家从审美角度对素材进行的重新安排,体现了情节结构的"文学性"。③ 另一位形式主义者托马舍夫斯基则认为:"故事是按实际时间、因果顺序连接的事件。情节不同于故事,虽然它也包含同样的事件,但这

---

① 亚里士多德:《诗学》,陈中梅译,北京:商务印书馆,1996年版,第63页。
② 申丹、王丽亚:《西方叙事学:经典与后经典》,北京:北京大学出版社,2010年版,第40页。
③ 申丹、王丽亚:《西方叙事学:经典与后经典》,北京:北京大学出版社,2010年版,第43页。

些事件是按作品中的顺序表达出来的。"①

当然，也有理论家对"情节"进行了更为深入的研究，例如英国作家福斯特，他在《小说面面观》里说："我们曾给故事下过这样的定义：它是按照时间顺序来叙述事件的。情节同样要叙述事件，只不过特别强调因果关系罢了。如'国王死了，不久王后也死去'便是故事；而'国王死了，不久王后也因伤心而死'则是情节。虽然情节中也有时间顺序，但却被因果关系所掩盖。……对于王后已死这件事，如果我们再问：'以后呢？'便是故事，要是问：'什么原因？'则是情节。这就是小说中故事与情节的基本区别。"②我国叙事理论家申丹教授则认为，福斯特举的两个例子本质上都是"故事"，只不过"国王死了，接着王后也因悲伤而死"是有情节的故事；而"国王死了，接着王后也死去（与国王之死无关）"则是无情节的故事。③ 这个观点与"情节是对故事的安排"是一致的。

当结构主义理论家用"故事"与"话语"取代了以前的"故事"与"情节"的区分时，真正意义上的叙事学才得以建立。但"情节"究竟属于故事层还是话语层，不同的理论家有不同的观点。有人认为情节是话语这一层次上的形式技巧，有人认为情节是故事表层结构中的一连串行为功能、叙述句或序列，也有人认为是故事深层结构中的双重对立。本文主要侧重于"故事"与"情节"的划分，进入对曹勇军老师《最后的常春藤叶》一课的探讨。

二

在王荣生教授看来，一篇课文的教学主要有四个要点：

---

① 申丹：《叙述学与小说文体学研究》，北京：北京大学出版社，2010年版，第44页。
② 福斯特：《小说面面观》，苏炳文译，广州：花城出版社，1984年版，第75—76页。
③ 申丹：《叙述学与小说文体学研究》，北京：北京大学出版社，2010年版，第48页。

1. 找准课文的教学点,也就是通常所说的明确教学目标。

2. 开发或选择帮助学生解决教学点问题的语文知识,也就是确定教学内容。

3. 根据课文若干教学点的相互关系,合理安排教学环节,也就是教学点的先后顺序安排。名师课例研究表明,一篇课文(一节课)通常是呈阶梯状的三个环节。

4. 设计学生学习和运用相应语文知识以解决教学点问题的学习活动,具体表现为教学活动的步骤及相应的学习方式。①

课文的教学点,往往是文本体式的关键点以及学生读不懂、读不好的内容。对于《最后的常春藤叶》这篇小说而言,学生真正读不懂的地方并不多,但读懂小说的内容并不意味着可以全面把握小说的艺术内涵以及表达形式。这就需要教师搭建相应的支架,帮助学生建立相应的阅读经验。

曹勇军老师的这节课,第一个教学环节是画出小说第一、二、三天描写常春藤叶的语句,说说琼珊的心情发生了怎样的变化,再思考一下为什么会发生这样的变化。这个环节是从题目出发,把握小说表层的故事内容,并抓住"杰作"一词,分析贝尔曼的形象。这其实是本文的一个教学重点。曹老师设计的支架是依据课文,展开想象,写一段文字,描写贝尔曼那天夜里画常春藤叶的场景。这个环节持续了将近 20 分钟,可见其在整节课中的比重。接着,曹老师又设计了另一个支架:我们现在假设一个问题,即假如欧·亨利把我们想象的这个片段写到小说里面去了,你们觉得好不好?为什么?最后则是通过比较不同翻译的标题,揭示小说的主题。②

---

① 王荣生:《帮助、指导学生打开审美的窗户——曹勇军老师〈最后的常春藤叶〉课例研习》,《语文教学通讯》,2018 年第 4 期。

② 曹勇军:《〈最后的常春藤叶〉课堂实录》,《语文教学通讯》,2018 年第 4 期。

现场：阅读教学行与思

结合上文对故事与情节的区分，我们发现，曹老师的"支架1"主要是在"故事层"，也就是按照实际时间和因果关系排列的事件。小说叙述到"贝尔曼穿着一件蓝色的旧衬衫，坐在一口翻转过来权充岩石的铁锅上，扮作隐居的矿工"之后，再也没有对贝尔曼的行为举止进行描述，下一段便是讲第二天早晨苏艾和琼珊的表现。从实际的故事来看，显然不应该是这样，这就使得学生在接受上出现了障碍。虽然在读完全文之后，学生也能够明白作者在此处"省略贝尔曼作画"这个片段的用意，但不能对贝尔曼的形象有非常深刻的认识与感悟。此外，小说真正的主人公是贝尔曼，他身上散发着的人性光辉正是小说的主题。在课堂教学过程中，指导学生通过想象，补充贝尔曼夜晚作画的场景，恰恰是请学生充分把握、感知贝尔曼的形象，从而为把握小说的主题奠定基础。

曹老师的"支架2"主要是在"情节层"，"贝尔曼夜晚作画"这个片段从故事的角度看是重中之重，但在情节层面被作者有意忽略了。最后只是通过苏艾之口，补叙了个别片段。贝尔曼那天晚上究竟是如何在风雨中艰难地完成自己的杰作，读者只能靠想象进行还原与补充。但这一点恰恰是作者艺术匠心的体现，是作者对真实事件的布局与安排，具体说来就是"欧·亨利式的结尾"。这个教学点，既是理解小说的重点，也是学生阅读的难点。曹老师指导学生将已经还原的"贝尔曼夜晚作画"重新置入到小说里面，并通过与原文的比较，赏析这个"欧·亨利式的结尾"，从而体察小说在情节上的精妙之处。

也就是说，从情节入手，还原故事，又从故事回归到情节，曹老师圆满完成了本节课的教学任务。这种处理方式，同样适用于其他小说文本的教学。例如鲁迅的小说《祝福》、《药》、福克纳的《纪念艾米丽的一朵玫瑰花》等，通过还原实际的故事，把握作者在情节安排上的创意与匠心，这也是故事与情节的分野在小说教学上的启示。

三

再次阅读曹老师的课堂实录,仔细分析学生对"支架2"的理解,我们发现,学生的理解主要停留在情节设置带来的悬念感、人物形象的塑造、作者的情感等内容。如果结合结构主义理论家对故事与话语的区分,我们或许更能体味这一篇小说中"欧·亨利式的结尾"的奥妙。

1966年,法国学者托多罗夫提出了故事与话语的区分:前者主要是叙述了什么,包括事件、人物、背景等;后者主要涉及"是怎样叙述的",主要包括各种叙述形式与技巧。俄国形式主义者提出的故事与话语的划分,基本上没有涉及叙述聚焦、叙述声音、叙述的时间与空间等,这恰恰是叙事学理论家"驰骋的疆场"。此后,在故事层面,理论家们聚焦于事件和人物的结构;在话语层面,叙述者与故事的关系、时间安排、观察故事的角度等成为主要关注对象[①]。

首先,小说的最后一段话,也就是通常所说的"意料之外,情理之中"的"欧·亨利式的结尾"是通过故事中的人物表述的,或者说是以一种直接引语的形式出现的。直接引语是对人物话语的原原本本的记录,一般不会受到叙述者主观的叙事干预,这就比叙述者的叙述更符合故事的情境,也更能打动读者。试想,如果最后一段改为:

原来,墙上的那片叶子是贝尔曼冒着严寒和风雨艰难地完成的。他回到房间时,鞋子和衣服都湿透了,冰凉冰凉的……

这样的话,虽然也能够体现"意料之外,情理之中"的结局,但失去了故事情境的真实性。用人物话语作为故事的结尾,可以最大限度地实现"言有尽而

[①] 申丹、王丽亚:《西方叙事学:经典与后经典》,北京:北京大学出版社,2010年版,第8页。

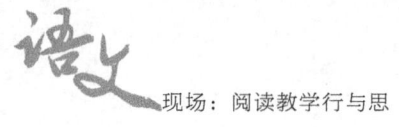

意无穷"的艺术效果。

其次，最后一段话的叙事视角也值得注意。苏艾话语叙述中的情节，有自己的感知，有对情节的补叙，更重要的是通过看门人的视角，从侧面展现贝尔曼夜里作画的艰难以及他身上的闪光点。小说基本上是用第三人称全知视角叙述的，但对于贝尔曼的处理，作者不仅进行了情节上的布局，同时也暗中变化了叙述聚焦。看门人只是事件的观察者，贝尔曼回到房间里的表现，以及找到的燃着的灯笼，"一把从原来的地方挪动过的梯子，还有几支散落的画笔，一块调色板，上面剩有绿色和黄色的颜料"，这些内容既不是通过叙述者的视角观察到的，也不是通过苏艾的视角去观察的。不用叙述者的全知视角，可以制造更多的悬念感；不用苏艾的视角，更符合情节本身的生活逻辑。看门人视角的妙处在于，作者似乎说了什么，但又没有完全说出；这些未曾说出的内容才是小说的精髓所在，而且是需要调动读者的想象去补充的。从这一点上看，曹老师的"支架 1"的设计可以说是精妙绝伦。

四

那么，曹老师的设计真的是创造性的吗？此前真的没有教师进行这样的教学设计吗？事实并非如此。苏教版高中语文《必修二》"陨落与升华"单元中，编者选取了《最后的常春藤叶》和师陀的《说书人》两篇文章，课后"文本研习"第 1 题是这样的：

贝尔曼老是说"要画一幅杰作"，他画的最后一片叶子是不是"杰作"？为什么？贝尔曼画常春藤叶是小说的重要情节，作者却没有实写，这样写有什么好处？

"积累与应用"的第 2 题则是：

试想象贝尔曼在风雨中画常春藤叶的情景,……并将其用文字表达出来。要求想象合理,符合人物性格。

这几个问题,其实也是曹老师教学设计的主要内容。表面看,曹老师只是将"积累与应用"中的内容与"文本研习"的部分进行了对调与整合,实际上这种整合教材资源的能力,才是教师教学功力的体现。

初中语文阅读教学"情境任务"设计策略探究

随着《普通高中语文课程标准(2017年版)》的颁布,"任务"成为语文课程与教学的关键词。20世纪80年代出现的"任务型语言学习"理论,强调在真实的交际情境中开展语言教学,"任务"一词逐渐进入到教育领域。美国教育评价专家乔恩·米勒提出了"真实性任务"的概念,并阐述特征:其一,要求学生自己积极地建构而不是被动地选择;其二,任务必须源于真实世界或模拟真实世界并且具有挑战性。① 美国教育家克伯屈在《教学方法原理》中提出了"设计教学法",其主要内容有:必须是一个有待解决的实际问题;必须是有目的有意义的单元活动;必须由学生负责计划和实行;包括一种有始有终、可以增长经验的活动,使学生通过设计获得主要的发展和良好的生长。② 这其中就隐含着"任务式教学"的观念。

以往教学中出现的主要是"问题式任务",即以问题的形态存在的任务,例如"这篇文章的中心思想是什么""这首诗抒发了作者怎样的感情"等。在写作中,学生所面临的"写一篇作文,不少于800字"等,也是需要完成的任务。但与高中语文新课标提出的"学习任务群"中的任务有较大的差异。所谓"任

---

① 魏小娜:《真实写作教学研究》,北京:人民出版社,2017年版,第59页。
② 威廉·赫德·克伯屈:《教学方法原理》,王建新译,北京:人民教育出版社,2016年版,第14页。

务",李海林教授认为"是指个体在特定的情境中,为解决问题、履行职责或实现特定结果而实施的一系列活动"。① 这个定义凸显了"特定的情境"维度。也就是说,"学习任务群"中的任务是"情境式任务"。"语文学习任务群"要求"以任务为导向,以学习项目为载体,整合学习情境、学习内容、学习方法和学习资源"。② 可见,语文教育领域内的"任务"概念和"情境"具有紧密的内在关联。乔恩·米勒说的"任务必须源于真实世界或模拟真实世界"以及克伯屈的"必须是一个有待解决的实际问题"也包含着"真实情境"的因素。

高中语文新课标提及"命题原则"时强调要"以情境任务作为试题主要载体,让学生在个人体验、社会生活和学科认知等特定情境中完成不同学习任务,以呈现学生语文素养的多样化表现",③明确提出了"情境任务"的概念。在这个概念中,"情境是形式,任务是内容,情境要为任务服务。……情境越贴近学习任务本身,就越容易让学生参与到学习任务活动中;情境越具有真实性,学习活动就越容易成为学习者为中心的活动"。④ 这些理念可以适当运用到初中语文阅读教学中。依据高中语文新课标对情境的分类,即个人体验情境、社会生活情境和学科认知情境,教师在教学过程中也可以从多个角度设计"情境任务"。

一、基于"个人体验情境"设计"个人式情境任务"

文本阅读是一种个性化很强的行为,离不开个人的生活体验与知识背景。

---

① 王荣生:《语文综合性学习教什》,上海:华东师范大学出版社,2014年版,第48页。
② 中华人民共和国教育部:《普通高中语文课程标准(2017年版)》,北京:人民教育出版社,2018年版,第8页。
③ 中华人民共和国教育部:《普通高中语文课程标准(2017年版)》,北京:人民教育出版社,2018年版,第49页。
④ 张春华:《设计"情境即任务"的学习场》,《教育视界》,2018年第7—8期。

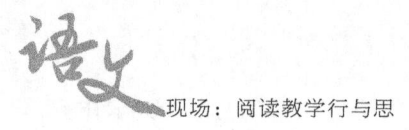

现场：阅读教学行与思

初中语文统编教材自读课文的"预习"板块十分重视教材文本与个人体验的联结。例如《散步》"预习"提示："课文说的是一家人散步的琐事……你的身边一定也不乏这样的温馨场景，回忆一下，感受其中的温情。"这也启发教师要善于设置基于个人体验的"情境任务"。

教师执教郑振铎的《猫》，一般都会请学生概括作者笔下的三只小猫的不同特点。课文后的"思考探究"第一题设计了表格，请学生从来历、外形、性情、在家中的地位等方面比较分析。这也是学生需要完成的任务，但缺少具体的情境，"任务"孤立于学生个人体验之外。而黄厚江老师执教《猫》，善于将文本与学生个人体验结合，设计"个人式情境任务"：

师：今天，老师和同学们一起来读一读猫的故事，更重要的是读一读猫和人的故事。还记得课文里有几只猫吗？（师板书课题）

生（齐）：三只。

师：三只猫分别叫什么名字？

（学生沉默）先到家的叫什么？

生（齐）：大猫。

师：第二只呢？

生（齐）：二猫。

师：很聪明。第三只呢？

生（齐）：三猫。（众人笑）

师：也可以叫小猫、幺猫。（众人笑）但是作为学语文的人，这样的回答是不合格的，幼稚又简单。如果我们家里有三只猫，我们一定要给这三只猫各取一个很可爱很有特点的名字。哪位同学愿意给我们家的三只猫分别取个名字？我们先来看大猫。大家一起跟老师先看看大猫的特点。主要是从色彩、形状、性格的角度看看它有什么特点，然后给它取个名字。（师板书：

色、形、性)①

给猫取名字是一个既不脱离文本又关注个人体验的"情境任务"。与教材课后"思考探究"的表格类题目相比,"情境任务"更带有内部学习的特点。克伯屈认为:"内部学习是个人要克服困难所必需的重要日常活动。外加的学习则是由某个外部权威人为地引入到学习者生活中来的,因而是靠实际的或暗示的惩罚来学习的。"②尽管教材上的题目不是"靠实际的或暗示的惩罚来学习",但却是教材要求的必须完成的"任务",而且该"任务"没有转化为学生的实际需要,是外在于学生的。而"给小猫取名字"则与个人体验密切相关,是学生在日常生活中的常见活动,这就转化成了学生想要去主动完成的"任务"。

"个人式情境任务"的设置,关键是在学生个体与文本之间建立必要的关联,将文本传达的经验与学生个人生活经历结合起来。这样的"情境任务"是学生愿意主动完成的,能够调动学生理解文本的兴趣。肖培东老师执教《走一步,再走一步》,课堂结尾设计了"启迪"的环节,他没有直接问"这篇文章带给你哪些人生启示呢",而是设计了"情境任务":

如果"我"是文中的父亲,是杰利或者是那些离"我"而去的小伙伴,甚至是文章当中没有直接出现的母亲,会通过这件事各自提醒自己什么呢?你们好好想一想,说一句"我提醒自己_____",从四个角色中选择一个来回答。③

这个任务有很强的情境代入感,同时又是一个"说一句'我提醒自己

---

① 黄厚江、王亚丽、张冬梅:《从猫的关系出发,走向小说的深处——〈猫〉课堂实录及点评》,《中学语文教学参考》,2019年第1—2期。

② 威廉·赫德·克伯屈:《教学方法原理》,王建新译,北京:人民教育出版社,2016年版,第242页。

③ 肖培东:《我们都要学会提醒自己——〈走一步,再走一步〉教学实录》,《中学语文教学参考》,2018年第26期。

_____'"的具体任务。完成这个任务,就需要根据个体对文本的理解,将个人体验与文本情境结合起来。

二、基于"社会生活情境"设计"生活式情境任务"

高中语文新课标认为"社会生活情境"是"指向校内外具体的社会生活,强调学生在具体生活场域中开展的语文实践活动,强调语言交际活动的对象、目的和表述方式等"。① 对于学生而言,社会生活情境主要是社会实践活动以及学校、家庭范围内的生活实践。统编教材中与社会生活情境设置有关的内容主要出现在综合性学习、名著阅读、写作等板块中。例如七年级上册"文学部落"综合性学习中,教材设计了"读书写作交流会""布置文学角""创立班刊"等活动;《昆虫记》名著导读的"专题探究"中有"借鉴法布尔的经验,设计一个观察实验,并进行实践,做好观察笔记"等活动。这些"情境任务"也可以迁移到阅读教学中。

例如有教师执教《孔乙己》,对于孔乙己形象的整体感知,改变了过去"孔乙己是一个怎样的人"这样的问题式任务,变为"请为孔乙己制作个人网页",包括真实姓名、年龄、籍贯、学历、职业、家庭状况、形貌特征、特长、经典名言、标志性动作、主要生活经历、最害怕的事情等。② 再比如曹茂昌老师在对《登泰山记》进行教学设计时,设置了如下情境任务:"初二(3)班的语文老师谈老师想把本文推介给他的学生。考虑到初二孩子的学情,他想把本文做一个节选,字数控制在 300 字以内。你作为谈老师的助手,自告奋勇地承担了这项任务。

---

① 中华人民共和国教育部:《普通高中语文课程标准(2017 年版)》,北京:人民教育出版社,2018 年版,第 48 页。
② 汤飞平:《基于任务解决的学习活动设计》,《语文教学通讯》,2020 年第 2 期。

谈老师很高兴,他请你把节选的文字晒出来,并想请你给同学们作一点鉴赏和导读。"①这个任务是学生熟悉的"社会情境任务",紧密结合学生的生活经验,而且不同于"问题思考""文本分析"的思路,没有直接请学生思考《登泰山记》的景物描写及特点,而是通过"节选"和"晒导读"的方式,请学生完成具体的任务。从知识教学的角度看,"问题思考"和"情境任务"设计与两者解决的教学内容和目标是一样的,但最终的学习效果差异会比较大。

除此以外,排练话剧、编写刊物、写电子邮件、网络回帖、写推介语、发微信朋友圈、回复微博、组织班级活动、参与社会调查、撰写小论文等等,也可以设置为生活情境任务。这些"情境任务",目前已较多地出现在各地中考语文试题中。

三、基于"学科认知情境"设计"文本情境任务"

高中语文新课标谈到的"指向学生探究语文学科本体相关的问题"的"学科认知情境",迁移到基于教材文本或其他文本的阅读教学中,更多地指向"文本情境",设计的"情境任务"多是基于文本与读者对话的"假托性任务",即将外在于文本的读者置于文本情境中,参与文本的"事件",表达自己的观点或情感。

例如曹操《短歌行》的教学,常规的环节就是在理解文意的基础上,把握诗歌的结构、典故、意象以及作者的思想感情。这种教学方式也是基于"问题思考"和"文本分析",而且重复性使用这样的教学思路,一定程度上弱化了学生对语文学习的兴趣。有教师别出心裁设计了这样的"情境问题":"如果你是东汉末年战乱中的一个人才,正在歧路上徘徊,考虑到底投奔哪一方来大济苍

---

① 曹茂昌:《单篇文言文教学中的任务设计——以〈登泰山记〉为例》,《语文建设》,2020年第1期。

生,并实现自己的人生价值。当你看到曹操的《短歌行》,你是否愿意选择曹操?请说说理由。"①严格地讲,该问题尽管置于一定的文本情境中,但任务性不够凸显。如果将"你是否愿意选择曹操"改为"请根据本诗内容写一封自荐信",那情境任务的特点就凸显出来了。

"文本情境任务"不仅可以在教材文本情境中设置,也可以在名著阅读或整本书阅读的情境中设置。余党绪老师在执教《三国演义》时设计了情境任务:"赤壁大败后,曹操引兵逃到南郡。回想赤壁惨败,曹操不禁捶胸大哭,感慨'若奉孝在,决不使吾有此大失也'。如果郭嘉在世,且在赤壁之战的前线,他能否改变赤壁之战的败局?在曹操的几个决策关口,郭嘉将会怎样劝谏曹操?"②学生自然不是郭嘉,只能以郭嘉的思路与口吻来劝谏曹操,"劝谏曹操"这个任务就是典型的"文本情境任务"。学生要完成这个任务,必须对《三国演义》中郭嘉的谋略、性格和经历有透彻的了解,对赤壁之战的相关情节了如指掌,还要根据曹操此时的性格、心态等进行综合判断。应该说,这个"情境任务"起到了"牵一发而动全身"的效果,同时对学生的思辨思维的培养有较大的作用。

遗憾的是,初中语文统编教材文本后的"思考探究""积累拓展"以及"阅读提示"中,对"情境任务"的设计还缺少自觉意识。阅读教学要改变过去那种"文本分析"的模式,转变为"任务完成"的模式,让学生在一系列的语文活动中完成"任务",进而实现学科核心素养的提升。

(本文原载《语文教学研究》2021年第3期,略有修改)

---

① 张瑞琴、洪春鸣:《"以学生为主体"理念下的阅读教学优化设计》,《中学语文教学》,2019年第8期。

② 余党绪:《以"三个转化"推动整本书思辨性阅读》,《语文学习》,2019年第10期。

"解文深,还得教学巧"
——例析肖培东课堂教学设计之匠心

在《"话"中有话读"愧怍"——〈老王〉教学思考》一文中,肖培东老师提到,目前教师对杨绛的《老王》一文挖掘有余而设计不足,"教学多呈强硬灌输、居高临下之态,而难以引领学生自然主动地感受品味"。肖老师又提出"解文深,还得教学巧",[①]使得解读与教学相得益彰。一方面,这可以看出"浅浅教语文"并不排斥对文本进行深入挖掘;另一方面,文本解读的内容需要与教学紧密结合。教学设计就是贯通"解读"与"教学"的桥梁。肖老师的教学设计,奇招频出,信手拈来的一个字词都能够成为撬动整个文本的杠杆,这是教学匠心的体现。这种匠心的背后,更是对语文教学设计规律的遵循与把握。

一、依据文本体式"巧"设计

文本体式不仅规范着阅读的方向与内容,而且也规范着教师采用什么思路进行课堂教学,这就要求教师在进行教学设计时考虑到文本的体式特征。关注文体特征,依据文本体式进行教学设计,是肖培东教学艺术的一大特点。

---

① 肖培东:《"话"中有话读"愧怍"——〈老王〉教学思考》,《语文建设》,2018年第7期。

现场：阅读教学行与思

《皇帝的新装》是一篇童话，很多教师直接忽略童话的文体特征，引导学生分析故事情节，概括人物形象，并适时进行要说真话等道德教育。这其实是直接将童话与小说等同，泯灭了童话本身的特点。肖老师教《皇帝的新装》，并非先介绍作者与童话的文体知识，而是引导学生关注童话这种文体，问学生"根据你的阅读经验，你怎么就知道这是一篇童话"。学生有的说是安徒生写的，有的说是虚构的，有的说是想象的，教师此时用PPT展示童话的特点。课堂的第一个教学活动——紧密结合童话的体式特点，师生共同探讨"你觉得文中最具夸张力（想象力）的地方是在哪里"。学生找到了第一段中对皇帝的夸张描写，还找到了骗子织布时的样子以及老大臣赞美的语言，最后关注到皇帝游街的场景①。当然，除了这些场景之外，笔者认为这篇童话在写法上，也有区别于小说之处。例如小说讲究悬念，一般不会直接说"有一天来了两个骗子"，还有老大臣和另一位诚实的官员去察看骗子织布的情形，高度相似，这也是童话"情节重复"的特点。

再比如肖老师执教蔡元培的《就任北京大学校长之演说》，抓住了中心句"予今长斯校，请更以三事为诸君告"，依次分析这句话中的重点字，使教学内容落在演讲词的文体特征上。一个"告"字，说明行文思路清晰，中心明确，符合演讲的思路；一个"更"字，直面沉疴，有针对性，符合演讲的内容；一个"长"字，古朴典雅，浅显易懂，符合演讲的语言要求；一个"请"字，语重心长，情感真挚，符合演讲者的身份；再读"告"字，正反对比，有逻辑性，体现演讲的手法。最后关注"三告"，请学生分析感受蔡元培的人物形象。②

这些课例也启示语文教师在进行教学设计时，不仅要考虑到文本的体式

---

① 肖培东：《紧扣文体教活童话——我教〈皇帝的新装〉》，《语文建设》，2018年第5期。
② 肖培东：《我就想浅浅地教语文》，武汉：长江文艺出版社，2016年版，第63—78页。

特征,更要将体式特征内化于学生,成为提升学生阅读能力的重要载体。

二、依据阅读课型"巧"设计

统编初中语文教材着力构建"教读＋自读＋课外阅读"三位一体的阅读体系,改变了过去"精读"与"略读"的以阅读方法为标准的划分方式,更能体现不同的文本在教学上的侧重点。对于自读课文而言,有两种倾向值得警惕:一种是不辨课型,完全用教读的方式处理自读文本;另一种是完全放手让学生自主阅读,将自读等同于课外阅读。其实自读课,教师不仅不能完全"退场",而且还要给学生提供阅读的方法。

王本华认为:"自读课文由学生运用在教读中获得的阅读经验,自主阅读,进一步强化阅读方法,沉淀为自主阅读的阅读能力,目的是让学生用'法'。"[①]肖老师执教八年级上册第二单元的《美丽的颜色》,就是用标题"美丽的颜色"串联教学内容,构建教学环节,从而让自读真正发生在学生身上。课堂的第一个环节是"猜问题,整体感知传记内容"。第二个环节是"读对话,深度品味'美丽的颜色'",学生默读文章,画出文中出现"美丽的颜色"这一短语的句子。深入理解居里夫妇的幸福温馨、宁静淡泊、优雅专注,对科学研究的无限热爱以及夫妻之间的温情。第三个环节是"探写法,理解传记写作的特点",即探讨文章在写法上的"美丽的颜色"是什么。[②] 教师自始至终围绕"美丽的颜色",依次引导学生思考题目在内容、深层意蕴、写法上的表现,这就是给学生提供自读的"支架",让学生学会用"法"。

---

① 王本华:《统编初中语文教材的阅读设计与教学实践》,《语文建设》,2018 年第 6 期。
② 肖培东:《让自读真正发生——〈美丽的颜色〉教学思考》,《语文建设》,2018 年第 2 期。

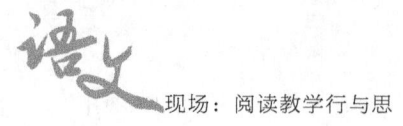

统编教材还设置了四个"活动·探究"单元。对于这些单元，要改变传统的教学方式，例如新闻单元，就不能停留在介绍新闻知识的层面上，而是要在"新闻阅读"的基础上完成"新闻采访"和"新闻写作"的任务。肖培东老师教九年级上册"现代诗"的单元，就是先引导学生感受秋天，感受秋叶，然后出示一首题为《秋叶》的诗"坡上/坡下/_____/散落一地"，学生需要补充缺掉的一句诗。这个环节的设计是引导学生从具体的意象过渡到抽象的情思。果然，学生开始填写的是"秋叶""金黄色"等词句，随后填入了"秋天的韵味""浓浓的秋意""秋天的脚步""时光的流逝"等。当某种抽象的情思与"散落一地"的具象化表述相结合时，诗意便产生了。第二个环节是在此基础上进行现代诗的创作。学生将带有"秋天来了"的诗句有机组合，形成了一首《秋天来了》的小诗，进而以"我们的秋天"为题进行创作。① 这样的设计，就是紧扣"活动·探究"这种新的课型，探索将过去的"综合性学习"转变为"任务式探究"的具体路径。

三、依据助读系统"巧"设计

教材的"助学系统"包括单元提示、教读课文的课前预习和课后练习题（分为思考探究和积累拓展两块）、自读课文的旁批和阅读提示以及其他学习板块。助学系统不仅是教材"双线组元"中语文素养的各种基本因素的载体，同时也是教学设计的"启发点"。从教材的助学系统中获取灵感，是肖培东老师课堂教学设计的一大亮点。

---

① 肖培东：《满地秋叶系诗心——"活动·探究"尝试创作（现代诗）教学思考》，《语文建设》，2018年第10期。

肖老师教贾平凹的《一棵小桃树》,就是借助了课文的"旁批",引导学生自主走进散文深处。旁批出现在部分自读课文中,主要批注内容的关键处、写法的高妙处、语言的精妙处和阅读的疑难处,这些都是学生自读的必要支架。课文的旁批有五处,分别是:

1. 寻常的情景,不寻常的情感。

2. 课文中一些描写反复出现,比如多次描写小桃树"没出息"。散文中这类地方,往往寄托着深意,要仔细体会。

3. 是什么使"我"遗忘了小桃树?

4. "蓄着我的梦"的桃核长成了树,而且真的开了花。作者仅仅在写花吗?

5. "我"的情感在这里来了一个转折,你读出来了吗?

生硬地按照五个批注设计问题或引导学生回答批注的问题,定然会遗漏文本其他重要细节。肖老师则将五个批注联系起来考虑,设计了三个教学环节:一是用旁批三问检测学生自读情况;二是借第二处旁批进入文本重点段落研读;三是利用其他两处旁批走入散文情感深处。[①] 这样,五处旁批便成为教学设计的来源。

再比如教《周亚夫军细柳》,肖老师抓住了课后"思考探究"四道题目。这四道题分别从内容、写法、字词知识、拓展阅读等角度对学生的自读进行指导。教师在此基础上设计了四个教学环节:一是自读课文,掌握难读难写的字词;二是复述故事,探究周亚夫之"真";三是探究写法,理解文章的写人艺术;四是探究汉文帝之"真",引导学生阅读《史记》。[②] 这四个教学环节,与课文后的四道思考题是大致对应的。

[①] 肖培东:《桃树蓄梦想,旁批巧助读——我教〈一棵小桃树〉》,《语文建设》,2018年第4期。

[②] 肖培东:《利用文本资源真教自读——我教〈周亚夫军细柳〉》,《语文建设》,2018年第7期。

四、依据文本细节"巧"设计

文本的个别细节,往往是教学设计的脉络点,敏锐的教师能够捕捉到文本中不起眼的细节,抓住这个细节进行问题设计,往往能够收到意想不到的效果。

肖培东老师教《孔乙己》,那天恰好是肖老师的生日,学生祝福生日快乐之后,教师适时提问:"你们记得孔乙己的生日吗?"从生活自然地过渡到文本,于是学生依次思考"你们最'记得'孔乙己的什么?""小说中的其他人最能'记住'孔乙己的又是什么?""这些人真的是'记住'孔乙己了吗?"三个问题。① 肖老师并没有按照故事情节、人物形象、环境描写的小说三要素的模式设计教学环节,而是抓住了一个不起眼的"记"字逐层深入探究。在探究的过程中,孔乙己的形象、作者的写作意图等都逐渐"浮出水面"了。那么,这个"记"字从何而来呢?无疑来自文本,即第三段"只有孔乙己到店,才可以笑几声,所以至今还记得"。除此以外,还有"虽然间或没有现钱,暂时记在粉板上""我教给你,记着!这些字应该记着"等地方。这些细节一般教师是不会关注的,更不会以此为"生长点",促成整个课堂设计的形成。

而在另一个班级,肖老师原本还想按照这样的思路去上课时,却出现了一个意外。一名学生在朗读"店内外充满了快活的空气"时少了一个"外"字,读成了"店内充满了快活的空气"。敏锐的肖老师立刻意识到,这是一个难得的教学契机,于是迅速调整了原来的教学设计,抓住了"店内"与"店内外"的区别

---

① 肖培东、徐杰:《穿行语言丛林之美——肖培东〈孔乙己〉教学实录与赏析》,《教育科学论坛》,2017年第1期。

引导学生对文本进行深入解读。从这个意义上讲,能够意识到这是一个"机会",并且有勇气、有胆识去捕捉这个"机会",这也是高手与低手之间的最明显的区别。当教师抓住这个自然而然的机会时,很多问题便接二连三出现,例如鲁迅先生为什么要写成"店内外"?店外究竟存在哪些人?这些人为什么在那里?这些人对孔乙己是什么态度?这"店内外"的"外",会让我们看出怎么样的社会众生图来?[①] 这些问题的提出,实际上是将人物形象与故事主题从侧面和盘托出。

类似的细节在肖老师的课上屡见不鲜。他教杨绛的《老王》,抓住了"愧怍"一词布局课堂;教《植树的牧羊人》,抓住了"奇迹"一词深入探究;教《卖白菜》,紧抓"穷""人""泪"三个字,收效甚佳。这也启示我们,对文本一定要有独立的解读,要能够从平常之处看出"崎崛",以此为基点构建课堂。

"解文深,还得教学巧",肖培东老师独具匠心的教学设计,其实就是引导教师关注统编教材的变化,进而关注教学内容与教学流程的变化,更好地落实统编教材的精神。

---

① 肖培东:《"店内外"的快活空气——〈孔乙己〉教学花絮》,《七彩语文(中学语文论坛)》,2016年第4期。

有效性·学理性·创新性:初中语文阅读教学设计的原则与策略

王荣生教授曾提出:"课堂教学的成效,主要不是靠教师在课堂教学现场的发挥,甚至也不取决于教师个人的教学才能,而是取决于课前的教学设计,取决于教师课前对教学目标、教学内容、教学过程、教学方法的周密考量。"[①]一篇课文的教学设计,应围绕"教什么"和"怎么教"两个问题展开,前者包括学习目标和教学内容的确定,后者包括教学环节和学生活动的组织。教学设计是连接预设的学习目标与实际的学习效果之间的桥梁,要讲究有效性与学理性。前者指的是教学设计应精准对接教学目标,后者指的是教学设计本身的逻辑性。最近,我市举办了青年骨干教师教学比赛活动,笔者听完24节课之后,发现教师的教学基本功都很扎实,但在教学设计方面普遍存在着一些问题。本文拟从有效性与学理性两个角度,分析当前阅读教学设计中存在的问题,并提出相应的改进策略。

一、目标意识:教学设计应精准对接教学目标

加涅在《教学设计原理》一书中提出:"有意义的学习结果是大多数设计过

---

① 王荣生:《课文教学设计的四个要点(上)》,《语文建设》,2020年第9期。

程的起点与终点,因为对设计有效性的评价是针对目标的达成来进行的。"① 目前,教师制定教学目标时主要存在以下问题:教学目标仅从教师与教材的层面进行制定,忽视了学生的主体性与实际学情;混淆了课程目标和一节课的教学目标,生硬照搬"三维目标"和"学科核心素养框架";目标过于宏大,不够具体;教学目标制定存在"想当然"的情况,主观意识过于浓厚等。更为突出的问题是教学设计与教学目标脱节。教学设计的实质是教学内容的安排,因此教学设计和教学目标之间应呈现"前后贯通,一一对应"的状态,即有什么样的目标,就要设计相应的教学环节、活动、板块去实现该目标;反之,有什么样的教学设计,就应达成相应的教学目标。

例如教师执教蒲松龄的《狼》,依据单元导语、预习提示、课后"思考探究""积累拓展"题目等,将教学目标确定为:1.运用"关键词概括法",理清文章思路。2.运用"补充还原法",分析屠户和狼的形象。3.运用"情感词解读法",把握文章主旨。

针对目标 1,教师设计了如下教学活动:在自由读、自主译的基础上,用"动+名"的短语概括五个段落的主要内容。然后再请学生在该短语前补充主语,进一步明确文章"先叙后议"的写作思路。针对目标 2,教师请学生通过小组合作的方式,在原文中补充有关环境、屠户与狼的心理、动作等词语,通过表格的形式分别呈现屠户与狼的形象。针对目标 3,教师请学生思考"乃悟前狼假寐,盖以诱敌"中隐含的矛盾:屠户为什么称自己为"敌人"呢?作者为什么不说"乃悟前狼假寐,盖以诱己"?而且本文题目是"狼",为什么最后又说"禽兽之变诈几何哉",而不说"狼之变诈几何哉"呢?在言语细节的品析中,学生理解作者对凶残狡诈的动物及象征物的对立斗争的态度,把握希望人类要运

---

① 加涅等:《教学设计原理》,王小明等译,上海:华东师范大学出版社,2007 年版,第 4 页。

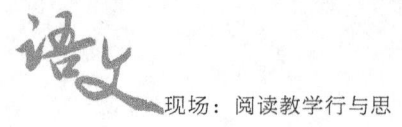

用智慧与勇气与恶势力斗争的主题。三个教学活动,恰好对应三个教学目标,这就是有效的教学设计。

二、切入意识:教学设计应有合理的切入点

教学设计的"切入点",应该是课堂教学的正式起点,亦即第一个教学环节和本节课教学内容的关系。从教学原理上讲,学情应该是教学设计最为合理的切入点。陈隆升认为:"教师为什么要确立这个教学目标,是依据学生的学习基础和学习发展需要;教师为什么要安排这样的教学内容,是依据学生的学习经验发展的需要;教师为什么选择这样的教学方法,是依据具体的学习内容和学生的学习状态。"①按照这种理念,"非指示性教学"是最为理想的教学样态。但在实际教学中,学情很难精准把握,一节课的起点要么是教材内容,要么是教学行为。教学设计以教师为主导,并不违背教育教学规律。一节课可从标题、文本、文体、学生阅读活动等切入,再设计教学环节,对接教学目标。

标题切入。有教师执教《智取生辰纲》,导入之后,直接请学生从人数、内部关系、装备、智谋等方面对"杨志队"和"吴用队"进行对比。该环节的出现就显得很突兀,不符合阅读的一般流程与规律。假如教师从题目切入,紧紧抓住"智取"二字,直接进入有关吴用智取生辰纲的片段,然后再将两个团队进行对比,在对比中揭示小说的主题,这样就更为合理了。再比如有教师执教《故乡》,导入之后直接请同学们找出闰土前后变化的语句,并探讨其前后变化的原因,不如从"故乡"切入,请学生用一个字概括故乡的特点,引导学生关注故乡的"变",进而引出闰土和杨二嫂的前后变化。

---

① 陈隆升:《语文课堂"学情视角"重构》,上海:上海教育出版社,2012年版,第22页。

文体切入。有教师执教《藤野先生》，直接将全文分为"东京见闻""仙台见闻""北京见闻"三个部分，依次进行分析。这种课文分析的思路，忽视了本文的文体特点。本文所在的八年级上册第二单元的"单元导语"提示："学习本单元，要了解回忆性散文、传记的特点，比如内容真实、事件典型、注重细节描写等。"因此，在进行教学设计时应从"回忆性散文"切入，请学生思考并回答如下问题：本文回忆了谁？回忆了他的哪些事？除了主要对象，作者还回忆了什么？为什么要回忆这些事？你是如何阅读回忆性散文的？这些问题已涵盖了回忆性散文的文体特征。

文本切入。肖培东老师善于抓住文本中的某些句子，由此生发出系列问题，引导学生解读文本。例如他执教《孔乙己》，就抓住了"只有孔乙己到店，才可以笑几声，所以至今还记得"一句，请学生思考如下问题："你们最'记得'孔乙己的什么？""小说中的其他人最能'记住'孔乙己的又是什么？""这些人真的是'记住'孔乙己了吗？"[①]在我市的教学比赛中，有教师执教《在长江源头各拉丹冬》，从文中"各拉丹冬值得你历尽艰辛去走上一遭"一句切入，先抓住"走上一遭"，请学生把握作者的游踪；再抓住"值得"，请学生把握游记的"所见"；最后品读"历尽艰辛"，指导学生把握游记的"所感"。

三、整体意识：教学设计应有脉络化的结构

确定合理的切入点后，此后的教学环节要以此为起点，进行结构化的设计，教学环节、活动之间要有严密的逻辑性。这种"结构化"，既可以是文本本

---

① 肖培东、徐杰：《穿行语言丛林之美——肖培东〈孔乙己〉教学实录与赏析》，《教育科学论坛》，2017年第1期。

现场：阅读教学行与思

身的逻辑结构，例如古代文论中"言""象""意"的关系，也可以是阅读本身的层次或结构。例如，有学者提出的阅读评价"五侧面"——提取信息、整合信息、形成解释、做出评价、解决问题，[1]本身可以进一步形成结构化的阅读教学设计。

例如黄厚江老师执教《阿房宫赋》，就是抓住了刘勰在《文心雕龙》中对"赋"的解释："赋者，铺也，铺采摛文，体物写志也。"教师先抓住"体物"一词，将课文压缩成一百多字的短文，空出有关阿房宫特点的词语，请学生填空；其次抓住"写志"一词，改写了课文的结尾，请学生思考"后人"的具体含义；最后抓住"铺采摛文"，请学生赏析文本的语言特征。本节课的整体性和脉络性就体现在"赋"的文体规约上。黄老师还认为"教学过程是由一个个教学环节组成的，这些环节之间，这个过程的发展，应该是一个合乎逻辑的运行"，[2]他称之为"教学程序的安排"。"程序"一词更加说明，教学设计应该是结构化的整体。

在我市的教学比赛中，有教师执教《范进中举》，直接从题目切入，抓住范进中举后反复说的一句话"噫！好了！我中了！""噫！好！我中了！"，先请学生根据文本表演范进说这句话时的神态与动作，然后分析"好了"一词的字面意思和深层意思，分别从范进、胡屠户、张乡绅等人物角度进行探讨，例如范进中举后可以为三人带来哪些"好"等。这是对文本进行重构之后的整体性。正如曹勇军老师说："语文教学设计的本质特点就是'重构'，就是打散原来的材料、顺序、结构，运用原文材料重组一个语言、知识、方法、价值的新文本。"[3]还有教师执教《智取生辰纲》，从小说的"情节"要素切入，指导学生从愿望、障碍、行动入手梳理有关杨志的情节，进而提出"情节解读三要素法"；继而迁移内化

---

[1] 王云峰：《阅读教学过程中的学习评价框架设计》，《语文建设》，2021年第5期。
[2] 黄厚江：《语文的原点：本色语文的主张与实践》，南京：江苏教育出版社，2011年版，第73页。
[3] 曹勇军：《语文的表情与眼光》，南京：江苏教育出版社，2012年版，第89页。

该阅读方法,将其运用到有关吴用的情节中;最后将这种方法运用到新的情境中,要求学生运用该方法分析"花和尚单打二龙山 青面兽双夺宝珠寺"的情节片段。这节课就实现了"知识建构—知识内化—知识迁移"的整体设计理念。

总之,教学环节本身要符合教学规律和学情,教学切入点要合理,教学环节彼此之间存在着一定的逻辑关联,各个教学环节最终组成了一个严密的整体。当然,该整体并非是封闭的,而是伴随着学生每时每刻的生成性内容。

四、创新意识:教学设计应有新颖的思路

不少教学设计是按照"背景介绍—整体把握—段落层次—写作手法—中心主旨—价值观教育"的步骤进行的,要么就是按照某种文体的要素,例如教小说就是按照小说三要素,将课堂分为"故事情节把握""人物形象分析""环境描写作用""中心主旨把握"等环节,教议论文就是按照议论文的三要素,请学生分别把握"论点""论据""论证手法与思路"等板块。这类教学设计的最大问题就是机械化,忽视文本的文体特征以及其他特质,久而久之就会使学生出现"被动适应"的自动化状况,学生对语文学习也会渐渐失去兴趣。很多名师在精准对接教学目标的同时,着意于教学设计的创新,为一线教师积累了宝贵的设计思路,例如一线串珠设计法、一字(词)立骨设计法、标题切入设计法、任务情境设计法、文本变形设计法、文本特质设计法、群文阅读设计法、互文参照设计法等等。

在本次比赛中,不少教学设计也很有创新意识。有教师执教《白杨礼赞》,就采用了"互文参照设计法",即与课文"知识补白"部分的茅盾先生的《题白杨图》进行参照式阅读。画家沈逸千根据《白杨礼赞》作了一幅《白杨图》,茅盾先生于1943年为这幅图写了《题白杨图》的诗。可以说,散文《白杨礼赞》和诗歌《白杨礼赞》是存在着互文关系的。教师以此作为设计思路,请学生找到《白

现场：阅读教学行与思

礼赞》中与诗歌中某些诗句对应的句子，并比较二者的差异，进而引导学生比较两个文本在思想感情方面的差异。有教师执教鲁迅的《故乡》，采用了"任务情境设计法"，抓住了"好戏"和"好豆"中的"好"字，设计了"在微信通讯录里备注'我'的伙伴""抓住平桥村的一处风景，在朋友圈晒晒'我'的乡村"等情境任务。学生通过合作探究的方式，在任务完成的过程中实现了对文本内容与主题的理解。有教师执教《智取生辰纲》，抓住了小说的关键意象，即杨志团队的"藤条"和吴用团队的"椰瓢"，以此为切入点进行分析。前者代表的是杨志急功近利的暴躁性格，从而导致团队内部的分裂；后者则体现出吴用团队的机智、精细与团结。然后教师指导学生从人物性格、行动目标和作者立场等角度分析"藤败瓢胜"的原因，进而归结小说的本旨。最后教师提醒学生关注小说的道具（或曰"意象"），进而上升到小说阅读方法的点拨层面。还有教师执教《变色龙》，在分析奥楚蔑洛夫的形象后，教师又请学生思考，文中还有哪些"变色龙"？学生对文本进行细读后发现，巡警、赫留金、人群里的人、普罗诃尔等，都出现了前后不一、变来变去的行为。继而，教师又请学生思考，社会出现了这么多的"变色龙"，究竟是谁之过？这样就把学生的思维引向更深层，即探究小说的主题意义。

　　正如加涅所说："教学系统设计过程是非常复杂的，不可能简单化为单一的结构性、逻辑性或动态性的表征，认识到这一点很重要。"[1]除了精准对接目标，关注设计的切入点、整体性以及创新性外，教学设计还应时时考虑学生的反应与学习效果，不能用教师的教学设计代替学生真实的学习行为。

（本文原载《语文教学研究》2023年第1期，略有修改）

---

[1] 加涅等：《教学设计原理》，王小明等译，上海：华东师范大学出版社，2007年版，第38页。

切磋交流

阅读文章

诱导与支架：两种不同的课堂形态辨析

语文课堂，应该是以教师的结论为起点，诱导学生通过思考、学习印证教师的结论，还是以学生的实际状况为起点，给学生提供学习的支架？这就关涉到两类不同的课堂形态，前者是"诱导型课堂"，后者是"支架型课堂"。

一、诱导：教师文本解读的主观性表征

所谓"诱导"，指的是教师在备课过程中确立了自己的教学思路或者教学内容，于是在课堂上千方百计将学生往既定的结论上引导，学生在不知不觉中"入其彀中"，得出了与教师一致的结论，教师就认为这节课达到了既定的教学目标。也就是说，结论早已经存在了，学生在课堂上要做的事情就是在教师的"诱导"下，将教师推论的过程重新走一遍。

诱导，在数理学科的教学过程中很常见。对于数理学科的定理与公式的学习而言，结论是真理性的，是唯一正确的。教师教学的着眼点不仅在于思考、推导的过程，更在于结论本身以及结论在具体情境中的运用。但是对于语文阅读与写作而言，由于理解存在多元性特征，因此理解与思考的方法与过程比结论更重要。因此，语文课上，不论是阅读还是写作，"诱导"都是值得警惕的行为。

诱导的最大特点就是结论先行，意在笔先，甚至教师的提问本身就隐含着强烈的价值暗示性。例如有位老师教学生"批判性思维"，给出一个材料与结论之后，便提出了一个问题：作者的观点有没有偏颇的地方？这个问题看似合理，实际上隐含着教师先在的价值判断，即教师已经在学生思考之前认定这个结论是"偏颇"的，那学生的思考只会朝教师所说的"偏颇之处"进行，即找出证据，回答教师的问题。这实际上在无形之中已经认同了教师的"作者观点偏颇"的结论。这种思维恰恰违背了本节课的教学内容——批判性思维的培养。或许，教师认为只有从反面思考，才能培养学生的批判性思维吧。正确的问法应该是"你认同作者观点吗？请说出理由"。那学生的答案就会出现交锋，批判性思维就在交锋之中培养起来了。

在阅读课上，教师"诱导"学生的原因在于教师对文本进行了过于主观化的解读。例如某教师指导学生阅读孙犁的小说《荷花淀》，别出心裁地从文化的角度进行解读，将小说隐含的"中和精神与中和之美"作为教学内容，认为中和的基本思想是教人处理好人与自然、人和人、人与自我之间的关系，使之处于协调状态，即教人学会诗意地生活，诗意地栖居。而孙犁的小说分别从人与自然、人与人、人与自我三个角度诠释了"中和之美"。文本"中和之美"的结论，是教师通过阅读文本，结合中国传统文化精神进行思考的结果，是一种发生在课堂之前的行为。对于学生而言，其阅读的真切感悟与疑惑，都被教师忽略了。整节课，教师所要进行的，无非是诱导学生思考已经存在的结论，最终实现一个"皆大欢喜"的结局。

对于这节课而言，一般人可能仅仅停留在其他读者的现成的阅读答案中，而这位教师经过细读文本，把握文本的深层内涵，从文本的细节处入手，读出了文本的丰富的意蕴。教师用自己的"语文味"理念去解读文章，读出了令人信服的深层蕴含，这是因为作品和教师的理论视野产生了"视界融合"。在解释学理论家看来，文学作品在经过阅读之前，只是一个固定的客体，只有经过阅读才能成为"文本"。正如伽达默尔认为，任何特殊的视域并不是自身封闭而一成不变的，它们都从属于一个无所不包的大视域，因此不同视域的差异性恰恰导致自身界限的跨越而向对方开放，这就是"视域融合"。① 他将这种融合看作作者与文本间的平等对话。在此，文本不是一个纯粹的客体，而是一个准主体，它向读者提问并回答读者的问题。

应该说，课堂上的"诱导"行为，不一定具有负面价值，毕竟，教师运用自身的知识与学术洞察力，解读出了文本不一样的意蕴，这是值得肯定的。而且，大多数语文课堂还远远达不到这样的境界与高度。但这并不意味着任何一种解读都是合理的，解读并非随意。就像上述关于《荷花淀》的教学内容，就非常值得商榷。在笔者看来，这无异于割裂文本，断章取义，既忽视了小说本身的文体特征，也背离了语文课程的性质与标准。

最近十多年，中学语文界出现了一大批具备一定的语文课程理念或语文教学理念的教师。现在，中学语文界出现了各种"语文"，例如"情美语文""导读语文""轻简语文""本体语文""导学语文""创美语文""文化语文""本色语文""绿色语文""诗意语文""简约语文""生命语文""人文语文"等。这些不同的"语文"，有的是教学方法，有的是教学内容，有的是教育理念等，于是一个问题出现了：教师如何在课堂上贯彻自己的教学理念？如果每一节课都要实现自己的独特的语文观，那势必会出现"诱导型课堂"。而越是有才华有创造性的教师，"诱导"的可能性也就越大。教师对文本的解读超过了一定的界限，教师成为整节课的"导演"和"编剧"，控制着课堂的进程与课堂细节，并且成为学生思维的"向导"，这时，就要警惕课堂上的"诱导"行为了。毕竟，课堂不仅是

---

① 朱立元：《当代西方文艺理论》，上海：华东师范大学出版社，1997年版，第280页。

教师展示才华的舞台,更是学生真切发生学习行为的场所。

二、支架:以学情为逻辑起点

"支架"是王荣生教授提出的概念。他曾说:"一篇课文的教学内容,从学生的角度讲,可以归结为以下三句话:学生不喜欢的,使他喜欢。学生读不懂的,使他读懂。学生读不好的,使他读好。也就是说,老师要教的,是学生不喜欢的地方、是学生读不懂的地方、是学生读不好的地方。"[①]也就是说,学生通过这节课,上课前和下课后的能力有了明显的提高,这节课就是有效的。如果说学生听了这节课之后,以前是什么样子现在还是什么样子,这节课的效果何在?或者说,教师在教学过程中应该提供支架,学生读不懂的,教师提供了支架,学生读懂了,这就是有效。

阅读教学中的支架,在王荣生教授看来就是提供学生理解、感受所需要的百科知识;帮助学生增进对文本的理解与感受;指导学生形成所需要的阅读能力。[②] 拿起一首诗,课前学生读不明白,或者一知半解,但是经过教师的讲解,学生读懂了,这就是支架;学生读不懂诗歌,用了教师的解读技术,现在比以前懂了好多,这就是支架。支架,可以是某种特定的陈述性的知识,也可以是某种流程的程序性知识,也可以是培养某种能力所使用的方法与技巧。而这个支架如何提供给学生,那就涉及课堂教学的过程问题了。有的教师习惯于将支架直接甚至强迫性地提供给学生,这其实是满堂灌的思路;有的教师习惯于

[①] 王荣生:《阅读教学设计的要诀:王荣生给语文教师的建议》,北京:中国轻工业出版社,2015年版,第109页。

[②] 王荣生:《阅读教学设计的要诀:王荣生给语文教师的建议》,北京:中国轻工业出版社,2015年版,第98页。

在引导的过程中将支架无形地传给学生,这是引导者的思路;有的教师习惯充当帮助者,帮助学生理解文本,培养能力。

  而这一切的起点,就是对学情的把握。"诱导型课堂",其起点不是学生真实的水平,而是自我的独特的教学观念,备课时教师想的是如何将自己的教学理念贯彻到课堂中去,但是"支架型课堂"的起点是学生的实际水平。王荣生教授认为,要将"以教的活动为基点",逐步地转变为"以学的活动为基点"。以此为起点,在教学内容选择上,要考虑学生需要学什么;在教学设计的环节,则要考虑学生怎样学才能学得好。具体说来,语文教师备课的功夫,要花在学生学习起点的辨认上,要花在学生的学习重点,也就是一节课最终形成的学生学习经验的确定上,要花在2—3个环节的把握上,要设计2—3个能够使学生充分展开学习的教学环节。[①] 而这2—3个环节,其实就是教师应该提供给学生的支架。

三、两种课堂形态的价值辨析

  对于这两种不同逻辑起点的课堂形态,简单的对与错都无法概括其内在价值。首先,教师有"语文观",这是值得肯定的,这是教师专业发展水平的标志,是教师对语文课程与教学进行理性思考的结果。但在形成和实现"语文观"的过程中,一定要就事论事,不能用自己的"语文观"去解读所有的文本,如果从刘心武的短篇小说《等待散场》中读出了"岭南文化与世界文化相融合"的主题,那么这节课就不能说体现了"文化语文"的理念。

[①] 王荣生:《求索与创生:语文教育理论实践的汇流》,济南:山东教育出版社,2013年版,第277页。

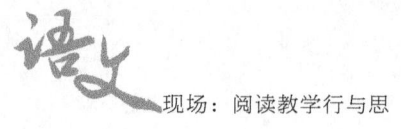

其次,"诱导型课堂"和"支架型课堂"都讲究预设的教学目标和教学内容,但前者的目标是一种建立在教师的主观理念甚至是独特的语文理念的基础之上的,或者说,目标就是教师的"语文观";而后者的目标是建立在学生的已有的阅读经验与文本的体式特征基础之上的,或者说,教学内容来源于学生的学情与文本体式。从教学目标与教学内容的角度看,"支架型课堂"更符合语文教学的原则与规律。

再次,从课堂上学生行为的表现来看,两种课堂都发生着学习行为,都会产生相应的学习效果。但"诱导型课堂",是教师"教"的课堂,以教为主,以学为辅;"支架型课堂",才是学生"学"的课堂,以学为主,以教为辅。当代美国教育哲学家J.S.布鲁巴克曾经说:"最精湛的教学艺术,遵循的最高准则就是让学生提问题。"实践证明,学习效果最好的课堂应该是主动、自主地学习,被动学习、思考甚至强迫式、限制式的学习与思考,效果可想而知了。

诱导与引导,一字之差,隐含的教学观念大不相同。前者是学生自觉不自觉地朝着教师预先设定的结论方向思考,后者则是教师顺着学生的思路进行相应的点拨。但愿语文课堂上,多一些引导行为,少一些诱导行为。

(本文原载《新课程研究》2016年第12期,略有修改)

意"外"之处见匠心

——从肖培东教《孔乙己》说起

偶然一个机会,我读到了肖培东老师发表在《七彩语文中学语文论坛》2016年第4期上的一篇文章,即《"店内外"的快活空气——〈孔乙己〉教学花絮》。文章是作者自述如何敏锐捕捉课堂上的"意外"状况,进而实现教学创新的案例。反复阅读此文,突然想到了一个关于教学匠心问题。所谓匠心,就是一种独特的构思和创造性技艺。教学匠心是教师在教学过程中的别出心裁之处,是建立在深厚的教学功底之上的微妙灵感与创新思维。对于一节课来说,教师的匠心究竟来源于哪里呢?

"读完《孔乙己》,关于小说的主人公孔乙己,你最记得的是什么?"上课伊始,肖老师就抛给初二学生一个问题。按照其最初设计,本节课将从"记"入手,以此为突破口,或者说以此为线索,将小说的人物、主题、细节贯穿起来。单从这个最初的设计来看,就令人叹服。一般老师教小说,无非就是按照"小说三要素"的套路,请学生概括故事情节,然后抓住小说中各种各样的描写,分析人物形象和环境描写段落,过渡到小说主题的探究。高明的教师,则可能参考钱理群、孙绍振等名家的解读,从叙事视角的角度,分析小说的艺术特征。而肖老师则从一个不起眼的"记"字入手,切入点看似平常,实则独具匠心。因为这个字既与小说的文体特征相关,也与《孔乙己》的艺术手法相连,其教学智

现场：阅读教学行与思

慧可见一斑。

可惜，如此精彩的设计在课堂上依然遭遇了"冷场"。肖老师马上改换了一种问法："你对孔乙己感受最深的是什么？"这种设问更为直接，不过学生的答案依然很零碎。这一点其实值得理解，初二的学生初次接触鲁迅先生有深度的作品，阅读感受流于表面，这是很正常的现象。但当学生的回答与教师的设计之间出现"隔阂"时，如果教师硬着头皮继续下去，或者生硬地将教学思路"扭"到自己的初衷上，不顾学情，那整节课有可能变成教师的独角戏，教学效果可想而知。而正在这个时候，一个"意外"出现了。一名学生在朗读"店内外充满了快活的空气"时少读了一个"外"字，读成了"店内充满了快活的空气"。缺少敏锐眼光的教师，可能只会纠正一下学生的朗读错误。但高手就是高手，高手的秘诀就在于能够随时用猫头鹰般锐利的目光捕捉任何可能发生的精彩意外。不出意外，这个"意外"被培东老师捕捉到了。

他在纠正了学生的漏字之后，开始抓住这个"外"字进行分析。按照常理，"店内充满了快活的空气"更符合小说的故事情境，因为事件发生的地点在酒店内。但作者为什么要说"店内外充满了快活的空气"，而且这句话在文中出现了两次？这显然是作者有意为之。当教师捕捉到这个"意外"后，原先的教学设计迅速调整，教师的驾驭课堂的功力显示出来了。我想，一般的教师在面对这个意外时，无非就是两种表现。第一种是根本没有意识到这是教学创新的契机，而当其他老师捕捉到之后，他们或许会说："我的课堂没有出现这样的契机，课堂自然就无从精彩了。"第二种是教师可能意识到了这是一个机会，但由于事先没有准备，特别是在公开课这样的场合，稳妥起见，还是将其忽略，继续按照原来的设计执行，这个"意外的精彩"也就擦肩而过了。

从这个意义上讲，能够意识到这是一个机会，并且有勇气、有胆识去捕捉这个机会，这是肖老师与一般教师的最明显的区别。当教师抓住这个自然而然的机会时,很多问题便接二连三出现,例如鲁迅先生为什么要写成"店内外"?店外究竟存在哪些人?这些人为什么在那里?这些人对孔乙己是什么态度?这"店内外"的"外",会让我们看出怎么样的社会众生图来?……这些问题的提出,实际上是将人物形象与故事主题从侧面"和盘托出"。对于学生而言,这是一个课堂上自然衍生的问题,他们更有探究的兴趣,于是从"快活的空气"到"悲凉的氛围",学生对小说的理解自然更深一层了。

一个不经意的课堂教学"小插曲",居然做成了这样一篇"大文章",这就是教学匠心的体现。面对这种"插曲",需要的是如有神助的灵感,是随机应变的技巧,更是长期积累的知识与素养,也是一种教学的自信与勇气。肖老师引用苏霍姆林斯基的名言说,"教育的技巧并不在于能预见到课的所有细节,而在于根据当时的具体情况,巧妙地、在学生不知不觉中做出相应的变动",进而他说,"在教学动态进程中,教师除了要把握好预设的教学环节外,还应突破原有设计,捕捉和处理好教学中产生的没有预见到的新的即时性问题,顺学而导,教中求变"。从契机这角度看,这种教学设计的转变,实际上是教师的教学匠心的体现。

如果我们再从文本解读的角度去分析,可能会发现更深层的意思。抓住"外"字进行解读、还原、假设、推理等,这本身就是文本解读的功夫。文本解读,并不是教师解读之后,将解读成果或巧妙或生硬地传授给学生。教师的解读固然重要,但教师不是唯一的解读者。就拿这个"外"字来说吧,或许培东老师此前并没有对这个字进行全面深入的探讨,当在课堂上捕捉到这个契机之后,便与学生展开了积极的对话。对话的过程,既是教师主动理解文本的过程,同时也是学生深入理解文本的过程。随着对话的深入展开,对文本的解读自然也就逐层深入了。

如果再换一种角度看,教师在与学生对话过程中理解"外"的过程并不是

现场：阅读教学行与思

孤立于整个文本解读之外的，如果没有对文本其他部分的深入解读，例如小说渲染的人与人之间的冷漠的社会氛围，小说揭示的孔乙己的悲剧命运等，即使敏锐地意识到"外"字值得解读，恐怕也无法在短时间内迅速调整思路、组织语言，将对"外"的解读与对整个文本的解读勾连起来。从这个意义上说，文本解读依然是教师教学匠心的主要体现。

总之，对于语文教师而言，教学的匠心首先来自教师对文本全面、透彻的解读与把握，而不仅仅是参考教参或网络资料。其次便是在对文本深入的解读基础上，进行巧妙的教学设计，抓住一个点或一条线，将教学内容串联起来，打破陈旧的教学模式与框架。只有这样，才能捕捉到课堂上不经意的"意外"，以此为突破口，将这种"意外"与整个的文本解读、教学设计结合起来，进而实现教学的创新。

（本文原载《语言文字报》2018年第1161期，略有修改）

教出词的独特味道来

——以《水龙吟·登建康赏心亭》教学为例

笔者在《中学语文教学参考》上读到某教师执教辛弃疾的词作名篇《水龙吟·登建康赏心亭》的教学实录。教师在教辛弃疾的这首词时,抓住了"登临意"这个主旨句,将背景解读、意象分析、手法分析、情感分析、细节分析等教学内容贯穿起来,体现了生成课堂的特点。特别是教师引导学生对"栏杆拍遍"中的"拍"的品读与赏析,令人拍案叫绝。本文拟从词的文体特征出发,阐述这类文体的教学理论与策略。

一、教出词的情感特征

王荣生教授在《依据文本体式确定教学内容》一文中说:"据我对课堂的观察,现在我们老师教'词',跟教'诗'差不多,而教'诗',往往又像教散文,一句一句解释诗句的意思。"[①]他提出要"教出词的味道"。如何教出词的味道呢?笔者认为有两条路径可以选择:

---

① 王荣生:《求索与创生:语文教育理论实践的汇流》,济南:山东教育出版社,2013年版,第254页。

现场：阅读教学行与思

一是朗读。周老师这节课上，有朗读的环节，也有朗读的指导，但主要是从声音的高低与体会词人的情感的角度进行点拨。实际上，朗读并非走进词的最佳方法，因为词是"倚声填词"，本不是为朗读而是为了唱，但唱词在中学语文课堂教学中的难度太大，我们只能退而求其次，用朗读代替演唱。尽管如此，朗读也要读出词的味道来。叶嘉莹教授认为，"真正好的词都是有一份委婉曲折、含蓄蕴藉之类的词"，①王国维也说："词之为体，要眇宜修。能言诗之所不能言，而不能尽言诗之所能言。诗之境阔，词之言长。"②所谓"要眇宜修"是一种修饰过的，最精致、最细腻、最幽微的美。因此，教师指导学生朗读，不能仅仅停留在声音和情感上，而是要带学生读出那种低徊反复的韵律与节奏来。

二是情感。周老师从"登临意"入手，通过分析意象、手法、动作、典故等，揭示出作者"北伐抗敌、恢复故土家园的强烈愿望，以及壮志难酬、报国无门、沉郁悲愤的心情"。总的来看，教师对情感基调的把握是准确的，但这种情感更像是散文的中心主旨，与词的情感表达方式略有不同。缪钺教授认为，诗与词的区别还在于：词是长短句，音节谐美，音乐性强，又因篇幅短，要求言简义丰，浑融蕴藉，故词体最适合于"道贤人君子幽约怨悱不能自言之情，低徊要眇，以喻其致"。③特别是对于慢词来说，更讲究时空交错、反复渲染、层层推进，这与诗、小令的单一、明快是不一样的。"楚天千里清秋，水随天去秋无际"，意境宏阔，带有豪放词的特点，但接下来的"献愁供恨，玉簪螺髻"就带有婉约词的特点。"落日楼头，断鸿声里，江南游子"带给人一种苍凉黯淡之感，这种悲哀在"把吴钩看了，栏杆拍遍"中转化为高亢激愤。这种悲愤，既有壮志

---

① 叶嘉莹：《唐宋词十七讲》，北京：北京大学出版社，2007年版，第325页。
② 王国维：《人间词话》，上海：上海古籍出版社，1998年版，第19页。
③ 缪钺、叶嘉莹：《灵溪词说正续编》，北京：北京大学出版社，2014年版，第43页。

难酬的愤懑,也有无人理解的悲哀。下阕中作者引用张翰的典故,不仅仅是不愿意辞官归隐,更带有无家可归的凄凉:张翰尚能回到故乡,而我的故乡早已沦入敌手,欲归而不得;引用许汜的典故,意在表明自己无家可归、报国无门而在南方"求田问舍"的羞愧之情;引用桓温的典故,则是表现时间流逝与报国壮志之间的矛盾。最后一句则呼应"无人会,登临意",情感上完成了一个"圆形结构"。可以说,教师只有把握到词作者内心那种欲说还休、反复低徊的情感,才算是触摸到了词这种文体的独有特征。

二、教出词的独特手法

词是一种抒情文体,与诗、抒情散文有共通之处,但词又是一种有个性的抒情文体。因此,在把握词的表现手法时,既要把握其一般手法,又要把握其特殊手法。把握词的特殊手法,仅靠过去诗歌鉴赏的知识与经验是不够的,还要通过阅读名家的赏析、解读文章,梳理出独属于词的表现手法来。

师:对,是这些"玉簪螺髻"一般的远山"献愁供恨"。山会不会有"愁"和"恨"?这里用的是什么手法?

生:拟人,借景抒情。

师:拟人是对的,但借景抒情不太恰当。山本来是不带喜怒哀愁的感情的,是词人把自己的愁恨移注到山中。这种将人的主观感情移注到客观自然之物中的方法叫移情手法。它是对象的拟人化与主体情感客体化的统一。[1]

应该说,教师能够引导学生区别"拟人"与"借景抒情"两种手法,前者是修

---

[1] 周志恩:《突破核心点 精研细节处——〈水龙吟·登建康赏心亭〉教学实录》,《中学语文教学参考》,2017年第31期。

辞手法，后者是抒情手法，而且从拟人的手法上升到移情的内在机理，这是十分难得的。"献愁供恨"的确带有拟人的特点，也是移情的结果，不过这种移情不仅仅是将人的主观情感移注到外界事物上，而是外物主动将情感注入到人身上。外物自然是没有感情的，没有感情的外物居然能够主动将愁恨"献出"，这不是普通的移情。正如夏承焘先生所说："写远山'献愁供恨'，实际上是作者自己看见沦陷区的山，想到沦陷的父老姊妹而痛苦发愁。但是作者不肯直写，偏要说山向人献愁供恨。山本来是无情之物，连山也懂得献愁供恨，人的愁恨就可想而知了。这样写，意思就深入一层。"①也就是说，教师在教表现手法这个点时，不能仅仅"输出概念"，或者生硬解释手法的概念内涵，而是要结合词句本身，揭示手法的内在原理以及运作过程。

而且，对于"遥岑远目，献愁供恨，玉簪螺髻"的赏析，如果是初中学生，把握移情这个点已经足够了。但对于高中学生来说，还需要进一步解释这句词的其他特征。按照正常的语序，这句词应作为"远目遥岑，玉簪螺髻，献愁供恨"，但为了照顾词的韵律，作者改为了现在的句式与顺序，用唐圭璋先生的话说，这是一种"倒卷之笔"："'秋无际'从'水随天去'中见，'玉簪螺髻'从'远目'中见，皆用倒卷之笔。"②所谓"倒卷之笔"，类似于现代汉语的倒装句式，即出于某种表达的需要将语序调换，这在古代诗词中是很常见的。"落日楼头，断鸿声里，江南游子。把吴钩看了，栏杆拍遍"其实也是"倒卷之笔"，正确的语序是"江南游子，落日楼头，断鸿声里，把吴钩看了，栏杆拍遍"。但如果按照这样的语序，无异于现代散文的一个段落了。打乱句子的表达顺序，正是希望建立一种新的语法规则与文体效果。在葛兆光先生看来："语言使共时的平行的世界

---

① 夏承焘：《唐宋词欣赏》，北京：北京出版社，2011年版，第98页。
② 唐圭璋：《唐宋词简释》，上海：上海古籍出版社，1981年版，第174页。

转换成一种直线的词汇系列,越是准确精密的、语法完整的语言越使世界的本相'变形',相反,那种语序省略错综的语言却表现的是深层结构即思维本初的原貌——而诗人希望的正是恢复这一体验世界。"①事实也是如此,如果是"江南游子,落日楼头,断鸿声里",那么"落日楼头,断鸿声里"便成为了"把吴钩看了,栏杆拍遍"这个动作的状语,只是揭示动作的背景。而原词的表达,则是将"落日""断鸿"与"游子"的意象并提,彼此之间便出现了一种互文的意味,即楼头的落日、哀鸣的孤鸿与流落江南的作者,构成了一种互相指称的关系。

三、教出词的特殊结构

对于一首词而言,引导学生分析词作的思想情感是首要的教学内容,但语文课不能仅仅停留在"作品写了什么"的层面上,还要深入到"如何写"以及"为什么这样写"的层次。夏丏尊先生曾说:"凡是文字,都是作者的表现。不管所表现的是一桩事情、一种道理、一件东西或一片情感,总之逃不了是表现。我们学习国文,所当注重的并不是事情、道理、东西或情感本身,应该是各种表现方式和法则。"②王尚文教授也说:"语文教学的聚焦点应该是话语形式,即'怎么说',而非'说什么'。"③"怎么说"既包括篇章整体的创作过程与方法,同时也包括段落与语言内部的构成规律与技术。周老师对此显然有清醒的认识,并在教学过程中着力贯彻这一点。教师先请学生找到主旨句"登临意",并引导学生分析表现手法、把握意象与典故、品味炼字等,"言语内容"与"言语形式"达到了有机的统一。如果"求全责备"的话,笔者认为周老师的"怎么说"缺少

---

① 葛兆光:《汉字的魔方》,上海:复旦大学出版社,2016年版,第53页。
② 夏丏尊:《夏丏尊教育名篇》,北京:教育科学出版社,2007年版,第151页。
③ 王尚文:《关于语文课程与教学的十对关系(上)》,《课程·教材·教法》,2008年第5期。

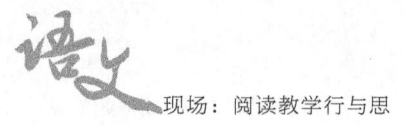

了一个重要维度,即词作的结构。

从这首词的整体结构来看,上阕侧重于写景,下阕侧重于抒情言志。当然,这只是一种笼统的区分。因为上阕不仅仅有景物描写,还有作者本人的动作以及心理活动。不过这种并不十分精确的结构划分,恰恰能够从整体上把握这首词的基本组成部分。而"写景+抒情"其实也是中国古典诗词最常见的结构形式。"无人会,登临意"正好是"写景"与"抒情言志"之间的"过片"。所谓"过片",一般是一首词下阕的开头。但在此处,"无人会,登临意"显然发挥着承上启下的过渡作用。也就是说,"登临意"既包括上阕中漂泊江南的孤寂与壮志难酬的愤懑,也包括下阕典故中暗含的情感。

从具体的段落来看,上阕从水写到山,从无情之景写到有情之景,至"献愁供恨","由纯粹写景而开始抒情,由客观而及主观,感情也由平淡而渐趋强烈"。① 也就是说,段落内部依然是有结构的。从"客观之景"到"主观之景",也符合作者创作的心理规律。从另一个角度看,作者写水写山,是一种全景式的展现与描绘;而写"落日楼头,断鸿声里,江南游子"则是一种近景,就像是电影镜头,从大全景收缩至具体的个体,最后又对个体进行特写式的展现,即"看"与"拍"的具体动作。这种观察视角的频繁转变,在散文和小说中很常见,但在绝句与律诗中,并不多见。即使是下阕的用典,也隐含着某种"空间结构"。例如张翰的典故与许汜的典故,按照时间顺序应该是许汜在前,张翰在后,但作者意在表达:我不能像张翰那样回乡隐居,因为已经无家可归;又为自己在南方"求田问舍"的行为感到羞愧。这样,"北方的故乡"与"现在的居所"之间的联系,也为两个典故之间建立起了内在的关系。

当然,除上述三点之外,这首词将"楚天千里清秋"的淡远宏阔、"玉簪螺

---

① 夏承焘:《唐宋词欣赏》,北京:北京出版社,2011年版,第99页。

髻"的清新柔婉、"把吴钩看了,栏杆拍遍"的愤激以及"红巾翠袖,揾英雄泪"的柔媚宛转多重风格糅为一体,"语气时而舒缓,时而激烈,时而反问,时而牢骚,塑造出词人复杂的个性形象和痛苦的内心世界"。[①] 这一点也是这首词的独有味道

---

① 葛晓音:《唐诗宋词十五讲》,北京:北京大学出版社,2013年版,第268页。

"导读"与"解读"的变奏
——品赵富良老师的《行路难》教学课例

赵富良老师的《行路难》教学课例,[①]不仅是教师文本解读的典范,同时也是教学导读的典范。在"解读"与"导读"的艺术中,教师的功底与匠心,都展现得淋漓尽致。

一、有效的导读:在学生读不好的地方"导"

"语文导读法"是钱梦龙老师的教学主张,在他看来,"导"者,因势利导也,就是要求教师必须顺着学生个性发展、思维流动之"势",指导之、引导之、辅助之、启发之,而不是越俎代庖、填鸭牵牛。[②] 换句话说,"导"与"牵"是不同的,"牵"是要诱导或指示学生前往固定的结论,"导"则是引导学生顺应本性以及文本的脉络,得出自己的结论。

在实际的教学中,文本的难点需要教师的"导",但更为重要的是,学生自以为读懂、实则没有读好的地方,更需要"导"。优秀的文本总是微言大义,在

[①] 赵富良、周正梅:《〈行路难〉教学实录与点评》,《七彩语文(中学语文论坛)》,2016年第3期。
[②] 钱梦龙:《钱梦龙与导读艺术》,北京师范大学出版社,2016年版,第43页。

含蓄的表述中蕴含着无穷的韵味,如果用平常的目光去赏读,势必读不出文本的味道。此时,教师的导读就格外有价值。对于诗歌文本而言更是如此,学生能理解诗意已非易事,要读出细微之处的含意,更需要教师的"导"。

对于李白的《行路难》,教师引入了一个新的提法"大唐梦",然后从诗歌题目入手,请学生从诗中寻找直接表现"行路难"的句子,当师生的目光集中在"欲渡黄河冰塞川,将登太行雪满山"时,教师精湛的"导读"艺术开始了:

师:我来问一个比较有意思的问题,"欲渡黄河","将登太行",第一句写黄河,第二句写太行山,一河一山,我们能不能把它们写成同一类事物?比如都写成河流,"欲渡黄河冰塞川,将过长江雪满天",行不行?

生:不行。我觉得黄河和太行是两类不同的事物,代表着不同的困难,如果同写河或同写山就代表是同一种困难。

师:有道理。如果只写一种,就会显得很单薄,不够典型,不够全面。

师:好,为什么一定要在这里写"黄河"和"太行"呢?我们同学最熟悉的河是秦淮河,山是紫金山,我们能不能把原句改成"欲渡秦淮冰塞川,将登紫金雪满山"?

生:我觉得不能。因为黄河是我们的母亲河,太行山是重要的山脉之一,这都体现了李白当时对自己前途的一种憧憬,还有他胸怀天下的一种抱负。

师:也就是说,黄河、太行照应了他的——

生:大唐梦。

师:很好。改成"秦淮""紫金"那就是"小唐梦"了。还有没有别的理由?

生:欲渡黄河,要比渡秦淮河更加艰难,将登太行,要比登紫金山更加凶险,如果改成"秦淮""紫金"的话,就体现不出他的"行路之难"。

师:也就是说"欲渡黄河""将登太行"还点出了行路难。

现场：阅读教学行与思

师：世间之路恰如人生之路，李白为了实现他的"大唐梦"，确实经历了难以言说的行路难。

其一，教师是在看似无疑之处进行有效导读。从字面上看，这两句诗并不存在理解上的难度。但语言表层的理解，并不意味着深层意味的理解。或者说，如果从理解与鉴赏的角度，学生能够把握这句诗的静态层面上的既定意思，但如果从创作的角度看，我们就要引导学生去思考：作者采用了什么样的言语形式去表达，为什么要采用这样的形式？这恰恰是学生"自以为知，其实不知"的盲点。就拿着这句诗来说，学生能够读出它与行路难的联系，但未必能够从言语表达与形式上思考，即作者为什么要选取"太行"与"黄河"的意象去表达？

其二，教师在导读时，用到了"换词法"。换词比较，是一种有效地激发学生思维的艺术。将"太行"的意象换成"长江"，学生立即发现"长江"与"黄河"之间的同质性，这就不能全方位地表现行路难的强度。当师生的目光聚焦于意象本身时，教师进行了第二次换词，换词不是盲目的、随意的，而是要实现一定的解读功能，实现教师的导读意图。当教师引导学生用身边的"秦淮""紫金"替换原诗中的"黄河""太行"时，学生立即将"黄河""太行"与作者的"大唐梦"有机结合了起来。

其三，当学生理解了诗句本身的意思后，教师并未停止，而是适时抛出了这首诗的写作背景。很多教师在讲这首诗时，总是习惯上课伊始就介绍作者与背景。殊不知，在学生接触文本前抛出背景材料，对学生理解诗歌是有害的，不利于阅读能力的养成。而当学生把握了诗句的含意之后，再辅之以背景材料，就会有一种豁然开朗的特殊效果。教师的教学匠心，可见一斑！

二、有效的导读：在学生读不全的地方"导"

诗歌具有凝练性，往往用高度概括的艺术形象与极其精练的语言抒发作者内心的情感。这也意味着学生在把握诗意时，可能会出现不全面、不完整的情况。这一方面与学生本身的理解力有关，另一方面与诗句或意象包含的信息有关。不论哪种情况，教师都要适时点拨，这往往是一种有效的导读。

例如本诗中的"闲来垂钓碧溪上，忽复乘舟梦日边"，这两句诗是用典，教材注释不仅解释了典故的内涵，而且还指出："这两句诗写诗人自己对从政仍有所期待。"但作为注释，不可能提供更多的信息，学生要想读出更为细致、更为微妙的含意，还需要进行深入的解读。

师：河山只能在我的梦里，"大道如青天，我独不得出"，不如归去了，我就去隐居吧！"闲来垂钓碧溪上，忽复乘舟梦日边。"在这里，李白写了两个隐士，一个是姜太公，另一个是伊尹。当我们提到隐士的时候，我们就会想起八年级教材中的——

生（齐）：陶渊明。

师：李白为什么不写陶渊明呢？为什么他却写姜太公和伊尹？

生：因为这时候李白还是心怀大志的，他不想像陶渊明那样完全归隐深山，他还是想报效朝廷，为国效力。

师：如果换成陶渊明就变成了——

生：就变成了真的归隐山林，但是李白不想这样。

师：还有吗？我们要特别关注一下注释中姜尚和伊尹的年龄，我们以姜尚为例，姜尚多少岁被发现？

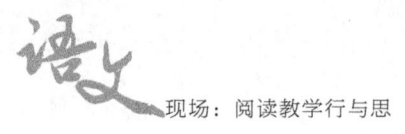

生:80岁。

师:李白现在才多少岁?

生:43岁。

师:李白的言下之意是什么?

生:现在不是无法做官,只是时候还没有到,如果时候到了,自己一定是可以做宰相的。

师:对,姜尚80岁才被发现,"我"现在才43岁,"我"还很年轻,"我"还有的是时间。那么我们又该怎样朗读这两句呢?

生:我觉得这里应该读出一种安慰,一种期待。

师:"期待"(板书)!

其一,教师不仅引导学生比较姜太公、伊尹和陶渊明的隐居的不同之处,从而挖掘作者内心的真实情感与期待。在比较之中,读出了"行路难"中的李白,其实还有奋斗的豪情壮志,现实并未将他彻底打倒。理解了这一点,才能品读出"闲""忽"两个词在情感表达与诗歌结构方面的特殊作用。

其二,教师引导学生不仅关注典故的整体意义,同时还抓住个别细节进行深入分析。其中对姜太公与李白进行年龄上的对比,堪称神来之笔!伊尹被商汤委以重任的时间不太确定,但教材注释中明确提出"吕尚80岁时在渭水的磻溪垂钓遇周文王"。教师将两个人的年龄进行一番对比,就更能引导学生体会李白当时交织着愤懑与期待、失意与憧憬的复杂情感,而且能够把握作者的情感在诗中的转折与变化。

这些文本的幽微处,显然是学生未必能够全部掌握的,对于这些文本中的"空白点",学生没有能力完成"填空"时,就需要教师有效的导读。或者说,当学生读不懂时,教师的导读犹如"暗室逢灯";当学生读不好时,教师的导读犹如"醍醐灌顶";当学生读不全时,教师的导读更像是"雪中送炭"。

三、有效的导读与精深的解读

教师有效导读的前提是自己对文本有较为全面而独到的解读,如果教师没有对文本进行深入解读,完全按照教参或网络资料照本宣科,就无法捕获学生容易读不好、读不全的细节,即使学生遇到这些情况,教师也将束手无策。从这个意义上讲,精神的解读是有效导读的前提与基础。

师:理想值得人去期待,然而现实却无比残酷。"行路难!行路难!多歧路,今安在?"这四句和前面诗句在形式上有着明显的不同,有什么不一样?

生:这里是三字一句,前两句还是重复的。

师:你说李白为什么要突然变一个形式?

生:为了加强他自己的感情,对世事艰难的感慨。

师:(点头)我们尝试着把它变成七个字。在两句之间加个"啊",我们来读一读。

生:(齐):行路难啊行路难,多歧路啊今安在?(一片感叹之声)

师:我们再来看看李白的版本。

生(齐):行路难!行路难!多歧路,今安在?

师:有什么不同?

生:三个字的短句更有气势,更能抒发出自己的愤慨。如果改成七个字的话,就只有一种哀伤无奈。

师:说得很好!我们连在一起把四句再读一读。

其一,教师能够引导学生关注这句诗的言语形式,并且通过添加"虚字"的方法,引导学生把握言语形式背后的情感。这是一种有效的导读,这种"有效"的前提一定是教师对"行路难!行路难!多歧路,今安在"这句诗有一定的解读，特别是对短句这种独特的形式有自己的见解，从而引导学生比较分析两种表述的不同之处。类似的细节还存在于对"停杯投箸不能食"一句中"投"字的解读上，"投"不是普通的"搁"，更不是无情感成分的"放"，而是带有力度的摔、扔等动作。体会这个"投"字，学生自然能够把握作者这一动作背后的极度愤懑的情感。

其二，教师在引导学生比较两种不同的表述时，并没有过多的理性分析，而是反复强调学生要读一读，在不断的、反复的朗读中，教师引导学生透过言语表层去体会作者隐秘的内心世界。朗读虽然不是真正意义上的解读，但对于初中学生来讲，也是非常有效的导读方法。不过，如果教师能够将这四个短句与其他句子进行比较阅读，并且抓住这首诗"歌行体"的文体特征，就更能把握长句与短句相间产生的表达效果。或者说，三个字的短句不仅具有"本句话"的抒情效果，同时还有整首诗的抒情效果与文体形式的功能。

总之，"解读"是前提性、基础性工作，是教学前的教学内容、教学流程的准备，而"导读"是教学的艺术，只有"充分的解读"转化为"有效的导读"，阅读能力的培养才能落到实处。这也正是赵富良老师这节课最有魅力之处！

表层滑行,还是聚焦探究?

——从《山中与裴秀才迪书》的教学说开去

新课程改革以来,多数教师对"用教材教"有了更为深刻的认识,但对于"教什么"即教学内容的问题思考得不是很深入。教学内容不清晰,直接导致教师在组织课堂教学时思路不清,甚至逻辑混乱。笔者此前听一名新教师教王维的《山中与裴秀才迪书》,发现教师的基本功很扎实,教学思路也很清晰。但部分环节与细节带有浓重的经验与感觉的成分,没有从学理的角度进行思考,笔者试从三个角度进行详细分析。

一、从言语形式的视角重构教学内容

《山中与裴秀才迪书》是一篇优美的书信体写景散文,并非纯粹的文言文。因此教学重点显然不应该放在文言字词与语法上,而是要从文体的角度挖掘文本的教学价值。本节课上,教师把"赏析景物描写,分析作者情感"作为主要教学内容。从古代散文教学的意义上,这个内容基本符合本文的文体特点。但问题是如何赏析,如何分析?

景物描写是本文的写作亮点,也是本文的教学价值的载体。教师首先展示了一幅山中冬夜图,然后请男生齐读第二段,接着请一名女生用语言描绘画

现场：阅读教学行与思

面的具体内容。在进行这个板块的教学时，教师又围绕以下三个问题具体展开：

1. 这段话分别写了哪些景物？
2. 作者是如何描写景物的？
3. 作者笔下的整幅画面的意境特征是什么？

学生分别回答三个问题之后，教师便进入对第三段的赏析，步骤与此相似。仔细分析这三个问题，第一个属于"提取信息"，学生很容易从文本中列举出相关景物。第二个问题集中在手法上，学生也很容易从远近结合、动静结合、视听结合等角度进行回答。请学生从自己的知识积累中"提取"出某种手法，并且在文中"印证"自己的判断，这是目前古诗文教学中常规做法。第三个问题其实是概括整幅画面的特征，最好能够用双音节词概括。从表面看，这三个环节有概括能力的培养，有写作手法的知识积累，也注重分析能力的养成。实际上，这三个环节有一个最核心、最根本的问题：在"信息表层"和"写作手法"的层面上滑来滑去，脱离了文本的言语表达，从而未能真正走进文本，自然也未能走入作者的内心世界。

从课程性质的角度讲，语文课就是要培养学生运用语言文字的能力，其实也是一种言语能力，这是语文课区别于其他课程的最大特点。不论是写作手法，还是情感分析，特别是对于这种充满了个性化表述的散文，教师不能抛开言语形式，直接走进言语内容，甚至走到文本之外。例如"北涉玄灞，清月映郭。夜登华子冈，辋水沦涟，与月上下"一句，不能仅仅停留在写了月、华子冈、水等景物，也不能仅仅从描写的角度进行手法分析，而是要从独特的言语表达与形式入手，还原当时的情境，把自己代入独特的语境中，去感受这一篇散文的独特的氛围与情感。"清月映郭"，为什么是"清月"而不是"明月""朗月"，"月"为何用"清"修饰，与当时的整体氛围关系何在？"辋水沦涟"，为什么用

"沧涟"而不用"起伏"？"寒山远火""深巷寒犬"给人什么感觉？作者为什么一直强调"寒"，仅仅是揭示季节特征吗？

如果结合第三段作者虚构与想象的"春景图"，再去分析作者在言语形式上的特点，就更值得品味与分析了。经过对比分析我们可以发现，第二段的景物描写，一般是两句话表达一个整体的意思，即逗号隔开的两句话，实际上主语一致，或者说前一句话是后一句话的主语。例如"辋水沧涟，与月上下"一句表达一个意思，主语是"辋水"，而"寒山远火，明灭林外"一句表达一个意思，主语是"远火"。第三段则是每四字的句子表达一个完整的意思，主语相当明显，不存在标点符号上的停顿。或者说，第二段的景物描写节奏缓慢，第三段的景物描写节奏急促。个中原因何在？与本文的文体特征有何关系？这也需要教师引导学生从言语形式的角度进行深入分析。

也就是说，语文教学内容的确定，不能抛开言语表达与言语形式，直接进入文章学知识或作者的情感之类的内容。言语形式，是通向教学内容的主要通道。

二、从问题整合的角度组织课堂教学

当教学内容明确之后，教师就会从教学设计、教学组织等层面实现教学内容的价值。讲授型课堂直接呈现教学内容，然后运用行为主义的教学原理，进行知识迁移；而启发式的课堂讲究问题设置，注重问题探究的过程，在探究的过程中建构自己的知识与素养，这实际上是建构主义的教学观，当然也是新课程改革以来推崇的教学方式。本节课中，教师多用提问式教学，试图调动学生的思维，但在问题设置上缺少整合意识，从而出现了"满堂问"的现象。

除去无意识的小问题，教师在本节课一共设置了如下问题：

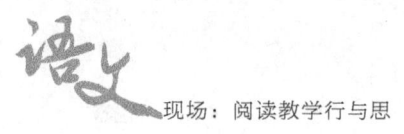

现场：阅读教学行与思

1. 这封信的主要内容是什么？在文本中有无证据？
2. 这是一封书信，为什么绝大篇幅都在写景？
3. 第二段写了什么景？怎么写的？描写的景物有什么特点？
4. 第三段写了什么景？怎么写的？描写的景物有什么特点？
5. 作者为什么在写完冬景之后还要虚构一幅春景？
6. 作者为什么要邀请裴迪前来山中？
7. 本文的景物传达了怎样的"深趣"？
8. 你认为裴迪会不会赴邀？
9. 如果你是裴迪，你会如何给作者回信？

不能说这些问题完全没有价值，也不能说问题之间没有一定的逻辑关联，但问题太多，教师对问题没有进行分类整理，仔细分析问题之间的统领关系，于是学生对于每个问题的回答都没有经过深入思考，简单回答一下就直接"滑入"下一问题。这也是一种典型的"表面滑行"。

实际上，这篇文章只有一个核心问题，也是最值得探究的问题：这是一封书信，为什么绝大篇幅都在写景？首先，这个问题将本文的文体特征与内容联系在一起，书信有自己的实用功能，那么景物描写的作用与书信的功能有没有联系？这一点值得探究。其次，这个问题，进，可以整合与景物描写有关的问题；退，可以整合与书信、邀请有关的问题；守，还可以用"深趣"将二者结合起来。进退有度，收放自如，自然有探究的价值。再次，这个问题还可以进行适度拓展，例如：你能不能用同样的方式给作者回一封信？这样，上述九个问题，实际上可以有机统整为一个核心问题。聚焦问题，更有助于问题的解决，从而有助于实现文本的核心教学价值。

当主问题出现时，教师要留有探究与讨论交流的时间，要将学生的思维聚焦在这个主问题上。而这个主问题，不仅关涉文本的核心教学价值，同时也关涉课堂教学的组织形式。思路清晰的课堂教学始终贯穿着一根红线，将不同的环节"串"起来，而思路混乱的教学，则是东一榔头西一棒槌，满堂提问满堂回答，看似内容丰富，实际上都没有进行精心思考与深入分析，从而无助于知识的建构。

三、从学生观的角度进行学习状态的关注与调整

学生观，实际上就是在课堂教学中学生的地位与作用。以学生为中心，意味着要关注学生的学习状态。王荣生教授说："一篇课文的教学内容，从学生的角度讲，可以归结为以下三句话：学生不喜欢的，使他喜欢。学生读不懂的，使他读懂。学生读不好的，使他读好。"对于语文教学而言，教师不仅要关注学生与文本的对话及其效果，也要关注学生自身的学习状态。对于每一节课，课前要思考"这节课要教什么""学生要学什么"，课后则要反思"这节课实际教了什么""学生实际学到了什么"。

学习状态首先要表现在知识与能力方面。通过一节语文课的学习，学生有没有获得新知识，包括陈述性知识与程序性知识，有没有在情感与态度方面受到熏染，有没有获得某种语文经验，这关系到一节课的价值。在本节课上，学生不论是分析作者的情感，还是概括写作的手法，依靠的还是过去的知识与经验。在整个学习过程中，学生并没有获得新的知识与能力，于是在"给裴迪回信"的环节，学生依然运用的是过去的语言积累与语文经验，并没有运用"本节课的收获"完成相关的学习任务。尽管语文学习是一个慢过程，但并不代表每一节语文课都是低效率的单调的重复，而是要尽量帮助学生建构新的语文经验，获得新的语文知识与学科素养。

学习状态还表现在学生的文化心理以及课堂的整体氛围上。一般来说，

　　轻松活泼的课堂氛围有助于激发学生的思维，但轻松活泼并不是恶搞。由于时代与文学的隔膜，学生对文本关注的重点可能会发生偏差。例如本节课中，"携手赋诗，步仄径，临清流也"原本是过去友情的重现，在某种经历中作者希望唤起裴迪的"清妙天机"，但网络时代的学生对于"携手赋诗"产生了理解性偏差，甚至是恶意搞笑。原本是凄清静谧的意境，原本是超凡脱俗的情趣，原本是清新高雅的韵味，结果变成了阵阵恶趣味的笑声。对于学生这种学习状态，教师应及时引导学生回归文本，对学生的"故意"的理解性偏差进行纠偏，回归到文本的整体氛围中来。但由于缺乏对学生文化状态的敏感，教师对这一细节未能及时处理，影响了课堂的整体氛围。

　　对于课堂教学的某些细节，教师也需要及时关注。就拿朗读来说吧，对于这样一篇优美的散文，朗读要读出节奏感，第二段要读出舒缓的味道，第三段则要读出某种急切的心情，而不是全程运用同一的语调与节奏。如果教师没有条件范读，就要借助多媒体的手段，或者引导学生进行朗读，甚至在反复朗读中揣摩作者的情感与意图。例如"斯之不远，倘能从我游乎"，既有急切之情，又有试探之意，教师就要引导学生在揣摩句意的基础上读出相应的情感来。

　　总之，以教材课文内容的教学，要在深入解读文本的基础上确定核心教学内容，以实现文本的教学功能，而在组织教学时，要关注教学环节的逻辑性以及学生的学习状态。任何一个环节的教学，都需要沉潜下去，而不是在文本的表层"滑来滑去"。

（本文原载《七彩语文·中学语文论坛》2018年第2期，略有修改）

群书阅读：整本书阅读的创新思路与策略
——以谭妙蓉老师《感受"立体"的民国世界》为例

"整本书阅读"已经作为高中语文教学的"任务群"出现在 2017 年版的《普通高中语文新课程标准》中，但其理论探讨与教学实践又不局限于高中学段，义务教育学段也有大批教师开启了探索旅程。深圳市福田区红岭中学的谭妙蓉老师，创造性地将"群文阅读"的理念与"整本书阅读"有机融合，形成了一种别具一格的"群书阅读"的思路与策略。笔者有幸在 2018 年 5 月份于"深圳福田课堂变革新生态全国展示活动"中听到了谭老师《感受"立体"的民国世界》一课，本文将在略述课堂内容的基础上，抓住几个值得探究的点进行深入剖析。

在上这节课之前，谭老师已指导学生认真阅读了萧红的《呼兰河传》、老舍的《骆驼祥子》、林海音的《城南旧事》三本书，本节课主要运用比较阅读的方法，通过对三本书中部分内容的探讨，引导学生关注小说反映的社会生活，了解民国时期的社会文化。在教学过程中，学生主要是抓住人物形象分享阅读感悟，并探究"异中之同"与"同中之异"，前者意在把握民国世界的共同之处，学生主要从衣食住行、思想情况、社会环境等角度进行探讨，后者则是从小说的主要内容和细节入手，探究三本书中的民国世界有何不同之处。

探讨一：群书阅读的"组文形式"

以单本书为阅读对象的"整本书阅读"，不存在"组文形式"的问题，但是将几本著作集中到一起，就存在着一个组文的依据与标准问题，即将这些不同的著作组合成"群书"的内在原因与策略。一般说来，组文方式的主要依据有作者、时代背景、风格、文体、主题、文学流派等。

很明显，在本节课上，谭老师是通过"民国世界"将三本书有机组合在了一起。老舍的《骆驼祥子》出版于1936年，萧红的《呼兰河传》出版于1940年，林海音的《城南旧事》出版于1960年，但三本书同时选择了20世纪20年代北方都市或乡村作为背景，其中《骆驼祥子》和《城南旧事》都以北平作为故事发生的地点。表面上看，谭老师是以"作品中的时代背景"作为选文依据的，实际上，三本小说之间不仅仅是故事背景的相似，在主题方面也有相似之处，那就是小人物在各自的生存环境中的命运起伏与挣扎，以及在挣扎与起伏的过程中反映出来的时代背景与个体情感。应该说，将这三本小说形成"群书"，是有依据的。

据谭老师介绍，下个阶段将开启《立体的"幻想世界"》的阅读旅程，教师和学生将集中阅读罗琳的《哈利·波特》、艾萨克·阿西莫夫的《基地三部曲》和中国作家刘慈欣的长篇科幻小说《三体》三部著作。阅读完之后，教师将从想象力培养入手，引导学生走进三本书的幻想世界。那么，这三部著作的"组文形式"则是相似的文类与文体。组文形式的不同，也意味着在此后的阅读与讨论过程中教学内容、教学流程与语文活动的不同，这也将大大拓展学生的阅读视界。

探讨二：群书阅读的"教学内容"

一般说来，在阅读教学中，教学内容的确定是第一位的，"教什么"决定"怎么教"。这三部小说，数十万字的篇幅，用一节课的时间来承载相应的教学内容，难度是相当大的。如何从海量的文字、不同的情节、无穷的信息中抽取"一节课"能够把握的教学内容，这需要教师智慧地处理学材，特别是"教师对教材内容'重构'——处理、加工、改编乃至增删、更换"。① 笔者认为，谭老师在确定教学内容方面，也有独到之处。

首先是依据作品的文体特征确定教学内容。这三部作品都是小说，教师紧紧抓住了小说本身的文体特征，对教学内容进行了精心的选择、布置。经典小说理论认为，小说是通过故事情节来塑造人物形象的一种文体，人物形象在小说阅读中应该占据中心地位，人物形象的塑造也是小说主要艺术成就之所在。于是在讨论的第一个环节，谭老师先将三本书中出现的主要人物组成了"人物长廊"，然后请学生说说哪些人物有相似之处，并谈理由。将人物形象作为突破口，一来是紧密结合小说的文体特征，二来学生容易把握，难度适中，自由度大，灵活度高，学生有话可说，也有利于促使学生进行个性化解读文本。在本节课的第二个教学环节"时代图景的构建"中，教师也是反复强调小说的定义，即"以刻画人物形象为中心，通过完整的故事情节和环境描写来反映社会生活"，那么把握人物形象之后，关注的重心自然转移到了"社会生活"的层面。

其次是注重"教学内容"的生成性。李海林教授认为："语文教学的内容并

---

① 王荣生：《语文科课程论基础》，上海：上海教育出版社，2003年版，第246页。

现场：阅读教学行与思

不是预先成形并客观存在于师生面前的,恰好相反,语文教学的内容,是必须由教学双方在教学实践中现实地生成出来的;语文教学的过程,也就是一个语文教学内容生成并完成的过程。"[①]在本节课中,教师只是提供了一个"内容框架",这个框架是学生学习的依据,但不是学习的主要内容。本节课的教学内容,是学生在教师的内容框架中,通过比较、分析等阅读方法,结合具体的人物与情节不断生发出来的。例如第二个教学环节"时代图景的构建"中,教师并未呈现自己理解的时代图景,而是通过"我看到了一个_____的民国社会"这个填空题目,激发学生"穿越时空"的兴趣与探究的热情。从这个意义上讲,教学内容实质上就是学生的学习内容。

探讨三：群书阅读的"语文活动"

如果将"感受'立体'的民国世界"作为一个学术讲座的题目,作为主讲人的教师势必要通过文本的解读,系统梳理作品中呈现出来的民国世界的主要特征,包括不同阶层的人的生活状况、各色人等的精神世界、当时的时代背景与文化状况等。但是作为课程与教学意义上的群书阅读,教师显然不宜通过"百家讲坛"的形式将已经解读、概括出来的民国世界和盘托出,继而"搬运"到学生手中。或者说,本节课的核心不在于立体的民国世界究竟是什么样的存在形态,而在于学生在阅读过程中对"民国世界"的建构过程。该建构过程的最主要的体现,就是语文活动的组织。

此处的"语文活动"不同于"语文综合性实践活动",侧重于语文课堂教学

[①] 王荣生、李海林:《语文课程与教学理论新探:学理基础》,上海:上海教育出版社,2008年版,第19页。

中的语言活动或者其他探究活动。在本节课中,谭老师设置了一个非常精妙的活动,引导学生进一步走进文本。为了进一步揭示三部著作在"大相同"背后的"小不同",教师请学生参与了一个猜谜游戏:

  大家猜猜看,这三本小说中故事发生的时间,哪个先,哪个后?请排序,并说出你的理由。(方法指津:可以回顾小说具体内容,找到相关材料佐证你的观点。)

  这对于学生来说,是一个极具挑战性的问题,而对于听课的教师而言,这又是一个充满争议的问题。在评课环节,有专家质疑该问题的学理依据,认为这个问题脱离了语文学科本位,没有结合小说的要素展开,而是将探究的矛头指向中国近代史。也有的教师认为这个题目本身就是无意义的,因为小说里的时代内容不能作为"立体的民国世界"的全部。但是在笔者看来,这个问题设计得是相当精巧的,它不仅将学生有效地引入到了文本的细节,同时也有助于拓展学生的文化视野,更有助于培养提升学生的思辨力。

  本节课的最后一个活动,设计得也很有意思,那就是"如果向家长、老师们推荐重读其中一本,你会推荐哪一本呢?"这个问题无形之中将阅读主体进行倒置,原本作为阅读主体的学生,现在转变为"推荐主体",学生的童心与天性被有效激活,课堂也在富有生命气息的讨论中结束了。

探讨四:群书阅读的"终极目标"

  谭妙蓉老师不仅是一位优秀的语文教学能手,同时还是广东省阅读推广"点灯人"。也就是说,谭老师的课,不仅仅着眼于学生考试成绩的提升,更在于提升学生的阅读能力,培养学生基本的阅读素养,从而将课堂教学作为点亮全民阅读的主要方式之一。

现场：阅读教学行与思

首先，教师十分注重学生阅读方法的养成。从大的方面讲，依据文体特征的阅读、比较式阅读等阅读方法，已经贯穿于课堂教学的每个环节；从小的方面来讲，教师每一个环节的设置、每一个问题的提出，都会有相应的"方法指津"。例如"人物画廊导航"环节，即请学生说说哪些人物有相似之处，教师提供的"方法指津"是"比较阅读，可以先确定比较点，可从小说主题、人物命运、故事情节、叙述视角等方面入手"；"时代图景的构建"环节，其方法指津是"衣食住行、思想情况、社会环境等"。这些方法，不仅是阅读文本的方法，同时也是思考问题的方法。在阅读教学中贯穿方法的培养，使得群书阅读的构架既有宏观的图景，也有接地气的策略与措施。正如有教师指出："整本书与单篇相较，学生进入了更持久、更成规模的阅读当中。这便构成了学生探索自我读书方法最佳的状况与过程。"[1]

其次，教师十分注重学生思维品质的养成。如果说教师设置的问题暗示着一种结论的话，那么学生的答案就不仅仅是说出具体的答案，更重要的是为自己的答案寻找佐证材料。从某种意义上，这就是一种批判性思维的表现。董毓教授认为："批判性思维阅读的分析所使用的工具，是扩大意义上的论证分析，包括逻辑的，更包括情景、历史、论辩和认识的分析。"[2]这一点在猜谜环节体现得更为明显，教师的谜面其实没有固定的谜底，学生需要根据自己对文本的理解与把握，猜出谜底，更重要的是还需要找到相关材料佐证自己的观点。笔者注意到学生在这个环节，充分调动了自己的历史知识、生活常识以及其他专业的知识，借以证明自己的结论，这个过程本身对培养学生的思维品质是很有价值的。

---

[1] 连中国：《不负年华不负君——推动整本书阅读应该核心把握的三个维度与六个问题》，《语文教学通讯》，2018年第7期，第20页。

[2] 董毓、余党绪：《批判性思维与思辨读写对谈》，《高中语文教与学》，2017年第6期，第12页。

当然，绝对完美的课堂教学是不存在的。短短四十分钟的课堂，在突出某种内容的同时，也一定会遮蔽另一些内容。就拿"整本书阅读"来说，教师将其纳入课堂教学的主要形式就是探究与分组讨论，而实际上，整本书阅读的效果如何，不完全取决于学生在课堂上的探究与讨论，更取决于学生是否确实亲自阅读了这本书，以及在真实阅读过程中的感受。或许，未来的"整本书阅读"或"群书阅读"的研究方向，应该从课堂展示与讨论，过渡到如何有效介入学生阅读过程的思考。

(本文原载《中学语文教学参考》2018年第26期，略有修改)

"新新旧旧"教语文

——从肖培东老师执教《植树的牧羊人》说开去

《语文建设》2018年第1期开辟了"培东教新课"的专栏,并发表了《圈点勾画读"奇迹"——我教〈植树的牧羊人〉》一文。对于《植树的牧羊人》这篇课文,肖老师以前教过,统编本教材颁布之后,他又尝试践行新的课程理念与教材理念。因此,一篇课文的教学,就会产生"新"与"旧"的分野与纠葛。

一、教材处理:践行新理念

教材是课程的载体,"课程内容教材化"是课程与教材的内在关联。新的教材,一定会承载新的课程理念,并且要用新的教学理念去落实。重视阅读方法的传授,梳理阅读方法的体系,并从"技术"层面解剖阅读方法,是统编本教材新的价值取向。七年级上册教材依次阐述朗读、默读、快速阅读三种阅读方法,下册教材则阐述了精读、略读、浏览等阅读方法。《植树的牧羊人》选自统编本语文七年级上册第四单元,从阅读方法的指引上看,本单元重在学习默读。在本课的"预习"部分,教材指出:"默读课文,注意做些圈点勾画。可以圈出关键词语,画出重点语句,标出段落层次。"这些自然是统编本教材力求创新的内容,肖老师在教学时对此显然有清晰而明确的关注意识。

他首先比较了朗读与默读两种不同的阅读方式，及其在教学中的不同地位，学生也明确了默读的价值与意义。默读不仅仅是"不出声的阅读"，或者说教师不能仅仅命令学生不出声地自行读书，而是应该从方法与技术层面对默读进行具体的指导，教师的作用就体现在这里。也可以说，教师将宏观的"默读指令"转化为具体的"默读方法指导"，并且借助教材文本进行具体的落实，这是"教读课"的应有之义。

实际上，圈点勾画是默读的伴随行为，默读实质上是一种心理活动与思维活动，但这种心理与思维的活动只有借助圈点勾画这种外显行为才能够体现。我们来看这个片段：

生：我画的是"1945年6月，我最后一次见到植树老人"这句。

师：有同学也画出这句的吗？（很少同学画出）你说说为什么要画出这句呢？

生：这句话点明了时间。

师：对，这样我们就注意到"我"第三次去高原看到老人的时间了。这句话也是交代写作思路的句子，同学们不该忽视。（板书：行文思路）

生：我觉得"那年，他已经87岁了"要画出来，说明老人年龄已经很大了，可以让我们知道老人把一生都献给了植树事业。

师：这是能体现老人特征的句子。（板书：老人特征）

师：这样我们就明白了，默读文章，圈点勾画，不是随便画的，而是要注意圈画出显示行文思路、老人特征、荒原变化及评价赞美的相关语句。

教师善于总结学生所画出句子的共同特征，然后上升到行文思路、人物形象等知识与能力的高度。另外，教师并不是将课文的前几段作为圈点勾画的示范段落，而是选择了"我"第三次与老人见面的片段，并且认为"因为《植树的牧羊人》篇幅较长，教师必须选择语段，在有限的教学时间里做好示

范,让学生明白什么是'关键词语''重点语句'"。① 应该说,教者是将这些段落处理成"例文"。在王荣生教授看来,"例文"的要求,是足以例证知识,且又能避免篇章中其他部分可能引起的注意导致精力涣散而干扰了所"例"的主题。② 从这个意义上讲,肖老师选择"第三次见面"的片段而不是全文作为"例",不仅能够教有关默读的知识,培养学生具体的默读能力,同时也避免了所"例"内容的臃肿与庞大。

这一点也启示我们,在处理教材时,要根据不同的教学内容对文本进行不同的处理。定篇有定篇的处理方式,例文有例文的处理方式。肖老师正是用"例文"的思路完成了教学的第一板块,同时践行了新材料的编写理念。

二、教学内容:取舍的根据

语文课程理念的变革以及教材的变化,并未改变整个语文课程的核心任务,因此语文教学必然是充满了"新"与"旧"的融合。对于《植树的牧羊人》来说,核心的教学内容并不会随着课程标准与教材的变化而发生根本的变化。也可以说,传承是主流,微调是常态。肖培东老师这节课,在教学内容的选择上,堪称典范。

除了第一部分的"默读"外,教者还设置了两个教学内容,一是结合课文中描写牧羊人的语句,把握牧羊人的形象,这个内容与课后"思考探究"的第二题是照应的。文章的题目是"植树的牧羊人",文章的主题自然与牧羊人的形象

---

① 肖培东:《圈点勾画读"奇迹"——我教〈植树的牧羊人〉》,《语文建设》,2018年第1期,第35页。

② 王荣生、李海林:《语文课程与教学理论新探:学理基础》,上海:上海教育出版社,2008年版,第133页。

密切相关。可以说,这是所有教师无法回避的教学内容。第二个内容是探究文章的叙述方式,即虚构与真实的问题。这个内容并不是所有的教师都能够注意并把握到,对这一内容的把握要有充足的背景资料作为支撑。从这节课来看,肖老师对教学内容的选择有两个明显的意识。

一是文体意识。教读课文之前,教师首先应该明确这是一篇什么类型与体式的文章,即不仅能够辨别文本的文类特征,同时要有更为细致的诸如表达方式、语气、语言形式、结构等方面的体式意识。换句话说,是什么文章就按照该文章的内在理路去教。肖老师之所以选择叙述方式这一教学内容,恰恰是有清晰的文体意识。这篇文章看似是纪实性文章,查阅相关资料发现,文章是彻底虚构而来的。那么一个问题就出现了:虚构的文章为什么会给人真实感?对这一问题的探讨,显然已经超越了文本内容概括的表层状态,深入到"文本如何"以及"文本因何而如此"的层次。郑桂华教授说:"作为语文教师,一旦进入工作状态,就与普通读者不一样了,他至少要思考这几个层面的问题——不仅是'这篇文章写了什么',更重要的是'这篇文章为什么写''这篇文章是怎样写的'以及'这些地方为什么要这样写'。"[①]后面三个问题正是对具体文体的深层分析与解读。当然,选择叙述方式这一教学内容,是需要胆识和勇气的。

二是学情意识。当教师选择了叙述方式这一内容之后,是不是要借助西方叙事学的前沿理论,给学生大讲特讲叙事视角呢?或者说,教师要不要引入关于叙述视角的相关知识?对这个问题的回答,显然要根据学生的实际情况,即真实的学情。在另一篇文章《深深浅浅教语文——以〈植树的牧羊人〉教学为例》中,肖老师坦陈:"我没有把'叙述者'的概念硬塞进学生的脑子,去'拔

---

① 郑桂华:《语文教学的反思与建构》,北京:商务印书馆,2012年版,第149页。

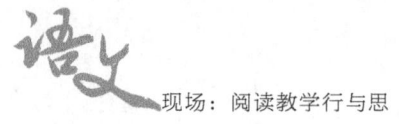
现场：阅读教学行与思

苗',去刻意地提升,而是化繁为简,化深为浅,分解难度,让学生自然地生成他们的理解,自然地成长。"①确实如此,对于刚升入初一的学生而言,能够在真实的情境中体验"虚构"与"真实"的关系,并且能够比较分析"我"作为旅人、作为牧羊人、作为陪伴在牧羊人身边的人三种身份的区别,进而深切感知作者将"我"设定为旅人、过客的精妙之处,已经很不容易了。我们来看:

师:生活中有这个环境的原型是不是?也是一个答案,还有没有?怎么把一个虚构的故事,说得像真的一样?

生:(小心翼翼)文章采用第一人称,使得更有真情实感,很真实。

师:对,第一人称的写作更具真实感。那这第一人称如果换成是"牧羊人"来说,好不好?

生:不好,感觉在说自己怎么怎么伟大,炫耀得很。

师:所以要有个见证人"我"出现,那把"我"设置成三十年都陪伴在牧羊人身边的人,是不是更好?

生:不好。过于平淡了。

生:如果他不走了就体现不出高原的变化。

生:缺少惊喜了。

师:对,"我"是一个旅人、一个过客,三见牧羊人,这个地方的巨大变化才更让人震撼。孤独的牧羊人创造了高原奇迹,作者写出了这经典的小说。默读课文,圈点勾画,让我们读出更多的力量,更多的美!

我们可以看出,教者并未详尽展开"替换身份"的过程以及后续的讨论,只是请学生感知了替换之后的叙述效果。对替换效果的比较,在学生的能力范

---

① 肖培东:《深深浅浅教语文——以〈植树的牧羊人〉教学为例》,《语文教学与研究》,2017年第1期,第138页。

围之内,但上升到专业的叙事学知识,那就会将简单问题复杂化。这一点其实也是肖老师一直追求的"浅浅地教语文"的教学理念。

三、教学匠心:精巧的设计

培东老师的阅读教学,颇能体现其功底与匠心的是其精巧的教学设计,这也是长期在实践与研究中形成的"旧内容"。但这种"旧内容",恰恰是肖老师的课吸引人的最大原因。如果说教学内容的取舍可以学习、效仿的话,那么教学设计的匠心则是"大匠能与人规矩,不能使人巧"中的"巧"。这种"巧",只可意会,无法模仿。

首先是切入点的选择。教师抓住了课文中"这是老人种树带来的连锁反应,是我见过的最了不起的奇迹"一句话中的"奇迹"一词,将文章内容的概括、人物形象的把握、文体特征的探究这三个教学内容有机地联系起来。具体而言,这种"奇迹"指的是什么,这个问题关涉高原的三次变化;从这种"奇迹"中,可以发现牧羊人是怎样一个人物形象;同时,这篇文章本身就是"奇迹",虚构的故事却在许多个国家翻译发表,被改编成动画片。从文本中不起眼的一个词作为切入点,将不同的教学内容串联起来,这就是教学艺术的最大体现。而在执教《孔乙己》时,肖老师能够敏锐地捕捉到"店内外充满了快活的空气"中的"外"字,进而将小说的主旨、人物形象、艺术手法等内容贯穿起来。这些的确算是"可感知而不可模仿"的教学匠心。

其次,朗读是培东老师课堂上的"家常菜",通过朗读把握文本的意蕴,进而感知文本作者的思想情感,这是其"拿手好戏"。他执教蔡元培的《就任北京大学校长之演说》,抓住"予今长斯校,请更以三事为诸君告",利用重音的不同来把握演讲的文体特点;执教余光中的散文《假如我有九条命》时,他

现场：阅读教学行与思

指导学生品味最后一句话的含义，即"看花开花谢，人往人来，并不特别要追求什么，也不被'截止日期'所追迫"，并且是在替换词之后进行比较式朗读；执教柳宗元的《始得西山宴游记》时，他又抓住了"悠悠乎与颢气俱，而莫得其涯；洋洋乎与造物者游，而不知其所穷。引觞满酌，颓然就醉，不知日之入"一句，指导学生反复品读。① 而肖老师执教《植树的牧羊人》一课，也不例外。我们来看：

学生读，但没有读出高原的变化，缺乏情感。教师再请一学生读。比较朗读。

师：同学们，高原在变化，朗读的感情、语调等要不要发生变化？（要）第一个句子读快还是读慢？

生：读慢，高原很荒凉，很让人失望，没有生机。

师：第二次"我"在这个曾经无比干旱的地方，看到了——

生齐答：溪水。（读得很惊喜）

师：这"惊喜"要读出什么味来？

生：惊喜。变化太大了，竟然有水了。

师：第三次"一切都变了，连空气也不一样了"要读出？对，读出震撼感！作者用对比的手法写出来高原的惊人变化，这就是植树的牧羊人独自创造的"奇迹"！（学生再读）

没有过多的理性分析，没有深刻的理论观点，有的只是反复地朗读，读出不同的感情及其变化。在朗读中体会作者行文时的心情，在朗读中感悟语言的情感魅力。

总之，对默读的重视及点拨，这是统编本教材的"新"理念；而教学内容的

————————
① 以上课例见《我就想浅浅地教语文》，肖培东著，长江文艺出版社2016年版。

选取以及独特的教学匠心,则是"旧"内容。"新"不能离开"旧",离开就意味着失去了根基;"旧"也不能没有"新",否则就会陈陈相因而成为一池死水。只有在"新"与"旧"的互动与融通中,才能够理性而有效地使用统编本教材。

(本文原载《中小学教学研究》2019年第1期,略有修改)

一个心理学文本是如何转化为语文文本的

——从肖培东老师执教《走一步,再走一步》说开去

《心理学与成长》是美国的尼尔森·古德和亚伯·阿可夫编写的一部心理学教材。本书分为三个部分,分别是:自我认同,人类间的沟通,成长的动力,本书最大的特点就是用短文或案例的形式,介绍心理学知识,为人类的成长提供心理经验。其中莫顿·亨特的《悬崖上的一课》是第三部分"成长的动力"里的一个案例。如何从文本的原生价值中挖掘出语文教学价值,需要教师将心理学文本进行"语文化"的处理。肖培东老师发表在《中学语文教学参考》(中旬)2018年第9期上的《我们都要学会提醒自己——〈走一步,再走一步〉教学实录》为我们提供了很好的范例。

一、心理文本的转化

《心理学与成长》中的《悬崖上的一课》,编入统编语文教材时,题目改为《走一步,再走一步》,而课文的性质也发生了变化,即从一个心理学文本转化为一个语文文本。这就要求教师和学生,在接受这个文本时,除了心理学的视角外,还要从语文学习的角度进行阅读,即从语言文字运用的角度,整体把握这篇文章。

首先，从读书方法上讲，本单元需要教师引导学生继续学习默读，"在课本上勾画出关键语句，并在你喜欢的或有疑惑的地方做出标注"。课文后的"阅读提示"中也有相关内容："默读课文，勾画出文中标志事件发展和描写'我'不同阶段心理活动的语句。"由于学生已经学过了这篇课文，肖老师首先请学生说说学完文章之后获得了哪些阅读信息。在此基础上，教师请学生默读课文中"我"在悬崖上受困的心理过程，并提醒学生"画出在悬崖上'我'紧张害怕的句子"。教师不仅注意到了"默读"的学习内容，并且提示了默读的具体指向与操作方法，即圈点勾画。通过心理学文本培养、训练学生默读的能力与方法，这正是"语文化"的第一步。

其次，"学习祖国语言文字运用"不仅是语文课程的性质，同时也是教学内容取舍的标准，是体现学科本位的宗旨。不论哪个学科、哪个领域的文本，在进入语文视域之后，便要从"语言文字运用"的角度去把握文本，不仅要把握文本写了什么内容，更要把握作者是如何写这些内容、为什么要写这些内容。虽然这篇课文是翻译文本，但我们依然应该从"语言文字运用"的角度去把握文本的内容。这一点也是肖培东老师在处理课文时最大的亮点。

在对语言文字的处理上，肖老师采用了多种多样的手段，引导学生沉潜到文本里，游走于字里行间，去体味"我"当时紧张与绝望的心理。

一是细读品味重点字词。当学生画出"我落在最后，全身颤抖，冷汗直冒，也跟着他们向上爬"后，教师让学生从这句话中找出体现"我"当时害怕、紧张的词语，学生很快找到了"颤抖""冷汗直冒"甚至是"直""跟"字，发现并体会这些词语对学生来说并非难事。但教师并未止步于此，而是继续引导学生进行思考：

师：这是一个很好的发现。还有没有比"跟"字隐藏得更深的一个字？平时你一不注意就会滑过去的。（再小声读一遍这句话）我都听出你们已经读出来了,知道是哪个字吗?

生:是不是"也跟着他们向上爬"的"也"字?

师:是不是"也"字?我要问你啊!(师生笑)

生:是"也"字。有"只好"的意思,表现了"我"内心的恐惧,又别无选择,只好跟着他们走。

生:另外,"也"字表明"我"做出这个决定需要时间,有一个过程。

一个几乎被大部分教师忽略的"也"字,肖老师居然引导学生从中品味"我"当时的恐惧与绝望。

二是现场表演。学生画出了"'嗨,慢着',我软弱地哀求道,'我没法——'"破折号之后的内容省略了,教师一方面引导学生反复朗读,读出"不好意思说"和"害怕而说不出来"两种心理状态,另一方面请一个学生读"嗨,慢着,我没法——",其他学生用嘲笑的高声的"再见"来打断他。这是一种现场的表演,将学生还原到事件的原发情境中去,通过对句子、词语甚至标点符号的解读,体悟"我"在悬崖上的心情。

三是删词换词对比。学生画出了"我的心在瘦骨嶙峋的胸腔里咚咚直跳",学生并不清楚为什么"瘦骨嶙峋"能够体现恐惧心理。教师引导学生将"瘦骨嶙峋"去掉之后再朗读:

生:(读)"我的心在胸腔里咚咚直跳""我的心在瘦骨嶙峋的胸腔里咚咚直跳"。

生:"我"很瘦,爬得很费力,一颗咚咚直跳的心在瘦骨嶙峋的胸腔里愈发显得紧张。

师:你的表达真好!说得很逼真。瘦骨嶙峋的人再加上咚咚的心跳,就愈加害怕了!

学生画出了"我终于爬上去了,蹲在石架上,心惊肉跳,尽量往里靠",学生能够读出"终于""尽量"等词的表达效果,但是对于"蹲"理解不到位,肖老师便引导学生将"蹲"字与后文的"在一片寂静中,我伏在岩石上"中的"伏"字进行对比朗读,并且互换位置进行品读:

师:问题来了,"蹲"字和"伏"字换一换位置,行不行?

生:不能换。因为时间一分一秒过去,天色越来越暗了,而他此时心情更加恐惧,所以用"伏"。前面心情没有这么恐惧,所以用"蹲",前后不能换。

师:有点想法了。我们想想"蹲"和"伏"的动作,蹲是怎样的,你们蹲蹲看。"伏"是怎样的,你们"伏"在岩石上看看。

生:"伏"字说明手紧紧扒在岩石上,恐惧越来越强烈。

学生通过对比分析,读出了"蹲"和"伏"不同动作背后的情绪变化。这也正是教师带领学生徜徉于文字世界、语言世界的魅力所在。

也就是说,如果是"得意忘言",仅仅把握了某种心理学的规律与原理,并非语文教学的根本任务;只有"因言得意",通过对语言文字的品味、揣摩、赏读、比较、解析,进而把握文字背后的意蕴,才是语文文本的本职功能。学生坦言:"以前学习时我只看整个句子,通过今天的学习,我明白要看重点的字词甚至标点,来揣摩作者当时的心理。"这正是肖老师语文教学的最大成效。

二、语文文本的深化

当教师通过"心路"和"脱困"两个教学环节引导学生通过语言文字的品味,把握了文章的故事框架之后,又设置了最后一个教学环节,即"启迪":

如果"我"是文中的父亲,是杰利或者是那些离"我"而去的小伙伴,甚至是文章当中没有直接出现的母亲,会通过这件事各自提醒自己什么呢?你们好好想一想,说一句"我提醒自己——",从四个角色中选择一个来回答。

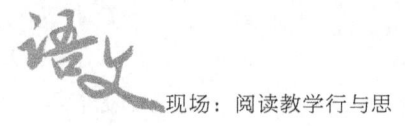

现场：阅读教学行与思

这个开放式的问题，进一步深化了"语文文本"的内涵。教师依然没有将关注点聚焦于心理学知识与规律上，而是依据教材的"单元提示"，通过任务驱动式的问题，成功地将学生的注意力从"语言"转移到"人生"上来。统编教材七年级上册第四单元的四篇课文《纪念白求恩》《植树的牧羊人》《走一步，再走一步》《诫子书》，都与"人生"有关。"单元导语"提出："拥有美好而充实的人生，是我们共同的心愿。"本单元的课文中，《纪念白求恩》《植树的牧羊人》是对人物美好品行的礼赞，《诫子书》是关于修身养性的谆谆教诲，而《走一步，再走一步》则是对人生经验的总结与思考。按照这样的人文主题的引导，肖老师将启迪定位在"通过这件事各自提醒自己什么"的问题，是十分准确的。

另外，教师并非让学生空谈自己从文中获得的人生启迪，那样只会导向空洞的概念和不切实际的教育意义。学生有了"身份限制"，就会从事件中人物的性格、处境等出发，站在各自的立场上谈自己的收获。这就类似于高考作文中的"任务式写作"，学生有抓手，抓手又立足于文本，这就大大扩展了学生人生经验的获取渠道。例如学生站在"我"母亲的立场提出了两种相反的经验：一定要照顾好孩子，不要让孩子去冒险；不要让自己的关心束缚了孩子。相比之下，后者更具有针对性。

一节课的容量是有限的，如果学生学有余力，教师不妨运用批判性思维，引导学生思考"走一步，再走一步"的适用范围。在文本的实际情境中，面对一个心理脆弱的孩子，"我"爸爸的策略无疑是最有效的，但这并不是说这种策略适用于所有的情境。或许对于另外一个孩子，例如小内德，他遇到这种问题，"往上走一步，再往上走一步"的激励策略可能更有针对性。这也涉及"仰望星空"与"脚踏实地"的关系，只着眼于"走一步，再走一步"的当前情境，可能意识不到整体过程中某一部分的价值与意义，对于"仰望星空"的远大目标与理想，也不宜过多地否定。教师还是要引导学生理性看待"走一步，再走一步"策略的适用情境,这其实也是获取人生经验的路径。

三、语文文本的拓展

肖培东老师这节课是借班上课,而且只有一课时。在如此短的时间内,教师通过不同的教学环节将学生聚焦于"语言文字运用",同时又延伸至"人生经验的分享",既看出肖老师对教材处理的敏锐眼光与深厚功底,也进一步感知了肖老师"浅浅教语文"的理念。如果有多余的课时,教师还可以进一步回归到"心理学文本",作为教材文本的拓展。

首先,教师可以引导学生通过"全文阅读"的方式,将编者删去的内容补充上去进行重新阅读。例如作者在阐述心理事实与规律时,讲到"我"在悬崖的半路上无奈地哭泣时,插入了其他三件生命中极为重要的事情,分别是:1945年1月,"我"要驾驶没有武器装备的蚊式双引擎飞机深入德国本土执行气象侦察任务;1957年1月,"我"准备出版一部从现代追溯到古希腊的动人的恋爱故事的大作;1963年6月,"我"即将搬出去住之后的复杂心情。这三件事,从叙述方法上讲,属于插叙;从事件性质上讲,这三件事与"我"目前遭遇的受困于悬崖这件事性质相似,并且形成了某种"呼应"关系。当"我"运用悬崖上的一课所得的收获,进一步应用于未来的三件大事时,这些原本遥不可及的目标与无法克服的心理障碍,都在"走一步,再走一步"的理念下实现或克服了。教师可以引导学生重点阅读某一个片段,例如:

1963年6月。纽约。我躺在床上,尽管已经凌晨两点了,我还是难以入睡。我怀疑静静地躺在我身边的妻子也没有睡着。昨晚我们已商议好:我很快就要搬出去住。但是,我感到在我身下的地面仿佛裂了缝,我好像掉进了无底深渊。我怎样对八岁的儿子解释呢?我离开儿子后,怎样尽父亲的责任呢?

我的妻子又该怎么办呢？我们的家产怎样来划分呢？再说,我从不习惯于孤独的生活。当我晚间关上门索居独处时,会有什么样的感觉呢？不！这条路太难走了,我不能这样。

……

1963年9月。我打开了我那间斗室的门。我提着提包走了出去,关上了门。百里之遥,我迈出了第一步。这并不难。接着要做的事是找房子,再有的事就是想好我怎样对儿子解释我的搬出和向儿子保证我就住在附近,我仍然是他的父亲。事实证明这些并不难做到。我搬进了我的小屋,打开行李,接了几个电话,做好了午饭,我感到就像呆在家里一样。第二年,我建立了一种新生活。我获得了一个单身中年人所应具有的处世态度和感情表达方式。

事件本身与悬崖上的事件有着高度的相似性,都是面对看似无法解脱的人生困境,但是在相同的心理规律与人生经验的指导下,"我"克服了困难,达成了原本无法实现的目标。从本质上讲,这三件事与悬崖上的一课是"互文"关系。"互文性"是一种解构主义的阅读思路。任何文本都是一种互文,任何一个单独的文本都是不自足的,其意义是在与其他文本交互参照、交互指涉的过程中产生的。但此处的"互文性"不专指文本之间的相互参照意义,而是文本内部的暗示,类似于中国古典诗歌中的"互文"。

从实际的叙事上看,"我"当时在悬崖上根本不可能预知未来所要发生的三件大事,更无法预料三件大事解决的方法与策略。但作者故意"扭曲"叙述进程,硬生生地将三件大事插入到原本完整的事件中。从叙述视角与时间上看,的确有不合逻辑之处,但作为独特的心理学文本,作者的主要目的并非生动地再现"悬崖事件"的来龙去脉,而是通过某种具体的案例,陈述某种心理规律与知识。或者说,这四个案例都指向了一个共同的创作目的:用生动的案例阐释人生成长过程中的动力与精神。

其次，教师还可以引导学生对原题目《悬崖上的一课》与教材文本题目《走一步，再走一步》进行对比分析。例如，可以请学生比较《悬崖上的一课》与《走一步，再走一步》之间的区别，说说哪个题目更适合本文。其实，从文章照应的角度看，《悬崖上的一课》也是一个很不错的题目，文章的最后一段说："因为我回想起了很久以前悬崖上的那一课。"这就与题目形成了对照关系，是点题的句子。"悬崖"与"一课"之间形成了某种矛盾的张力，这一点可以比较《教室里的一课》与《悬崖上的一课》就可以看出。不过，《走一步，再走一步》与文章最后一段"注意相对轻松、容易的第一小步，迈出一小步，再一小步"也形成了照应关系。而且，《走一步，再走一步》比《悬崖上的一课》更为具体，更为感性，更能引发读者的阅读兴趣。对于这个问题的回答，教师也不宜对《悬崖上的一课》过于否定，毕竟那也是一个优秀的题目。

总之，对于这篇文章，教师不宜将关注点放在心理学内容的阐释与传授上，将其作为"拓展内容"进行处理较为适宜。作为一篇自读课文，肖培东老师的课例还有很多进一步研讨之处。但肖老师能够通过语文教学的手段，挖掘心理学文本中的"语文因素"，这一点值得细细揣摩。

（本文原载《语文教学研究》2019年第10期，略有修改）

基于"语文思维"培养的文言小说教学
——以《狼》为例

早在 20 世纪 80 年代,叶圣陶先生就提出语文课的主要任务是训练思维,训练语言。2011 年版的《义务教育语文课程标准》中,"思维"一词出现了近 10 次,"培养语感,发展思维"之类的表述反复出现,可见思维能力的培养在义务教育学段日益受到重视。2017 年版的《普通高中语文课程标准》则把"思维发展与提升"作为语文学科四大核心素养之一。这四大核心素养显然不仅仅是高中学段的学习要求与课程目标,而是着眼于整个语文学科。语文学科范围内的"思维"与一般的思维概念既有共通之处,也应彰显语文的学科特征。徐赛儿在《培养"语文思维":提升学科核心素养的重要途径》一文中提出了"语文思维"的概念,认为语文思维是"思维主体在语文学习过程中,运用相关语文学科知识(包括陈述性知识、程序性知识和策略性知识)进行语言建构与运用、思维发展与提升、审美鉴赏与创造、文化传承与理解的一种学习方式,也是思维主体在遇到具体的语文问题时所采用的某些带有鲜明学科特质的方法和路径"。[①] 作者在文中还提出了语文思维的三种形态,即文体思维、言语思维和文

[①] 徐赛儿:《培养"语文思维":提升学科核心素养的重要途径》,《中学语文教学参考》,2018 年第 29 期,第 19 页。

化思维。笔者以蒲松龄的文言短篇小说《狼》的教学为例,具体阐述三种思维在教学中的作用及表现方式。

一、文体思维:关注《狼》的小说特征

统编教材七年级上册课文的文体特征并不是十分明显,但教师在教学时应有一定的文体导向意识。不论是阅读活动还是写作活动,在思维方面都体现为一种文体思维。尽管语文学界对不同文体的划分标准还有异议,但遵循一般的文体特征来指导学生阅读与写作,已经成为多数教师的共识。王荣生教授曾说:"依据体式来阅读,是阅读的通则;依据文本体式来解读课文、来把握一篇课文的教学内容,是阅读教学的基本规则。"[①]文体就是文学的体裁、体制或样式。褚斌杰教授认为:"作者在从事创作时,为达到既定的效用,必然采取与之相适应的语言形式和篇幅、组织结构等,这样,就使文学产生了不同的类别,也就是各具特征的文学体裁。"[②]实际上,文体并不限于文学领域,实用类、论述类文本同样也有自己的文体特征。

《狼》出自《聊斋志异》,从文体上讲属于古代文言短篇小说,与古代寓言有较大区别。试比较《穿井得一人》与《狼》,前者也有一定的情节,但比较简单,后者则有数起矛盾冲突,给人以惊心动魄之感。笔者曾听过一节课,教师完全将《狼》当作寓言故事来教学,重点放在寓意的阐发以及学生的感悟上,这就是不辨文体的结果。如果顾及《狼》的文体特征,教学的一大重点就应该放在狼的形象与屠户形象的对比上。

---

① 王荣生:《阅读教学设计的要诀:王荣生给语文教师的建议》,中国轻工业出版社,2014年版,第108页。
② 褚斌杰:《中国古代文体概论》,北京:北京大学出版社,1990年版,第1页。

人物形象的分析与概括，是小说这种文体培养学生思维能力的重要内容。一般教师都能够引导学生根据故事情节的发展概括狼和屠户的形象，但止步于"形象"与"原文"之间的简单关联，没有进一步引导学生回归文本。教师可以给学生提供一个思维的支架，例如"原文＋翻译＋分析＋概括"，即从原文中找出相关的语句，翻译之后进行分析，进而概括出人物的形象。例如：

骨已尽矣，而两狼之并驱如故。这句话的意思是说，屠户担中已经没有骨头了，但两只狼还是像刚才一样追赶他。这就说明狼的最终目的不是担中的骨头，而是屠户本人。这也暗示出狼的凶残本性。

学生在这个框架下，关注点回到文本，在翻译、理解文句的基础上，分别概括出了狼和屠户的形象，例如：

学生1：我找到的语句是"久之，目似瞑，意暇甚"。这句话的意思是说，一只狼像狗一样蹲坐在前面很久，眼睛像是闭上，神情很悠闲。这说明这只狼是故意迷惑屠户，好让麦场积薪后的狼打洞从后面攻击屠户。这看出狼的狡诈性格。

学生2：我找到的语句是"方欲行，转视积薪后"。意思是说，屠户杀死一只狼后正要离开，但又转到积薪后查看。这说明屠户心细，警惕性高，因为刚才两只狼分工合作意识很强，另一只狼不会无缘无故走开的。

除了狼和屠户的形象外，小说的情节也值得注意。教师习惯于引导学生用"＿＿狼"的动宾短语来概括情节，例如遇狼—惧狼—御狼—杀狼—议狼。不过，第二段的"惧狼"不太准确，全段并不仅仅渲染屠户惧怕狼，而是采取了初步的行动；第四段的"杀狼"虽然能概括段意，但不如"毙狼"一词，因为"毙"字出自原文，教师应善于引导学生回到文本；最后一段的"议狼"在形式上与其他段落保持一致，但主语却是"作者"，前四段的主语都是"屠户"。这些细节如果能够引发学生的质疑与讨论，也是培养文体思维的一大内容。

二、言语思维：关注《狼》的言语形式

李海林教授的《言语教学论》提出："语文学首先要研究的是言语内容和言语形式这一对范畴，对这一对范畴的科学界定和内涵揭示，是语文学建构的基础。"[①]对于语文教学而言，把握一篇文章不仅要关注"写了什么"，更要关注文章是"怎么写的"以及"为什么要这样写"。对于教材文本而言，言语内容就是语言在具体文本中表达的意义，而言语形式就是语言在具体文本中的表现形式。《狼》的教学也是如此，把握了人物形象与故事情节之后，教师还要引导学生关注形式层面的内容。

某教师在教《狼》时，引入了一个特别的环节："请在小说第四五段的任意一处加'啊'字，看看加在哪里最合适，并说说理由。"这个环节的设计，就是要将学生的关注点引入到言语形式层面。有的学生加在"盖以诱敌"后，并大声读"盖以诱敌啊"，读出了屠户恍然大悟的心情。有的学生加在"狼亦黠矣"或"止增笑耳"后，认为语气词连用，更能起到加强语气的作用。教师则别出心裁地加在"屠暴起"前面，"啊"字变成了屠户克服恐惧、奋起杀狼的语言与神态。实际上，这个环节虽然注意到了言语形式，但将现代汉语语气词"啊"加在文言文本中，并不能真正发现《狼》这篇小说在言语形式方面的亮点。

首先，教师可以引导学生关注形容屠户心理变化的词语。第二段中屠户的心理是"惧"，到了第三段变成了"恐"，害怕的程度无疑加深了。与屠户心理相照应的则是狼的动作，第一段是"缀行甚远"，第二段变成了"并驱如故"。从"行"到"驱"，屠户面临的形势无疑是越来越窘迫。

[①] 李海林:《言语教学论》，上海：上海教育出版社，2006年版，第73页。

现场：阅读教学行与思

其次，有学生指出，作者说"乃悟前狼假寐，盖以诱敌"，狼明明是人类的敌人，此处屠户为何称自己为"敌"呢？为什么不说"乃悟前狼假寐，盖以诱己"？这个问题很有价值。此处虽然是屠户的心理活动，但是，一方面他是站在狼的立场上揭示自己的心理活动的，另一方面，一个"敌"字将人与狼之间势不两立的状态表现出来了。人以狼为敌，狼也以人为敌，狭路相逢，智勇者胜。这一点与本文主旨密切相关，后文将详细分析。

再次，有学生指出，最后一段作者说"狼亦黠矣"，为什么要用"亦"字？难道作者想表达"人黠矣，狼亦黠矣"的意思吗？实际上，此处的"也"并非表示同类状况的重复，而是表示让步关系，通俗地讲就是狼也够狡猾了，但是顷刻之间都倒下了。教师可以指导学生反复朗读"也"字，比较"狼黠矣"和"狼亦黠矣"的区别，体会"也"字包含的对以狼为代表的恶势力的蔑视之情。还有学生提出，作者为什么不说"狼之变诈几何哉"而要说"禽兽之变诈几何哉"？这一点与小说的文体特征有关。小说中的人物形象或类人形象，是"这一个"和"这一类"的辩证统一。《狼》这篇小说中的两只狼，不仅有鲜明的个性特征，同时也是社会上某种邪恶势力的代表。因此作者特意用"禽兽"一词，暗示此文并不是在讽刺批判狼这种动物本身，而是以狼为代表的一类动物甚至是某一类型的人。教师还可以引导学生将"狼亦黠矣"和"止增笑耳"的句末语气词互换，再通过朗读比较二者之间的区别。这两个语气词不仅有音韵方面的平仄考虑，更重要的是，前一个"矣"字意味着语气的延长，为的是与"顷刻两毙"形成转折；后一个"耳"则是充满了嘲讽，即只是增加笑料罢了。

除此以外，文言小说多用第三人称全知叙述视角，叙述者可以自由地出入人物内心，并且可以发表评论。从句式上讲，多用短句，本文的四字句就比较多。短句连用，表示情节的紧凑；长短句相间，也是情节舒缓与紧张的需要。例如将文章中的"意将隧入以攻其后也"一句删去，变成"转视积薪后，一狼洞其中，身已半入，止露尻尾，屠自后断其股，亦毙之"，情节更为紧张，也更扣人心弦。但加入这样一句解释性的句子，就是为了揭示屠户胜利在握的心理。

三、文化思维：关注《狼》的主旨意蕴

《狼》被选入初中统编教材七年级上册第五单元，本单元的主题是"人与动物"。"单元导语"提示："阅读这些文章，可以增进人与大自然关系的理解，加强对人类自我的理解和反思，形成尊重动物、善待生命的意识。"很明显，这个提示是不适合《狼》这篇小说的。课文的"预习"也提示说："人与动物之间也有争斗。描述这类关系的作品，有的旨在突出人的力量，有的为了反衬人的渺小，还有的则在人与动物的对比中揭示人性。读时注意思考：本文的落脚点在什么地方？"这篇小说的落脚点既不是人的力量或渺小，也不是揭示人性，而是揭示狼的本性。课后"思考探究"第二题是"找出能够概括文章中心的语句，说说这个故事告诉我们什么道理"，几乎所有同学都会将最后一段作为本文的中心句，并且从屠户和狼两个角度进行分析。例如嘲笑以狼为代表的邪恶势力的狡猾本性，或面对比自己强大的敌人时，一定要镇静，善于和敌人斗智斗勇等。从单个文本看，这些理解大体符合文意，但当我们把《狼》还原到《聊斋志异》整本书中时，便可发现这一道理是经不起推敲的。

《狼》出自《聊斋志异》第六卷《狼三则》，是三则以狼为题材的小说的第二则。这三则小说写的都是屠户与狼的故事。第一则意在揭示狼的贪婪，第二则重在揭示狼的狡诈，第三则展现了狼的锋利爪子。这三则故事的胜利者都是人，准确地说是屠户。每则故事的结尾都有一句议论句子，第一则："缘木求鱼，狼则罹之，是可笑也！"第二则为："狼亦黠矣，而顷刻两毙，禽兽之变诈几何哉？止增笑耳！"第三则为："非屠，乌能作此谋也！"其实，这些句子都不是各自

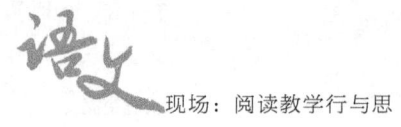

现场：阅读教学行与思

的中心句，三则故事有共同的中心句，即《狼三则》结尾的"三事皆出于屠；则屠人之残，杀狼亦可用也"。意思是说，对待狼这种凶残的动物，也可以采用暴力凶残的手段将其制服，即以暴制暴也是合理的。于子舒老师在《〈狼〉是一篇关于人与动物的文章吗》一文中指出，屠户战胜狼，并不是普遍的胜利，它具有特殊性。作者认为："即便在蒲松龄的虚构世界里，他也没有告诉读者这样一个道理：正义终将战胜邪恶，或者说恶势力必败。相反，他强调的恰恰是这样一个命题：邪恶只会被特殊的人、特殊的力量制服。"[1]这个解读是符合《狼三则》的本意的。

　　课后"积累拓展"第四题列举了跟狼有关的8个成语，引导学生思考"在中国传统文化中，狼的形象是怎样的？你如何看待狼的这种传统形象？"这显然是将思考的触角引向了文化层面。从这8个成语看，狼都是一种负面的、凶残的、残暴的形象。虽然现代作家邓一光的小说《狼行成双》、姜戎的小说《狼图腾》在塑造全新的狼的形象，有些现代企业也提出打造"狼性团队"的理念，但从蒲松龄的《聊斋志异》来看，狼依然是一种对人的生命构成巨大威胁的邪恶力量的代表。《聊斋志异》不仅有写人写鬼的成分，同时也有刺贪刺虐的内容，用隐晦的语言表达对黑暗势力的痛恨，并暗示面对恶势力时也应该采用暴力手段，这些恰恰是《狼》的创作意图所在。因此，有的教师过于强调用批判性思维分析狼的形象，不仅要认识到狼身上的贪婪凶残成分，同时也要学习文中两只狼的团结互助与合作，例如"一狼得骨止，一狼又从；复投之，后狼止而前狼又至"以及"前狼假寐，盖以诱敌"的情节。笔者认为这是对作者原意的一种歪曲，不应该在课堂教学中大肆渲染。

---

[1] 于子舒：《〈狼〉是一篇关于人与动物的文章吗？》，《教学月刊·中学版（语文教学）》，2018年第11期，第31页。

如果真的要培养学生的文化思维,笔者认为张友鹤在《聊斋志异:会校会注会评本》中引用的何守奇的评点颇有新意。何评曰:"狼以贪死,以诈死,恃爪牙而亦死,乃知禽兽之行,决不可为。"①从狼的角度,反向教育学生要与人为善,这才是沟通古代与现代的文化思维。

(本文原载《读写月报》2020年第6期,略有修改)

---

① 张友鹤:《聊斋志异:会校会注会评本》,中华书局上海编辑所,1962年版,第796页。

初中语文阅读课教学内容的确定方式辨析

——以《藤野先生》教学为例

近日,笔者有幸观摩了某学校的学科组同课异构活动,参与活动的有六位教师,执教篇目是八年级上册第二单元的《藤野先生》。对于同一篇课文,各位教师的教学内容、教学方法、教学流程都存在较大的差异。通过互相观摩,学习他人课堂教学的优点,这是同课异构的价值所在。教学方法、教学流程存在差异,实属正常,这与教师本人的教育观、教学观不无关系。但在教学内容的选取上,六位教师也存在差异,这就值得细致分析。

一、"课文分析式"教学辨析

上课的六位教师中,有两位教师采用的是"课文分析式"教学。第一位教师根据预习提示中"参考注释读课文,看看作者笔下的藤野先生是一个什么样的人,他为什么'最使我感激'"等相关提示,抓住了课文中"在我所认为我师的之中,他是最使我感激,给我鼓励的一个"这句话,整节课就是请学生回归文本,分析"我"对藤野先生的感激之情,进而概括分析藤野先生的形象。第二位教师依据课后"思考探究"第二题"阅读课文中作者与藤野先生交往的部分,说说为什么他'在我的眼里和心里是伟大的'",抓住了课文中"他的性格,在我的眼里和心里是伟大的,虽然他的姓名并不为许多人所知道"一句,请学生分析"我"与藤野先生交往的片段,同样概括分析藤野先生的形象以及对"我"的影响。

这种教学方式,不同于"介绍作者和背景—整体感知—划分段落层次—分析中心主旨—概括艺术手法"的课文分析模式,而是抓住文本中关键词、关键句,以点带面,提纲挈领,用一句、一词甚至一字,撬动学生对整个文本的理解。教学设计巧妙,体现了教师的丰富经验与教学匠心。在教学过程中,教师往往会设计引发学生认知冲突的问题,例如"藤野先生教鲁迅的时间并不长,而且交往也不算太密切,为什么会让'我最感激'""'伟大'一词常用在为人类做出巨大贡献的人或宏大事物身上,此处用于对藤野先生性格、品格的感知,是否合适"等,并通过小组合作、任务驱动等方式,对文本的关键处、重点处进行探究。

当问及"本节课的教学内容是什么"时,两位老师略带迟疑地说是"把握藤野先生的形象""体悟作者对藤野先生的感激与仰慕之情"等。由此可见,这种以"课文分析"为主要方式的课堂教学,存在着教学目标模糊、教学内容随意等缺点。教师没有关注统编教材的编写理念,没有对教材的单元导语等助学系统进行分析,更没有从课程的角度来审视本节课。课堂虽然有艺术性,但学理性不足。

二、"习题串珠式"教学辨析

科组有一位教师采用了"问题＋小组讨论"的教学思路,问题则直接取自于课文后的"思考探究"题目:

1. 本文是一篇回忆性散文。看看文章记录了作者留学过程中的哪几件事,试为每件事拟一个小标题。

2. 阅读课文中作者与藤野先生交往的部分,说说为什么他"在我的眼里和心里是伟大的"。

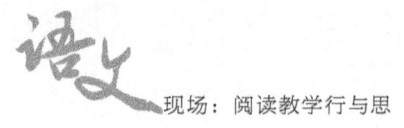
现场：阅读教学行与思

3. 本文题为《藤野先生》，可是作者还用了大量篇幅写和藤野先生无关的见闻和感受，你认为写这些内容有什么作用？

第1题侧重于整体把握，概括回忆性散文的主要事件；第2题侧重于人物形象感知与分析；第3题则指向对本文中心主旨的把握与理解。这三个问题是教材编者精心设计的，引导学生依据文本及其文体特征从不同的角度理解文本。用现成的课后问题串起并充实整节课，笔者称之为"习题串珠式"教学。从课程、教材、教学的关系上讲，初中语文统编教材是对"课程内容教材化，教材内容教学化"的探索，教材既是与课程理念密切相关的"课本"，也是教师进行课堂教学的"教本"，更是学生语文学习的"学本"。教材后的问题，不仅直接揭示出本课的教学内容，而且也是学生学习本课的重点内容。从教材布局来看，课文所在单元的"单元提示"、课文前的"预习提示"以及课后的"思考探究""积累拓展"题目是保持一致的。学生在这三道题的指引下，回归文本，也能够把握学习重点，从而有所收获。

当然，这种教学思路也存在着一些问题。其中最大的就是强化了学生"问题解答"的应试化思维。学生能够在文本解读的基础之上有条理地回答课后的问题，固然有所收获，但每篇课文、每节课都采用此种教学方式，久而久之，会泯灭学生语文学习的兴趣与热情。实际上，这种以问题串起课堂教学的方式，本质上与"课文分析式"教学别无二致，都是从不同的侧面对文本进行理解，教学目标和教学内容不够聚焦。

三、"依体定教式"教学辨析

从文体角度看，《藤野先生》所在单元的文章属于回忆性散文、传记类文章。该科组另一位教师通过解读"单元导语"，捕捉到"回忆性散文"这个关键词。从《藤野先生》标题上看,这是一篇人物类回忆性散文,教师在引导学生复习《从百草园到三味书屋》《阿长与〈山海经〉》两篇课文的基础上,提出了"文章回忆了什么人""回忆了人的什么""作者是如何回忆这个人的"以及"为什么要回忆这个人"四个问题。第一个问题是回忆的对象;第二个问题涉及与人物相关的事件以及人物的性格;第三个问题涉及刻画人物的方法,包括各种各样的描写以及语言特点;第四个问题直指作者的创作意图,并且与文章的中心主旨密切相关。这种教学思路比较清晰,学生不仅能够由篇及类,掌握阅读这一类文本的方法,还对记叙文写作有启发意义。

王荣生教授曾提出过一种"依体定教"的教学设计思路,即依体式,定终点;缘学情,明起点;中间搭 2—3 个台阶。① 所谓终点,指的就是本节课的教学目标。教学目标的确定要依据文本的体式特征。教学起点要根据学情而定。在起点与终点之间,教师需要搭建 2—3 个教学支架,真正促进学生的学习,每个支架 15—20 分钟。应该说,王荣生教授的设计思路,既有明确的教学目标,也有合宜的教学起点,教学内容清晰有序,同时又能够为学生的学搭建支架,这为一线教师的教学提供了操作性较强的思路。

但问题是,只依靠文章的体式特征就能够准确把握一篇课文的教学内容吗?显然不能。文章的体式特征是确定教学内容的重要因素,但并非唯一要素。教材的助学系统,例如文章所在单元的整体目标、课文前的"预习提示"以及课后的思考探究问题等,也是确定一篇课文教学内容的影响元素。试想,同一篇课文在原人教版教材和新的统编教材中均出现,且这篇课文所在的单元教学目标也不同,如果仅仅依据文章的体式特征来确定教学内容,那么不同教

---

① 王荣生:《阅读教学设计的要诀:王荣生给语文教师的建议》,北京:中国轻工业出版社,2014年版,第161页。

现场：阅读教学行与思

材中同一篇课文的教学内容也应该是一样的,事实上并非如此。因此,"依体定教"也有其不足之处。

四、"整合聚焦式"教学辨析

科组还有两位老师根据"学习本单元,要了解回忆性散文、传记的特点,比如内容真实、事件典型、注重细节描写等"的提示,将本节课的教学内容确定为四个点:把握课文内容的真实性、梳理课文的典型事件、学习细节描写手法、品味风格多样的语言。这四个教学点彼此之间呈并列关系,在课堂教学进程中呈承接关系,笔者称之为"散点并列式"教学思路。

"单元导语"是把握教学内容的重要依据,一般由两段话组成:第一段是从题材、体裁、人文主题等方面对本单元的课文进行概括,第二段提示了本单元的语文要素。两位教师能够依据单元导语确定本节课的教学内容,说明教师能够积极把握新教材的编写理念。

但这种把握教学内容的方法也有值得商榷之处。首先,"单元导语"是对本单元所有文章特点及教学要点的概括,不是说本单元所有篇目的教学都要严格遵循单元提示,而是每篇课文要有侧重点,要在"单元导语"的框架下,依据文本特点选择关键的教学内容。例如单元提示中的"内容真实",显然不是《藤野先生》一课的学习重点。其次,两位教师选择的四个教学点,彼此之间应存在着一定的逻辑关系,并指向一个聚焦化的教学目标。但教师只关注四个点的教学,忽视了这些教学点的指向性。例如选择典型事件的教学指向性是什么?是把握回忆性散文的文体特征,还是把握散文中的人物形象?而且,"把握课文内容的真实性"和"梳理课文的典型事件"可以合二为一,"学习细节描写手法"和"品味风格多样的语言"两者之间也不是并列关系,而是相互交融的。鉴于此，笔者认为教师在确定一篇课文的教学内容时需要有"整合聚焦式"思维。

"整合聚焦"是笔者提出的确定教学内容的一种方式。整合，指的是教师要全面把握教材的单元导语、预习提示、文本内容、课后问题甚至知识补白、综合性学习、写作板块、名著阅读等内容，还要考虑到语文课程的性质、实际学情等，而文本内容包括文本的文体特点、思想内容、人物形象、言语形式等因素。聚焦，指的是教师要在全面梳理、把握上述内容的基础之上，将教学内容聚焦到一个点上，整节课围绕这个核心的教学内容展开。对《藤野先生》所在单元的单元导语、课文本身以及课文相关助学系统进行通览后，可以将本课的教学内容聚焦到"学习回忆性散文刻画人物的方法"上。具体方法包含了叙述典型事件和注重各种描写，其中又可以贯穿着语言品味及建构。课堂教学可以采用"情境任务设置"和"认知冲突提问"两种方法。

所谓"情境任务设置"，就是教师设计带有情境性的真实任务，学生在完成任务的过程中达成教学目标。例如《语文报》专门开设了"人物描写"专栏，专门针对中学生征稿，内容是请学生围绕教材中出现的某个人物，分析作者刻画人物的方法。请你以《藤野先生》中的人物为例，向该栏目投稿，可以从事件的选取与组织、描写手法的运用、语言运用等角度进行分析，不少于500字。"向《语文报》投稿"就是一个带有真实情境的具体任务，在任务完成中，学生便可实现语文知识的内化与输出。

所谓"认知冲突提问"，就是教师设计能够引发学生认知冲突的问题，通过小组合作探究等方式组织学习活动。例如前面提到的"藤野先生教鲁迅的时间并不长，而且交往也不算太密切，为什么会让'我最感激'"等。当新的问题与学生的固有认知产生冲突时，学习的欲望及主动性便被有效激活了。该问题指向的又是"学习人物刻画方法"这一核心教学目标，同时又可以与单元后

现场：阅读教学行与思

的"写作"板块即"学写传记"挂钩。

　　当然，《藤野先生》主旨复杂，意蕴丰富，仅仅将"学习刻画人物的手法"作为单一的教学目标，那就大大降低了本文的教学价值。本文不仅刻画了藤野先生这位异国师友的形象，同时也叙述了鲁迅先生"弃医从文"的经过。而与这段经历密切相关的"匿名信事件""幻灯片事件"，尤其是"幻灯片事件"中，很少或几乎没有出现藤野先生的影子。那么，师生便可以探究这样一个问题：本文题目为《藤野先生》，但在对鲁迅思想和人生方向产生重大影响的关键事件中，藤野先生却是缺位的，那为什么他还会给鲁迅先生带来如此巨大的精神激励作用呢？对这个问题的分析，则指向了"为什么要回忆这个人"的问题。教师可以再用一个课时专门引导学生进行探究。

（本文原载《中学语文·上旬刊》2021年第1期，略有修改）

教学支架:从单一走向多元

近日,笔者观摩了数节中考复习语文备考教学课。教师对中考考点把握得比较精准,能够针对知识点进行试题分析与训练。但普遍存在的问题是教师过于重视知识点本身的简单操练,过于执着于给学生提供答题公式、模式,忽视了学生思维能力的培养,从而导致课堂教学效果不佳。布鲁纳提出的"支架式教学"理论认为,教师首先要在学生的现有知识水平和学习目标之间建立一种帮助学生理解的支架,然后在这种支架的支持下,帮助学生掌握、内化和建构所学的知识技能,最后再逐步撤除支架,让学生独立完成对学习的自我调节。[①] 通过对中考复习课的观察,笔者发现教师提供的教学支架较为单一,主要是知识支架,包括语法知识、文体知识、技法知识等。为提高复习备考的效率,教师有必要搭建更多的教学支架。

一、思维支架:从静态知识到动态内容

布卢姆将知识分为事实性知识、概念性知识、程序性知识、反省知识四个维度。事实性知识指的是"学生通晓一门学科或解决其中的问题所必须知道

[①] 王荣生:《语文综合性学习教什么》,上海:华东师范大学出版社,2014年版,第84页。

现场：阅读教学行与思

的基本要素"，概念性知识指的是"能使各成分共同作用的较大结构中的基本成分之间的关系"。① 这两类知识是静态化、固定性知识，例如固定的语法知识、静态的文体知识、琐碎的技法知识等。学生的学习内容，不仅仅是识记这些静态知识，更主要的是将其应用于具体的语言环境中，结合动态的内容培养解决学科问题、实际生活问题的能力。

例如教师指导学生进行对联知识的复习，提炼出了"字数相等，词性相同，内容相关，平仄相对"的概念性知识，总结了对联题的几种类型，指导学生利用对联的基础知识进行训练。实际上，此类静态的、固定的语法知识，可以用来判断对联是否工稳，但在"补写对联""提炼对联""重组对联"等题目中，事实性知识和概念性知识的效用是有限的。例如2019年广东省中考试题基础部分的第5题第(2)小题：

根据对联常识，将下面六个短语组合成一副对联。

无处　随时　不清风

动来　举起　消酷暑

根据"字数相等，词性相同，内容相关，平仄相对"的对联常识，学生很容易判断"无处"和"随时"相对，"举起"和"动来"相对，"消酷暑"和"不清风"相对，而且"不清风"的"风"为平声，当为下联。但不少同学写的是"动来随时消酷暑，举起无处不清风""动来无处消酷暑，举起随时不清风""举起无处消酷暑，动来随时不清风"等。从动态内容上讲，"不清风"意为"没有清风"，只能和否定词语搭配才能表达正确的意思，因此"随时不清风"的搭配不符合生活逻辑。对于"动来随时消酷暑，举起无处不清风"的组合，执教老师认为不符合标准答

---

① L·W·安德森等：《学习、教学和评估的分类学》，皮连生等译，上海：华东师范大学出版社，2008年版，第43页。

案。实际上,尽管该组合搭配不符合标准答案或对联原文,但不论从静态知识还是具体内容上看,也是正确答案。

教师又举了广州市2020年中考试题第5题为例,以进一步复习巩固对联知识。题目如下:

广福戏台藏身于荔湾区恩宁路的粤剧艺术博物馆,是一座纯木结构建筑。这座古色古香的大戏台依水而建,一年四季都有免费演出,市民可以在水边凭石栏赏粤剧。文佳来到广福戏台,有感而发,写下一副对联。

上联:登古台唱新韵演尽喜怒哀乐

下联:＿＿＿＿＿＿＿＿＿＿＿＿＿

A. 临碧水着红装遍赏起承转合　　B. 入云山对夕阳惯看秋月春花
C. 倚玉栏临碧水赏遍春夏秋冬　　D. 戏楼里凭石栏品味唱念做打

师生完全抛开了题目所给文段的具体内容,只是根据对联的静态知识,判断四个选项的对仗是否工稳,结果不少学生选错了答案。上联主要是从唱戏的角度写的,下联则需要结合文段内容判断。C选项中的"玉栏"是对文段中"石栏"的美称,"临碧水"照应了文段中的"依水而建","春夏秋冬"对应的是文段中的"一年四季"。从内容上看,C选项不只符合文段内容,同时也符合对联的常识。

这也说明,静态知识不能完全解决学生的答题问题。学生所要获得的,不是一条条固定的语文知识,而是在动态的内容中运用知识,进一步自主建构知识。在中考复习备考过程中,教师尤其要关注静态知识背后的语言、篇章、素材等动态内容,这也是真正的思维支架。

二、知识支架:从"要求"到"程序"

布卢姆说的程序性知识指的是"如何做什么,研究方法和运用技能、算法、技术和方法的标准"。笔者梳理中考复习课例发现,课堂上的程序性知识化身为"答题公式""答题套路",事实性知识和概念性知识依然占较大比例。如何开发出具有理论依据和操作指导的答题程序,是值得思考的问题。

在中考复习教学中,事实性知识和概念性知识隐藏在审题要求、答题要求中。例如,教师执教了一节语言应用复习课,给了学生如下提示:审题——明确要求,读材料——读全读懂,表达——有序有据。这是对语言应用类题目答题方法的提炼与概括。但这些内容本质上属于要求或规则。学生自然也明白"明确要求""读全读懂"的重要性,但究竟如何操作才能实现"读全读懂"呢?这就涉及"程序性知识"的"如何做"的维度了。"如何做"不仅包括做的方法或策略,还包括做的流程或程序。正如安德森等人所说:"程序性知识反映不同'过程',而事实性知识和概念性知识涉及可以称作'结果'的部分。"[①]对于漫画类题目,该教师指导学生概括漫画内容的过程是出示题目——学生作答——核对答案——教师讲解。经过三道题目的训练后,学生依然在"说明漫画内容"方面失分,原因是信息捕捉不全面。面对这种学情,教师依然强调"仔细观察画面,客观描述内容",显然无法实现应有的教学效果。此时,教师应和学生一起讨论"如何捕捉完整的漫画信息"的程序性知识。例如:先关注并写出漫画的题目,再对漫画内容进行分类或分块,接着按照不同类别或板块有顺序地描述,注意画面中有什么就说什么,不做过多的想象和推理。

类似的程序,反射到学生头脑中,就不再是一个个的知识点或并列的一条条的答题要求或答题规则,而是成为一种知识图式。按照图式理论,人的所有知识都组成一定的单元,这种单元就是图式。包括在这种单元里的东

---

① L·W·安德森等:《学习、教学和评估的分类学》,皮连生等译,上海:华东师范大学出版社,2008年版,第47页。

西,除了知识本身之外,还有关于这些知识如何被运用的信息。图式的内部结构是一种相对抽象的构架。当琐碎的知识转变为结构化的图式或程序后,更有利于学生掌握和运用。① 再比如把握图表信息,"读全读懂"作为"要求",就不如转变为"先关注标题,再分别从纵、横两个方向观察数据及其他信息,围绕标题或题目其他提示概括结论,结论中最好不出现具体的数字"等思维流程。

三、同伴支架:从独立训练到互助学习

对于语文知识教学与复习,不少教师采用的是"教师讲解—学生识记—反复训练—复习强化"的模式,这种单向学习的效率是比较低的。教师如果能够充分发挥同伴支架的作用,变独立训练式学习为互助学习,就可以提升教学效果。

某教师执教一节"仿写句子"的复习备考课,学生普遍反映仿写题难度不大,答题障碍在于经常会陷入词穷的状态,即找不到合适的词语表达相应的意思。面对此种学情,教师须在教学层面上进行应对,不能进行"加强词语积累""多做仿写题"等大而无当的指导。该教师创造性地运用"头脑风暴"的方式,请每一位同学说出一个主题词或形容词;学生一边说,其他学生判断这些词是否符合题意。例如:

见了大河的汹涌,没见过大山的巍峨,真是遗憾;
见了大山的巍峨,没见过大海的浩瀚,仍是遗憾;
见了大海的浩瀚,_____,依旧遗憾;

---

① 沃尔夫克:《教育心理学》,何先友等译,北京:中国轻工业出版社,2008年版,第291页。

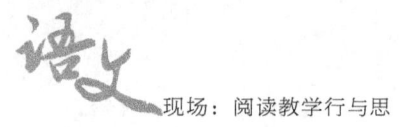

现场：阅读教学行与思

_____，_____。还是遗憾；出发吧，永远出发。世上有不绝的风景，人有不老的心情。

题目要求将划线句子补充完整，教师依次请学生说出自己能够想到的词语，包括名词和形容词。在"头脑风暴"活动中，大漠、大江、大峡、大雪、大潮、大地、星空、旷野等系列名词以及辽阔、广袤、广阔、博大、壮阔、绵延、广博、雄伟、苍茫、雄浑、壮美、高峻等形容词，在学生的相互启发中相继迸出。这就有效地弥补了学生词穷的缺陷，充分发挥了同伴支架的作用。

联合国教科文组织编写的《反思教育：向"全球共同利益"的理念转变？》一书中说："学习不应只是个人的事情。学习作为一种社会经验，需要与他人共同完成，以及通过与同伴和老师进行讨论及辩论的方式来实现。"[①]作为知识教学与复习课，学生独立学习和训练固然重要，但有效运用同伴支架，可以有效提高学习效果。某教师指导学生作答文学类文本阅读中人物形象分析类题目，当学生呈现答案后，教师不仅请学生讲述思考的过程，总结回答此类题目的经验心得，同时还请其他同学对该同学的答案进行点评，从而加深对相关知识的理解。这实际上运用了元认知策略，即个体对自己认知加工过程的意识和监控。学生总结反思作答的过程，属于认知的监控，而同伴的点评则是一种评价，即"对思维、学习的过程和结果做出判断以及对判断做出的反应"。当然，不少教师认为这种学习方式过于耗时，学生做题的数量有限，不能够对所有题型进行训练。这其实是对教学效率的误解。提升教学效率，不在于学生作答了多少题目，更不在于教师讲解了多少题目，而在于对题目背后的知识进行有效把握和运用，在于教师使用一定的认知策略指导学生内化知识、建构知

---

① 联合国教科文组织：《反思教育：向"全球共同利益"的理念转变？》，联合国教科文组织总部中文科译，北京：教育科学出版社，2017年版，第40页。

识、运用知识。

总之,教师在进行中考语文复习备考教学时,要以课堂教学效率为重心,要注重给学生搭建多种支架,包括思维支架、知识支架、同伴支架等,改变"知识点识记+刷题训练"的思路,真正培养学生的学科认知能力。

(本文原载《课程教学研究》2021年第6期,略有修改)

基于情境任务的游记类散文教学探究

——以《在长江源头各拉丹冬》教学为例

《普通高中语文课程标准(2017年版)》提及"命题原则"时强调要"以情境任务作为试题主要载体,让学生在个人体验、社会生活和学科认知等特定情境中完成不同学习任务,以呈现学生语文素养的多样化表现"[1],明确提出了"情境任务"的概念。不同于"完成下列问题""写一篇作文"等去情境化的学科问题,情境任务需要学生在真实情境中通过合作探究的方式去完成。以情境任务统摄课堂,代替过去以"文本分析""问题设计"为主要思路的教学,是阅读教学课堂变革的方向之一。2021年5月,在广东省中山市第一中学组织的"高质量课堂与教师专业发展"的教研活动中,广州市天河区南国学校陈旭兰老师执教《在长江源头各拉丹冬》一课,核心教学环节就是设计了"制作旅游攻略"的情境任务。本文以陈老师的这节课为例,阐述基于情境任务的游记类散文教学的路径。

---

[1] 中华人民共和国教育部:《普通高中语文课程标准(2017年版)》,北京:人民教育出版社,2018年版,第49页。

一、教学内容的确定

阅读教学的重心在于确定"教什么",即教学内容。基于情境任务的阅读教学,同样要确定一节课或一篇课文的教学内容。游记类散文,简称"游记",它既带有记述游踪、记录风物等实用目的,也具有较强的文学性。统编教材八年级下册第五单元的"单元导语"认为游记的内容和特征如下:"通过记述游览见闻,描摹山水风光,吟咏人文胜迹,抒发作者的情思。"从这句话中,可以提炼出游记的三大主要内容:"记述游览见闻"指向的是作者的"所历",即游踪;"描摹山水风光,吟咏人文胜迹"指向的是作者的"所见",即山水风光和人文胜迹,简称风物;"抒发作者的情思"指向的是作者的"所感"。也有教师将其称为"游记三要素",即所有游记类散文的一般性、共通性要素与特征,这是本单元教学的重点内容之一。教材写作板块"学写游记"中也提到:"游记往往包含两方面的内容:一是交代游踪,通过游踪记述游览的经过,以此串起全文;二是描写景物,抒发感受。""单元导语"还说:"学习本单元,要了解游记的特点,把握作者的游踪、写景的角度和方法,并揣摩和品味语言,欣赏、积累精彩语句。"这是从"语文要素"的角度对本单元的学习提出的要求。该要求也是围绕游记类散文的三大主要内容展开的。

本单元的课文《壶口瀑布》《在长江源头各拉丹冬》《登勃朗峰》《一滴水经过丽江》虽同在游记单元,都带有游记类散文的一般特征,但又各具特色。《壶口瀑布》对景物进行了多角度的描绘,写出了黄河的"伟大的性格",但记述游踪较为简略,与其说是游记,不如说是一篇写景散文;《登勃朗峰》前半部分像是游记,后半部分对于"车夫之王"的描写,又带有小说笔法;《一滴水经过丽江》的特色自然在于游览者和游览视角的特殊性。而《在长江源头各拉丹冬》

与一般游记的不同之处在于多次写到自己在高原上的不良反应,例如疼痛、恶心,甚至是"要死了",即不仅仅记述了游踪,抒发了情思,还凸显了某种不适感,这与"游"的本意有较大的出入。因此,在进行阅读教学时,教师不仅要关注游记类散文的一般特征,教会学生鉴赏一般游记的策略和方法,同时还要关注不同游记的文本特质,引导学生深入思考文本特质与一般特征之间的内在张力。这也是《在长江源头各拉丹冬》一文在教学内容方面的基本取向。

二、情境任务的设计

一般的教学思路是进行教学环节和板块的设计。首先是请学生概括作者的游踪,介绍"移步换景"的写作手法;然后切入景物描写与语言赏析的环节,教师会请学生结合游踪选择有代表性的景物描写的语言进行赏析;最后就是请学生结合课后"思考探究"分析作者为什么要刻意写自己在高原上的不良反应。具体的教学方法就是教师设计问题,学生思考回答,小组合作探究并展示。这种教学思路能够抓住游记的文体特征展开,教学环节之间也有一定的关联,而且能够培养学生阅读、分析文本的能力,不过学生参与课堂的热情不是很高。

陈老师执教《在长江源头各拉丹冬》一课,采用了情境任务式教学设计,即设计了"制作旅游攻略"的情境任务:全班同学以小组为单位,通过合作探究的方式,共同制作一份到各拉丹冬旅游的攻略,并进行分组展示。该旅游攻略一共包含三大内容:一是设计旅游线路图,按照作者的游踪,设计出适合学生探险旅游的路线;二是为不同的景点撰写推介语;三是为本次旅游设计一个主题,即为"____之旅"填上合适的双音节词语,并阐述理由。这三个内容也成为本节课上学生需要通过合作探究来完成的情境任务。任务一对应的是游记类散文"游踪"的教学点,任务二对应的是"风物"教学点,任务三对应的是"情思"教学点。而且,任务三还体现了《在长江源头各拉丹冬》的"文本特质"。笔者对这个情境任务进行了细化,将教学时间增加到 2 课时,具体如下:

首先,设计一个具体的情境:"暑假即将来临,学校的'遨游天下'旅行社团拟于假期开展一次带有探险性质的各拉丹冬旅游,请同学们通力合作,细读马丽华的《在长江源头各拉丹冬》以及其他资料,为本次旅游制作一份为期三天的攻略。"这是一个真实的语言运用情境,"制作旅游攻略"是学生需要完成的任务。孙国萍和黄厚江老师认为:"成功的语言运用情境的设置,需要具有一种激发功能,能够唤起学生完成任务的冲动和激情,能够把学生'带入'他们似曾有过、正在拥有、确认会有甚至向往拥有的生活情境。"[①]对于学生而言,该任务情境是符合"似曾有过、正在拥有、确认会有甚至向往拥有"特征的。

其次,旅游线路图的设计,不一定要完全按照教材文本展开,但要涵盖教材文本中提及的观察点。例如:

第 1 天:来到各拉丹冬山脚下。准备到草坝子上搭建帐篷。前往草坝子的途中可以不断感受各拉丹冬的"变化多端",顺便仰望东南阳坡的风物,想象西北阴坡冰雪覆盖的情景。

第 2 天:安顿之后,到砾石堆进行探险旅游,观赏长江奇观之一的冰塔林。接近冰山,从不同的角度再次观察冰塔林。

第 3 天:到冰窟中感受神奇的自然景观,徜徉于冰的世界中。并再次到砾石堆,寻找历史遗迹。

第三,为每个景点撰写推介语,要求引用《在长江源头各拉丹冬》的原文片段并对其进行解说。该任务的实质是感受雪域高原的壮美景色,梳理写景的

---

① 孙国萍、黄厚江:《对"真实的语言运用情境"的困惑和理解》,《语文建设》,2021 年第 1 期。

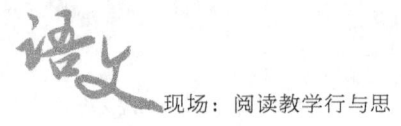

角度和方法,品味富有表现力的语言。"推介语"的撰写,要对景点进行客观的概括,结合教材文本介绍各拉丹冬或优美或壮美的景观,同时还要引用原文并对原文进行赏析。例如:

冰窟,犹如琼瑶仙境。置身于其中,可以感受到川流不息的风,可以观察冰河上纷纷扬扬的雪粒,进而感受各拉丹冬的另一种美。马丽华在《在长江源头各拉丹冬》一文中曾用"静穆的晶莹洁白"来形容这一诗意美景,还将冰的流苏比作"长发披肩"。那些在大自然的力量下改变形状的冰体,像冰塔、冰柱、冰洞、冰廊、冰壁等,绝对值得大家前往一赏。

第四,设计旅游主题,用双音节词为"＿＿之旅"填空,并阐述理由。这个任务没有统一的标准,学生可以结合课文主题以及自己对各拉丹冬的憧憬进行概括。学生既可以填入动词,组成"探险之旅""征服之旅""寻找之旅""发现之旅"等;也可以填入名词,组成"审美之旅""生命之旅""历史之旅""文化之旅""哲思之旅";等等。

三、课堂教学的变革

常规的教学方式是教师提出问题,学生思考讨论并进行解答,这本质上属于"问题思考型"阅读教学;而通过设计情境任务,请学生在任务完成的过程中达成一定的教学目标,属于"任务解决型"教学。两种方式在教学目标、教学内容方面没有根本差别,但达成目标的路径却有本质的区别。

首先,这是一种育人理念的变革。蔡可老师认为:"从'问题思考'到'任务解决'的设计转变,正是教育目标从学科本位、知识本位向学生发展、素养本位转变的过程,这一过程从'任务解决'的角度将教育目标、学习内容、方式方法整合起来,实现均等的教育内容覆盖,让学生获得对学习的参与,收获作为

'人'的成长。"①这也是对基于任务情境的阅读教学方式的深刻认知。从"学科教学"到"学科育人",师生都还有很长一段路要走。前者注重的是学科知识与能力的获得与培养,后者注重知识与能力基础之上的语文素养,更加关注学生的全面发展。"制作旅游攻略"不仅培育了学生阅读游记类文本的能力、其余未来需要的实用技能,更能够使学生在任务完成的过程中,获得不同的人生体验。

其次,这是一种学习方式的变革。"问题思考型"教学中,学生主要是通过分析文本回答教师提出的问题,进而培养解读游记作品的能力,学生被动学习的成分更大;"任务解决型"教学中,学生的学习从"要我学"变成了"要我做",进而变成"我要学",学习的主动性、积极性大大增强。尤其是在小组展示环节,学生能够大胆展示所在小组的"旅游攻略",而不是按照一定的框架或模式来回答问题。两种教学都需要学生对文本进行透彻的解读,前者止步于解读文本,后者则是以解读文本为抓手,进而解决实际情境中的问题。从这个意义上讲,"任务解决型"教学对提高学生学习质量的作用更大。

再次,这是一种教学方式的变革。目前不少初中语文阅读课堂,教师依然牢牢掌握着课堂的主动权和话语权,教师碎问、学生碎答的状况依然没有根本性转变。教师的"教"往往以分析课文、传授知识、训练知识、应对考试为主要内容和导向。教师一节课从头讲到尾,不断将自己或教学参考书对课文的理解讲给学生听,并要求学生将结论记在书上,看似完成了阅读教学的任务。在整个教学过程中,教师是问题的提出者、教学环节的设计者、教学效果的评价者,学生只是被动地在听讲,其思维没有得到有效激发和训练。而在"任务解决型"教学中,教师备课的内容主要是在充分解读文本的基础之上,设计真实

---

① 蔡可:《从"问题思考"到"任务解决"聚焦有质量的语文学习》,《语文学习》,2018年第10期。

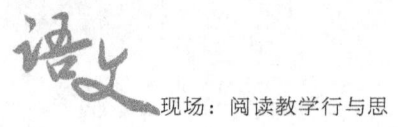现场：阅读教学行与思

的情境任务，设想学生在完成任务过程中可能出现的状况，并做好教学应对；上课则以组织活动为主，并对学生完成任务的情况进行指导和评价。

当然，基于情境任务的阅读教学并非完美无缺，情境设计是否符合学生的认知规律与生活经历，任务的难易程度，语文活动的组织是否恰切，学生有无脱离文本等，这些都需要教师的思考和关注。

（本文原载《课程教材教学研究（中教研究）》2022年第1期，略有修改）

理念探究

资料篇

小说阅读:学术与教学的错位

小说,越来越被认为是最纯正的文学体裁,特别是 20 世纪以后,小说成为文学的主导性文类。文学界,小说创作欣欣向荣,名家辈出,名作层出不穷;理论界,小说研究如火如荼,学派林立,观点应接不暇。在语文教育界,虽然小说教学深受重视,学生对小说更是爱不释手,但是相应的小说教学改革却举步维艰,小说文本阐释框架陈陈相因,小说课堂表面繁荣内核暗淡,小说理论更是跟不上学术研究的步伐。于是,在学术研究与课堂教学,在教学内容与教学价值,在阅读兴趣与功利选择等方面,出现了较为严重的错位与断裂。

一、学术研究与课堂教学的错位

小说是什么?这是对小说体裁的本体性追问。古往今来,无数小说家用实际创作回答着这个问题,无数小说理论家用理论阐释着这个问题。特别是 20 世纪以来,小说理论成为一门显学,其核心就是叙事理论。当代西方文艺理论中,结构主义理论、形式主义理论、西方马克思主义、新历史主义、女性主义等等,其理论观点都与小说叙事产生了千丝万缕的联系,特别是俄国形式主义和法国结构主义理论,对小说叙事学更是产生了直接的影响。叙事学内部,也产生了形式主义叙事学、结构主义叙事学、解构主义叙事学、女性主义叙事学

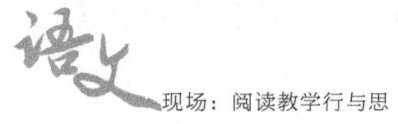

等不同的支流。小说叙事研究者，前赴后继；小说叙事研究著作，数不胜数。普洛普、什克洛夫斯基、托马舍夫斯基、托多罗夫、罗兰·巴特、格雷马斯、热奈特、查特曼、里蒙-凯南、巴赫金、米克·巴尔、海登·怀特、苏珊·S·兰泽尔等，都是小说叙事学研究的佼佼者。

在中国，西方的叙事理论也影响到了中国的小说创作与叙事理论研究。在叙事学研究方面，张寅德的《叙述学研究》、申丹的《叙述学与小说文体学研究》、罗钢的《叙事学导论》、谭君强的《叙事学导论》、胡亚敏的《叙事学》、徐岱的《小说叙事学》等等，都是西方叙事理论本土化的研究专著。也有中国学者从比较文学理论的角度出发，将西方叙事学与中国小说评点结合起来进行研究，取得了卓越的成就。

但令人遗憾的是，这些学术研究成果与叙事理论观点对中学语文小说课堂教学的影响微乎其微。虽然说西方叙事理论不一定都适用于中国的语文教学实际，但毕竟给我们提供了一套新的阐释话语。目前流行于中学语文课堂的，占据主流地位的依然是"小说三要素"或"小说四要素"的阐释框架。小说三要素，即人物、情节、环境；小说四要素，即人物、情节、环境、主题。与此相应的是，小说课堂教学就产生了某些固定的板块和板块的变体，即复述故事情节，分析人物形象，鉴赏环境描写，概括中心主旨。在这个板块内部，继续产生分析描写的表达方式、理解品味重点句子、分析小说的结构线索等等其他内容。于是，小说成为了通过人物、情节、环境的具体描写反映社会现实的文学体裁，这其实是一种反映论文学观在小说研究上的典型体现。

这种学术研究与课堂教学错位的根本原因在于对小说本质的认识不足。要素，指构成一个客观事物的存在并维持其运动的必要的最小单位。人物、情节、环境，当然是构成小说的必不可少的要素。但"要素论"没有揭示小说的本质，小说的本质是虚构，是叙述，说得通俗一点，小说就是讲故事。在课堂教学中,我们重视的往往是"故事",忽视的是"讲"。换句话说,我们重视的是小说的"内容",忽视的是小说的"叙述"。

二、教学内容与教学价值的错位

在小说要素论的阐释框架范围内产生的教学内容必然是概述故事情节、分析人物形象、分析环境描写的作用、赏析人物描写、品味重点句子、认识中心主旨,在教学过程中落实基础知识与基本能力、情感与价值观等方面的培养与熏陶。实际上,这种阐释框架存在着两个致命的缺陷:

其一,并非所有的小说都适合"要素阐释框架",或者说用同一种知识框架,去阐释所有类别的小说,肯定会出现"贴标签"或生搬硬套等问题。有的小说像散文,例如沈从文、废名、汪曾祺等人的小说,分析人物形象和概括中心主旨就不是主要教学内容;有的小说中的人物仅仅是符号,没有实质性格内容,人物分析自然也就失去了意义;有的小说故意淡化故事情节,像意识流小说,那又如何概述故事情节?

实际上,小说的种类是多种多样的,用王荣生教授的话说就是,在小说文类的内部,还存在不同的"体式"。体式,是单个文本的特定样式,是个体文本所具有的特殊的表现形态。也就是说,我们在阅读小说时,不仅要考虑到该小说属于哪一"类别",更要考虑到"这一篇"小说所具有的特征。举一个简单的例子,我们讲卡夫卡的《变形记》,不仅要考虑到作为小说的一般特征,更要考虑到《变形记》具有的"表现主义小说"的独特特征。如果仅仅从人物、情节、环境三要素的层面进行分析,那无疑大大降低了这篇作品的阅读价值,同时也降低了作品的教学价值。

其二,对于教材中出现的小说,学生差不多都能够读懂,大体都能够复

述故事情节；也基本能够概括人物形象的特点；甚至能够套用某种公式，分析环境描写的作用。既然如此，教师又何必将教学重心放在"小说四要素"上呢？实际上，这是一种忽视学情的教学方法。

上述两个问题，第一个的实质是没有区分小说的体式特征，第二个的实质是没有考查学生的实际情况。体式不分，学情不明，这也是造成小说阅读教学重复低效的原因。

当然，这并不是说人物形象、故事情节、环境描写和中心主题不需要教，更不是否定"小说四要素"作为教学内容的合理性，而是说要根据小说的本质特征、体式特征以及学情，重新发现、确定、建构小说的独特的教学价值。"四要素"的教学内容，是将小说当作成品，去赏析，去分析，去追问小说的表现内容与表现形态；在情节型小说中，如果将"叙述"作为教学内容，是将小说视为过程，不仅追问小说写了什么，更要追问小说是如何写成的，追问作者是如何编织、构造故事情节的。叙述，就包括了叙述人物、叙述时间、叙述视角、叙述人称、叙述节奏、叙述语气等一系列内容。在这个内容的考量下，我们要区分人物与叙述者，区分故事情节与小说情节，区分叙述时间与实际时间等，进而将教学价值的重点从"故事"转移到"讲"。对于其他类型的小说，我们也可以根据小说的体式，确定小说的教学价值。

在此基础上，我们便可以根据体式与学情，重新审视教材文本的教学价值问题。例如教沈从文的《边城》，学生概括故事情节，或者分析人物形象，意义不是很大。如果抓住"诗化小说"的体式特征，赏析文中精彩的风土人情的描写，体察情窦初开的少女纤细、隐秘的心事，无疑更有教学价值。如果我们拥有了新的解读概念与理论，在教《林教头风雪山神庙》时，就不会仅仅要求学生概括故事情节，分析林冲的形象及其意义，感知中心主旨，而是会从叙述视角出发，分析作者是如何"讲"故事的，作者有意识地遮蔽了什么，透露了什么，这些或许更有意义。余华的《十八岁出门远行》，自然也可以据此重新确定教学内容与价值。

学生或一般读者读小说，往往止步于小说是否吸引人，小说写了什么，但作为课堂教学的小说阅读，则要去追问小说是如何虚构的。但实际上，现有的教学内容与应有的教学价值之间，产生了严重的错位。

三、阅读兴趣与功利选择的错位

中学语文界，小说阅读还有一个错位，那就是阅读兴趣与功利选择的错位。所谓阅读兴趣，指的是学生喜欢读小说，教师也喜欢教小说，小说课堂，哪怕是乏味的小说课堂，学生也欢迎；而所谓功利选择，指的是在考试中，特别是在语文高考的选做题中，大部分学生还是义无反顾地选择实用类文本阅读。

新课程改革之后，高考对小说的考查越来越普遍，考查的内容也越来越多。近几年的全国新课标卷的"文学类文本阅读"，只有小说一个文类了，散文和戏剧基本上被排除。特别是前几年热衷于考查的散文文类，越来越不被考试命题专家确定为"正宗"的"文学体裁"，最纯正的文学体裁就是小说，因为小说对作家的创造性提出了至高的要求。按道理讲，小说在平时的教学中受到了师生的双重重视，在考试中又受到了命题专家的重视，选择小说的考生应该占据很大比例。实际上，考生在高考面临抉择时，依然会以得分率作为最重要的选择标准。甚至，有的学校在高三复习过程中，有意识地引导学生选择人物传记这样相对容易得分的题目，更有甚者，直接将文学类文本复习的内容排除在复习计划以外。

造成这种错位的原因是多种多样的。学生的功利化选择，自然也值得

现场：阅读教学行与思

理解。而在小说命题中,我们也可以发现某种断裂与错位。在小说命题中,人物形象、细节、环境描写、情节概括、小说主题等依然是考查的主要内容。小说命题有字数限制,还要考虑到题目的难易度与区分度,以及考生的选择状况,因此总体上讲,小说题目并不难。于是一个困境出现了:如果平时教学将重心放在"叙述"这个点上,那考试不会考到相关内容;如果考到了相关内容,而且题目不易把握的话,学生就会放弃小说,选择实用类文本。2008年高考语文试卷广东卷现代文(文学类文本)阅读所选的《河的第三条岸》是巴西作家若昂·吉马朗埃斯·罗萨的带有现代小说技巧与主题的小说,命题依然是以故事情节、人物形象和主题作为考查内容。这道题的难度远远高于当年的实用类文本,得分率自然比较低了。出于功利选择,学生又如何会选择小说题目呢?

或许,正因为存在这种阅读兴趣与功利选择的错位,我们才有可能为小说阅读留下一片自由的无功利的天地。这就涉及了小说阅读的根本意义所在。人为什么会读小说?学生为什么喜爱小说?很明显,不是为了考试,而是为了某种内心的享受。小说呈现给我们的,是虚构的人生经历与生命形式,读小说,在某种程度上,丰富了我们的情感体验,丰富了我们的生命经历。读小说,就是读不一样的人生。孙绍振先生说小说就是"将人物打出常规",正是这些非常规的人物与故事,让我们的生命立体化了,在精神层面上有了多元化的选择。读完一篇令人怦然心动的小说,我们久久沉浸于其中,这种审美情感,是无法代替的。特级教师邓彤说:"教小说最好的境界是让学生若有所思、思有所悟、怦然心动、潸然泪下,而又说不出来,我觉得这是最高境界。"而这种最高境界,恰恰是考试无法考查的内容。

总之,对于小说阅读与小说教学,一线教师既要从学理角度重新审视流行于语文教学界的概念与术语,例如主题、情节、人物等,又要引入新的分析视角与概念,借助新的阐释范式,对文本进行重新解读,确定合宜的教学内容。同时,还要在种种错位与断裂中,为小说阅读保留一片纯净的填空,丰富学生的人生体验,也提升教师的精神层次。

(本文原载《新课程研究》2016 年第 6 期,略有修改)

诗词教学的困境与突围

一、教师素养的缺失与重塑

此处的"教师素养"主要指教师在诗词阅读与鉴赏方面的素养。诗词作为一种特殊的文学体裁,与记叙文、说明文、议论文甚至是小说、散文的教学都有相异之处。诗词教学不能仅仅依靠长期以来形成的教学知识,还需要丰厚的阅读积淀与人文感悟,需要形成自己的阅读经验与阅读方法。但在实际生活中,教师在诗词素养方面还有缺失。

首先,阅读量的受限。目前,中小学语文教师多数是大学中文系毕业的学生,少数教师拥有硕士或博士学位。大学本科期间,除非是对古典诗词有浓厚的兴趣,真正将大量时间用在诗词阅读上的人数并不多。读研期间,专业划分越来越细,如果不是古典文学方向的研究生,对于古典诗词的阅读与了解也极其有限。这一缺失,如果在从学生身份转变为教师之后没有及时弥补的话,那势必将影响未来的语文教学。诗词的阅读量,关系到教师对诗词的理解与感悟,关系到诗词教学的可信度与效率,"以其昏昏,使人昭昭"在诗词教学领域并不容易实现。

其次,鉴赏理论的匮乏。诗词鉴赏与教学,需要一定的理论基础。这种理论不仅仅是教学理论,更重要的是中国古典诗词鉴赏理论。这些理论散见于古代的诗话、词话以及系统的理论著作中,当然阅读《中国古代文学批评史》《中国诗学史》之类的著作也可以获得相应的理论知识。鉴赏理论的匮乏,直接导致了教师无法形成属于自己的阅读经验,从而降低了诗词教学的有效度。

再次是鉴赏实践的缺失。很多教师,面对教材或试卷上的诗歌,首先想到的不是自主理解诗意,而是先参考教学用书或网络资源,稍微专业一点的可能会去查找名家的鉴赏文章。鉴赏实践的缺失严重阻碍了教师诗词鉴赏经验与方法的有效形成。正确的理路是在自主阅读与鉴赏的基础上,参考名家解读的成果,进而在鉴赏"这一篇"的基础之上形成诗词鉴赏的知识、理论、经验与方法,从而有效地转化为教学经验与理念。当然还有一种倾向就是照搬最近三十年的教学经验,从网上下载课件、教学设计与教学实录等文章,而脱离了学术界的研究成果。这种倾向也是值得警惕的。

面对这三重"缺失",我们亟须重塑教师的诗词阅读素养。记得《红楼梦》里林黛玉教香菱作诗时曾说:"你若真心要学,我这里有《王摩诘全集》,你且把他的五言律一百首细心揣摩透熟了,然后再读一百二十首老杜的七言律,次之再李青莲的七言绝句读一二百首。肚子里先有了这三个人做了底子,然后再把陶渊明、应、刘、谢、阮、庾、鲍等人的一看,你又是这样一个极聪明伶俐的人,不用一年工夫,不愁不是诗翁了。"作诗如此,赏析诗歌亦是如此。只有进行整本书阅读,有了丰厚的积淀,才能形成有效的阅读经验。除此以外,教师对于古典诗词理论也应有一个概览式的了解与掌握,特别是古代的意境理论、言意之辨、文体理论、诗词手法与术语、批评方法等,要做到"手有寸铁"。对于名家的赏析篇章,也应有所涉猎,不仅仅吸收其现成的研究成果,更重要的是学习鉴赏的理论、方法与技术。当然,这一切都需要教师在行动与实践上有所体现。

现场：阅读教学行与思

二、诗词鉴赏的程式化与重构

中国古代的诗词鉴赏往往是印象式评点，甚至带有"以事论事"的意味，即用诗的思路与语言去赏析诗歌，一些术语例如"韵味""境界""高远""真素"等，缺少具体的内涵。而另一种专门研究诗词技法的著作，被人称为"小道"而遭到贬抑。现代的诗词鉴赏接受了西方诗歌理论的影响，注重于内容与形式的二分，无形中落入了分析主义的窠臼。而马克思主义文艺理论批评视野下的诗词鉴赏则注重诗歌反映现实生活的机制，对诗词的形式与审美略有忽视。如何在批判地继承传统理论资源与理性吸收西方文艺理论资源的基础上，建立诗词鉴赏的独立理论与话语，是需要引起关注的话题。

中国古代讲究"诗言志"与"诗缘情"，可以说"言志"与"缘情"是诗词创作方面的两大传统。虽然"志"与"情"都带有情感要素，但前者侧重于家国与政治方面的志向和抱负，后者侧重于个人意义上的自我情感。这些志与情自然是鉴赏时首要把握的内容，而如何言志与如何缘情便成为批评家关注的重点，实际上便是艺术手法的运用。这一分析理论正好与现代的内容与形式的二分产生了重合，于是诗词鉴赏便被分为"分析内容"与"鉴赏手法"两大类。对于前者，概括诗词的内容、把握作者的感情等便成为重点；对于后者，分析诗词的手法、赏析字词的妙处便成为重点。后来，意境、意象、风格也成为广大教师关注的重点，这无疑为诗词鉴赏拓宽了思路。但在实际鉴赏过程中，程式化与概念化的弊病逐渐显露。例如在分析诗词的情感内容时，有人依据诗词的题材将情感概括为"忧国忧民之感慨""游子逐客之凄凉""怀才不遇之寂寞""征夫思妇之幽怨""自由悠闲之恬淡""归耕隐居之乐"等不同的种类。不能说这些概括毫无意义，但如果在鉴赏时只是生硬地将概括化的情感与诗句机械结合，

那么学生只能久久徘徊在鉴赏的大门之外了。再比如艺术手法中的"借景抒情",学生看到景物描写,便将诗句大致翻译,然后冠以"借景抒情"的名号,在景物与情感之间建立起某种联系。这一点在高三复习与考试答题中表现得更为明显。没有走进诗词的艺术世界,仅仅在概念与程式的表面滑来滑去,鉴赏的意义与效果自然要大打折扣。需要说明的是,程式与概念并非贬义之词,但"程式化"与"概念化"便是值得警惕的现象,因为我们不能用统一的概念与程式去赏析所有的诗词。

  在这种情况下,重构的意义便得到了凸显。重构,不能无视传统资源与外来理论,要在批判继承两种资源的基础上建立自己的理论话语。这方面,孙绍振教授居功甚伟。在诗词鉴赏方面,他提出的"还原""意脉""隐性矛盾""形式规范"等就是在批判继承传统与西方理论资源的基础上提出来的中国学派的理论。我们再来看清代的金圣叹与仇兆鳌对杜甫的《望岳》特别是"岱宗夫如何,齐鲁青未了"的评点:

  金圣叹《杜诗解》:"一字未落,却已使读者胸中、眼中,隐隐隆隆具有'岳'字、'望'字。盖此题非此三字('夫如何')亦起不得;而此三字非此题,亦用不着也。……此起二语,皆神助之句(首句)。凡历二国,尚不尽其青,写'岳'奇绝,写'望'又奇绝。五字何曾一字是'岳'? 何曾一字是'望'? 而五字天造地设,恰是'望岳'二字('齐鲁'句)。"[①]

  仇兆鳌《杜诗详注》:"此望东岳而作也。诗用四层写意:首联远望之色,次联近望之势,三联细望之景,末联极望之情。上六实叙,下二虚摹。岱宗如何,意中遥想之词。自齐至鲁,其青未了,言岳之高远。"[②]

[①] 金圣叹:《杜诗解》,上海:上海古籍出版社,1984年版,第9页。
[②] 仇兆鳌:《杜诗详注》,北京:中华书局,1979年版,第4页。

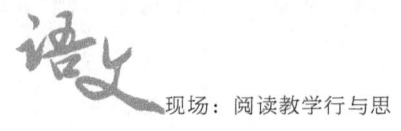
现场：阅读教学行与思

金圣叹重在个人的体悟，仇兆鳌重在章法的分解，二人各得奇妙。重构诗词鉴赏的理论与话语，就是要建立在金圣叹注重个人体悟的过程与仇兆鳌注重理性分析的思路的基础上。作为教师，要善于引导学生真正走进诗词的内部，注重鉴赏的具体过程，而不仅仅是使用一系列的手法之类的概念。

三、教学内容与流程的固化与突破

与鉴赏程式化紧密相连的，便是教师在诗词教学内容与流程方面的"双重固化"。固化，一方面体现了语文教学内容与精神的传承性，另一方面也揭示了教师对教学内容与流程缺乏必要的反思。

从教学内容上讲，诗词教学往往是围绕情感、形象、意境、语言、手法等展开，这是与高考诗歌鉴赏题目的考点一一对应的。这其实并无不妥，只是除此以外，诗词教学有没有其他重要的内容。古人看重的章法、句法、字法是否有值得吸取的资源？而且，在确定教学内容时，概念化的弊病依然存在。例如从形式上看，教师往往会引导学生判断是绝句还是律诗，这属于文学常识。但在形式韵律与诗词本身之间，是否仅仅存在概括的关系？实际上，学生能够回答出是五言绝句还是七言律诗，还远远没有达成诗词鉴赏的目标，那仅仅是一种识记与判断的能力。就拿绝句来说吧，如果能够从元代杨载的《诗家法数》中提炼出一些方法，例如："绝句之法，要婉曲回环，删芜就简句绝而意不绝。多以第三句为主，而第四句发之。有实接，虚接。承接之间，开与合相关，反与正相依，顺与逆相应，一呼一吸，宫商自谐。……至如宛转变化工夫，全在第三句，若于此转变得善，则第四句如顺流之周。"[1]那么，我们在鉴赏绝句时，就会

---

[1] 何文焕：《历代诗话》，北京：中华书局，2006年版，第732页。

关注其转折之处,而不会停留在概念的辨析与判断上。

从教学流程上讲,诗词教学往往是由介绍作家与背景、学生朗读、判断诗眼、分析情感、鉴赏意境与意象、分析手法、拓展延伸等环节组成。这些环节自然符合教学的一般规律,但是否所有的诗词都要遵循这些流程呢?例如上课伊始便介绍作家与背景,其学理依据何在?对于有些诗词而言,当教师介绍背景之后,学生对诗词的情感已经有所把握,这已经影响了学生主动走进诗歌文本的动力与新鲜感。再比如诗与词,原本是两种不同的文学体裁,但在实际操作中统称为"诗歌",在具体教学中,诗的教法与词的教法大同小异,这无异于抹杀了诗和词身上的独立的体式特征与差别。诗是先有文字再配乐,词则是先有曲调再填词,教学时统统用朗读的方法走进文本,是否恰当?这一点也有待论证。

基于这种情况,我们更需要突破传统教学中的束缚,冲破长期以来形成的诗词教学传统中的不利方面,对教学内容与教学流程进行重新审视,并进行重构。例如苏轼的《念奴娇·赤壁怀古》,就可以抓住怀古词的体式特征,在"古"与"今"之间建立必要的联系;从词的版本入手,辨析相关细节及用词炼字;从词的意境、意象及情感的角度,对其"豪放"的特征进行审视;还可以结合苏轼的人生经历,请学生谈一谈这首词的文化意义与影响。再比如李清照的《声声慢》,除了情感、意象、炼字之外,还可以引导学生依据词的文体特征,即"词之为体,要眇宜修。能言诗之所不能言,而不能尽言诗之所能言。诗之境阔,词之言长",来分析并感受其时空交错、反复渲染、层层推进的曲折的情感脉络。

四、诗词与文化传统的剥离与重建

中国古典诗词,不仅是作家的心灵史,更是一部社会史与风俗史。或者

现场：阅读教学行与思

说，诗词创作，既是心灵事件，也是社会事件。诗词本质上是一种文化现象，是整个文化传统中不可分割的一部分。

所谓文化传统，既是指整个时代社会的整体氛围，也是指当时社会的文学的整体状况，也包括作家创作的作品序列。这有点类似于美国的托马斯·库恩在《科学革命的结构》里提出的"范式"的概念，即"科学史家不再追求一门旧科学对我们目前优势地位的永恒贡献，而是尽力展示出那门科学在它盛行时代的历史整体性"。① 民国时期的孙本文曾经在《中学校之读文教授》提出的"述作者历史，并说明其文章之长处，及其在文学史上之位置"，② 也是注重"文化传统"的体现。注重诗词与文化传统的关系，与简单介绍作家及诗词创作背景不能画等号，而是要在文化传统的意义上理解"这一首"诗词，这一点也类似于英国作家艾略特提出的"非个人化传统"。

例如《诗经·氓》里说，"桑之未落，其叶沃若"，"桑之落矣，其黄而陨"，还有"于嗟鸠兮！无食桑葚"。女主人公用桑叶自喻，哀叹自己的悲剧命运。那作者为什么偏偏选择"桑"的意象呢？除了桑叶与桑葚本身的形态特征与内在特性外，有没有其他的因素？其实，这里面还有一个文化传统的问题，即"近取譬"的思路。之前，氓"抱布贸丝"，这就说明女主人公是以养蚕纺丝为主要职业的，既然是养蚕纺丝，对桑叶与桑葚自然是非常熟悉，因此在自喻时，便选择了离自己最近的"桑"的意象。《周易·系辞》中说："古者包牺氏之王天下也，仰则观象于天，俯则观法于地，观鸟兽之文与地之宜，近取诸身，远取诸物，于是始作八卦，以通神明之德，以类万物之情。"孔子在《论语》中曾经说："夫仁

---

① 托马斯·库恩:《科学革命的结构》，金吾伦、胡新和译，北京：北京大学出版社，2003年版，第3页。

② 顾黄初、李杏保：《二十世纪前期中国语文教育论集》，成都：四川教育出版社，1991年版，第89页。

者,己欲立而立人,己欲达而达人。能近取譬,可谓仁之方也已。""近取诸身"与"近取譬"都是古人立象尽意的传统。再比如《诗经·硕人》中"手如柔荑,肤如凝脂,领如蝤蛴,齿如瓠犀,螓首蛾眉"的比喻,也是如此。

也就是说,教师在引导学生赏析诗词时,既要关注"这一篇"的艺术成就,同时还要从文化传统的整体意义上去理解诗歌含蕴与相关细节。其实,在诗词创作中,用典的手法就是对文化传统的延续。诗词是一种高度凝练的语言艺术,一个字、一个词、一个典故,都包含着十分丰富的人文信息,如何挖掘这些信息的价值,建立起诗词与文化传统的有机联系,进而引导学生从文化传统的角度理解古诗词,这是每一位教师应有的文化自觉。

总之,诗词教学是一条漫长的道路,没有丰厚的积淀、没有深入诗词鉴赏的具体过程,是无法培养起深厚素养的。教师"以其昏昏"的结果必然是"使学生亦昏昏"。突破诗词教学的困境,重构诗词教学的内容与传统,是广大教师在诗词教学方面的当务之急。

(本文原载《教学月刊·中学版(语文教学)》2017年第7—8期,略有修改)

向文本细微处"漫溯"

——例谈备课如何实现"精妙"

一、从一个标点说起

标点符号是多数教师在备课时所忽视的细节，当然，教材大部分标点符号并没有太大的探究价值。对于教材文本，特别是文学类文本而言，标点符号不仅有语法上的功能，少数标点还能实现表情达意的功能，有些标点符号还是作家的艺术匠心所在。

人教版教材的《小狗包弟》的基本是原著文本的全文录入，但与原著相比，有一个地方出现了细微的区别，可能是教材编写者进行的改动。即文章的最后一段：

原著文本：即使在"说谎成风"的时期，人对自己也不会讲假话，何况在今天，我不怕大家嘲笑，我要说：我怀念包弟，我想向它表示歉意。

教材文本：即使在"说谎成风"的时期，人对自己也不会讲假话，何况在今天？我不怕大家嘲笑，我要说：我怀念包弟，我想向它表示歉意。

两者的区别在于"何况在今天"后面的标点符号，原著是逗号，教材中改为了问号。从情感意义上讲，"何况在今天"应该带有强烈的反问语气，用问号自然比较合适。如果是逗号的话，整个句子便会显得很平淡，失去了情感的波动意义。从句子之间的衔接关系上讲,问号可以表达句子意思的暂时中止,而逗号则重在句子之间的衔接。这句话其实包含了两层意思,一层是对说真话的追求,一层是对小狗包弟的真挚的道歉。"何况在今天"是对前一句话的强调,如果是逗号的话,"何况是今天"便自然成了后一句话的时间状语,这与句意便不相符合。

其次,教师可以从这个细微的差别入手,设计一些能够串联全文的问题,提供支架,以便学生更深刻地理解文本,把握作者内心的思想情感。

第一,教师可以请学生反复朗读这句话,并且提问:

你从这句话中读出了哪些意思?

学生可能会从以下几个角度进行思考,从而呈现答案:在"说谎成风"的时期,人经常对他人说谎话;在"说谎成风"的时期,人对自己是不会说谎的;在今天,已经过了"说谎成风"的时期,人不再对他人说谎;在今天,已经过了"说谎成风"的时期,人更不会对自己说谎。那么,作者意在表明:写作《小狗包弟》,完全是在"讲真话",不仅是对他人讲真话,更是对自己讲真话。

第二,围绕着"说谎"与"讲真话"以及自我与他人的关系,教师可以进一步设计如下问题:

既然作者说自己是在"讲真话",你有没有从文本中感觉到作者是在"讲真话"?请抓住文本的相关段落、句子、词语进行思考。

这个问题对学生把握文章内容、挖掘文本深意起到了点拨、串联的作用。

第三,当学生把握了以小狗包弟为线索的文章大意,并且体会到了巴金对待小狗包弟的"讲真话"的心理状态之后,还可以设置以下问题,进一步挖掘文章的内蕴:

文章中哪些地方与"今天"有关,作者为什么要强调"何况在今天"?

这是一篇回忆性散文,交织着"过去的行为"与"现在的情感"。这种过去

与现在的纠结,其意义不仅仅在于对过去的忏悔,更在于一种普遍的意义:即重拾知识分子的良知,以史为鉴,避免悲剧重演,从而更懂得珍惜现在。而作者强调的"何况在今天",更是由衷地希望:人不仅要对自己讲真话,同时也要对他人讲真话。在一个特殊的年代,真与假的价值已经完全模糊了,在《再论说真话》一文中,作者说:"那些时候,那些年我就是在谎言中过日子,听假话,说假话,起初把假话当做真理,后来逐渐认出了虚假;起初为了'改造'自己,后来为了保全自己;起初假话当真话说,后来假话当假话说。"有道是"假作真时真亦假",过去的真假不分,才能见出现在讲真话的意义。从学生的理解上讲,这也是一个难点。

二、从一个词语说起

教读曹操的《短歌行》,几乎所有的教师都会抓住诗眼切入文本以及教学内容。但是对诗眼的处理,不同的教师有不同的"招数"。有的教师提问直接简单,直接请学生回答这首诗的诗眼是什么;有的教师则会请学生分析"忧"的具体体现,并且分点陈述。笔者在备课时,从文本内部关联的角度对内部资源进行重新组合,提出这样一个带有启发性的、能够引起学生讨论的问题:

作者说"何以解忧,唯有杜康",既然"忧"可以通过美酒解除,为何作者又说:"忧从中来,不可断绝?"

这是一个有挑战性的问题,不过仔细阅读文本,多数同学还是能够发现两个"忧"字内容的区别,前者是人生苦短之忧,后者是政治功业之忧。所谓人生苦短之忧,同时代的《古诗十九首》也有相同的主题,所谓"人生天地间,忽如远行客。斗酒相娱乐,聊厚不为薄",所谓"生年不满百,常怀千岁忧。昼短苦夜长,何不秉烛游",所谓"服食求神仙,多为药所误。不如饮美酒,被服纨与素",

同样的人生之忧,同样的解忧之法,如果说曹操的《短歌行》的主题仅仅停留于此的话,那么其艺术价值也就不足称道了。但是曹操并没有得出及时行乐的主题,而是得出了及时建功立业的主题,因为人生苦短,所以要抓紧时间建功立业。这其实就是魏晋风骨的体现。对曹操而言,统一天下,建立一番不世的政治功业才是解忧的最好的办法。因此,他表面上说"何以解忧,唯有杜康",但后文却说"忧从中来,不可断绝",这就说明杜康美酒是无法解"建功之忧"的。

但在解读"忧"的具体所指时,多数教师往往将"人生苦短之忧"与"政治功业之忧"并列起来。情感并列,并且从语言层面进行分点表述,自然有助于学生对情感的理解与体验。但问题是,人的情感状态是很复杂的,不能简单地并列。此时,教师便可以设置另一个问题:

杜康美酒真的能解"人生苦短之忧"吗?

答案自然是否定的。人生之忧是一种生命之忧,甚至是一种哲学之忧。终有一死的人向往永生,向往永生的人终有一死,这本就是人生最深刻的矛盾。这种深层次的人生之忧自然是无法通过饮酒或者及时行乐的方式解除的。畅饮美酒,或许能够暂时让自己忘却忧愁,但永远无法消除这种忧愁,更何况"举杯消愁愁更愁"。而对于曹操来说,只有建功立业、统一中原才是对抗生命短暂的最好办法。也就是说,"人生苦短之忧"与"政治功业之忧"是有内在的情感逻辑的。也可以说,正是前者造成了后者的存在,后者才是对抗前者的方式,而求取贤才,或许才是解除人生苦短之忧的最佳方式。

三、从一幅插图说起

教材的插图,实际上教材的辅助资料,但其价值并不仅仅在于表面的美观,更在于与文本内容的契合。精彩的插图,对理解文章的内容有点拨与暗示

现场：阅读教学行与思

作用，甚至有的插图成为一代人的"语文记忆"。有段时间网络上出现的"杜甫很忙"的恶搞，针对的也是教材中的插图。插图，会告诉读者很多文本中没有的信息，例如有教师讲到《荆轲刺秦王》中的秦武阳时，就引导学生关注人教版教材上的插图，学生便发现了趴在地上的秦武阳，教师据此带领学生还原文本的语境与故事，并且对比荆轲与秦武阳的形象，令人耳目一新。

笔者在备粤教版《诗经·静女》这首诗时，也注意到了一幅插图，即诗歌中静女的形象。很明显，教材编者将这幅插图配于本诗，是为了让读者或者说学生对静女的形象有直观的形象的认识。换句话说，插图中女子的形象应该与诗歌中静女的形象保持一致。但笔者在阅读文本时，无论如何也不能将诗歌文本中的静女形象与插图中的静女形象联系到一起。诗歌中的静女，"静女其姝，俟我于城隅。爱而不见，搔首踟蹰。静女其娈，贻我彤管……"她不仅先于约会时间到达约定的地点，同时还与"我"玩起了躲猫猫的游戏，见面之后，又送给"我"一支彤管作为礼物，可见这是一个漂亮活泼而又调皮大胆的女孩子。但是插图中的静女，端庄大方，雍容典雅，略带富态，面容平和，笑不露齿，显现出一派富贵之气。用现在的话说，诗歌中的"静女"像从民间走来的小家碧玉，插图中的"静女"更像是出身于富贵之家的大家闺秀。于是笔者设计了这样一个问题：

请同学们细读文本，在头脑中描绘出一幅静女的图画，然后审视一下教材的插图是否恰当？

这个环节的主要目的就是让学生自主理解诗歌，构建出符合诗歌本意的女子形象。由于这个启思点是将图片与文字进行对照，定会激发学生比较的热情，从而带着浓厚的好奇心和兴趣感走进文本。这种思路要比"请同学们通读全诗，理解诗歌，概括诗歌中的女子形象"之类的问题要更新颖，更能激发学生的探究兴趣。

当学生发现差异之后,笔者进一步引导学生通过查阅资料的方式,去分析产生这种差异的深层原因。例如通过查阅资料,我们发现插图中静女的服饰似乎带有汉代服饰的特点,而其头上的发髻,也不似先秦时期的风格。于是,我们大胆推测,插图为后人创作,无意识之中受到了儒家伦理规范的影响,绘出了符合主流意识的女子形象,但不符合《静女》诗歌本身中女子的形象。实际上,《诗》在古代被称为"经",统治者期望它能起到"经夫妇,成孝敬,厚人伦,美教化,移风俗"的重大功能。因此,在儒家思想成为主流意识形态之后,《诗》便不再是纯粹的文学作品,而是带有政治功能。正是在这种思想的指导下,描绘青年男女爱情生活与心理的《关雎》,被认为是歌颂"后妃之德",而《静女》一诗中的静女,汉代的毛诗解释为"女德贞静而有法度,乃可说也",唐代孔颖达的《毛诗正义》进一步发挥,认为"言有贞静之女,其美色姝然,又能服从君子,待礼而后动,自防如城隅然,高而不可逾",南宋的朱熹居然认为这是一首"淫奔期会之诗"。教材插图对诗歌中女子形象的歪曲,与后代《诗经》研究者的"误解",本质上是一致的。

总之,文本中的细微之处,不仅是文本解读的关键点,同时也是教师设计教学流程的创新点,是调动学生参与文本对话、参与课堂讨论的"催化剂"。备课时,能够注意到类似的细节,需要教师高水平的解读能力,更需要教师引导学生在这些点上进行深入挖掘,从而使得课堂教学具有新意。

(本文原载《中学语文教学参考》2017年第25期,略有修改)

"思维发展与提升"下的古诗词教学

2017年版的《普通高中语文课程标准》提到"思维的发展与提升"时认为:"能自觉分析和反思自己的言语活动经验,提高语言运用的能力和思维的深刻性、灵活性、敏捷性、批判性、独创性。"古诗词作为一种特殊的语言表达形式,自然与思维能力与思维品质有着千丝万缕的联系。笔者认为,古诗词教学,要善于运用分析、整合、思辨等多种思维方式,以实现思维能力发展和思维品质的提升。

一、分析:诗词鉴赏的深化思维

与西方讲究科学分析的传统不同,中国古典诗词鉴赏,讲究的是印象式批评,即对于某一首诗或诗词中的某一句、某一字,往往冠以"神""妙"之类的整体感悟式的评价,即使是用到了"味""神韵""风神"等特定概念,也没有对这些概念进行内涵与外延的解释。这种印象式的鉴赏方式就与现代教学的本质产生了龃龉。施良方、崔允漷两位教授主编的《教学理论:课堂教学的原理、策略与研究》一书认为真正的教学活动必须符合三个逻辑上的必要条件:引起学生学习的意向;明释学生所学的内容;采用易于学生觉知的方式。① 这三个条件都指向了教学目标、教学内容、教学手段的清晰性的特征,印象式的批评显然不适应现代的古诗词教学。

实际上,不论是引导学生自主鉴赏诗歌,还是教师讲解古诗词的内蕴与手法,都不能仅仅以"神妙""精彩"之类的内涵不明确的概念来指称。对于教学意义上的古诗词来说,教师不仅要让学生体会诗词之妙,而且要引导学生分析其"妙"的具体表现及原因,不仅要知其然更要知其所以然。《普通高中语文课程标准(2017年版)》要求学生"能够辨识、分析、比较、归纳和概括基本的语言现象和文学形象,并能有依据、有条理地表达自己的观点和发现,能运用基本的语言规律和逻辑规则分析、判别语言"。这些要求都离不开基本的分析与判断。

就拿"炼字"这个内容来说吧。古人不论是在创作还是在鉴赏过程中,都特别注意"炼字"的价值与意义,于是就有了"为人性僻耽佳句,语不惊人死不休""吟安一个字,拈断数茎须"之说。例如古代诗词批评家津津乐道的王安石的"春风又绿江南岸"的"绿"、宋祁《玉楼春》中"红杏枝头春意闹"中的"闹"等等。现代人运用语法分析、修辞分析等语言规律,去解剖诗意,或许并不是最佳的鉴赏方式,但能够引导学生接近字词的精妙,这也未尝不可取。

对于诗意的理解,更不能停留在直觉的层面上,而是应该具体分析字词的本原含义。例如杜甫的《登高》一诗的尾联"艰难苦恨繁霜鬓,潦倒新停浊酒杯",在注释"新停"时,人教版的教材注释为"刚刚停止,杜甫晚年因病戒酒,所以说'新停'",粤教版的教材与此类似,也认为是"诗人因病戒酒"。有学生对此提出了疑问,认为既然是"生病",不应该早就停止喝酒吗?为什么是"新停"

---

① 施良方、崔允漷:《教学理论:课堂教学的原理、策略与研究》,上海:华东师范大学出版社,1999年版,第16页。

现场：阅读教学行与思

呢？这与生病不是一种矛盾吗？还有，此时颈联中"百年多病独登台"已提到"多病"，此处再写，岂不是一种重复？古人大多认为"新停"的原因就是生病，例如朱鹤龄认为："时公以肺疾断酒，曰'新停'。"[1]在这个疑问的指引下，笔者和学生一起查阅了有关杜甫生平的资料。实际上，杜甫于永泰元年即765年五月离开成都，乘舟沿岷江南下，经嘉州、戎州、渝州、忠州，于九月初抵达云安，即今四川云阳。因为旅途劳顿辛苦，杜甫肺病与风痹发作，致使双脚麻痹，只能留云安养病。第二年春末才继续东下，迁居夔州。而《登高》写于大历二年季767年秋，距杜甫肺病发作已有两年多，很明显"新停"在时间上与事实不相符合。那究竟是什么原因导致杜甫"新停浊酒杯"呢？实际上，杜甫产生潦倒心境原因很多，穷困漂泊就是其中一个。杜甫在夔州，生活并不安定，先是在瀼西建了草堂，后搬迁到东屯。从同时的诗作看出，他生活并不如意，以至于连回到中原的路费都很紧张。笔者认为，杜甫"新停浊酒杯"的原因在于物质生活的贫困，"浊酒"的品质很差，杜甫居然连这种酒都戒了，可想其生活之窘迫。

从逻辑与生活矛盾入手，从诗歌内部的要素入手，我们发现了"新停"在注释上的疑问，经过考证与分析，得出了符合生活实际的结论。这个过程，"分析"是最主要的思维手段。从另一个角度讲，这个解惑探究的过程对学生分析能力的提升也是有很大作用的。

二、整合：组诗鉴赏的类比思维

对于教材上的同类诗歌或者同一个作者的组诗，单篇讲读无可厚非，但能

---

[1] 仇兆鳌：《杜诗详注》，北京：中华书局，1979年版，第1767页。

够运用整合思维,对这些诗歌进行归类与比较,从而对古代诗歌的"类主题"或者同一诗人的创作历程与整体风格进行更深层次的把握,这个过程对学生思维能力的发展是有价值的。

粤教版选修一《唐诗宋词元散曲》的《杜甫诗五首》,选取了杜甫写于不同时期的五首诗,分别是《月夜》《哀江头》《蜀相》《又呈吴郎》《登岳阳楼》。其中,《月夜》和《哀江头》写于杜甫安史之乱其间被囚长安时,《蜀相》是经过漂泊之后安定于成都时所作,《又呈吴郎》写于杜甫漂泊夔州时,《登岳阳楼》是杜甫晚年回到湘鄂一带所作。通过这五首诗,我们一方面可以大致勾勒出杜甫一生的经历,另一方面对杜甫的诗歌艺术与创作风格也会有更深的了解。笔者曾两次正面接触这五首诗,第一次采取了"纵向介绍"的形式,即又给学生补充了十多首诗,再加上教材中的五首,形成了创作链,并且补充杜甫不同时期的生活经历,在教学上采用了"百家讲坛"式的专题讲座形式。三年之后再来讲这五首诗,笔者突然发现这组诗都与"泪"有关,例如《月夜》中的"双照泪痕干",《哀江头》中的"少陵野老吞声哭",《蜀相》中的"长使英雄泪满襟",《又呈吴郎》中的"正思戎马泪盈巾",《登岳阳楼》中的"凭轩涕泗流"。那么,这完全可以形成一个专题,笔者命名为"杜甫的哭泣",要求学生结合以前学过的诗歌,并查阅杜甫生平等资料,在重点理解这五首诗的基础上,探究如下问题:

1. 杜甫的哭泣,在教材五首诗中的具体形态及原因是什么?
2. 你如何看待"杜甫的哭泣"?
3. 你从"杜甫的哭泣"中获得了什么?

第1题指向细读文本,在分析文本的基础之上进行下一步的探究。第2、3个小问题,设问形式简单明了,为的是不给学生造成思维上的限制。预留给学生探究的时间为一周,包括周末。而在一周后的汇报课上,学生们以小组为单位,对这些问题进行了合作探究,并交流了心得与意见。学生都能够理解"杜甫的哭泣"的原因，一方面是个人生活层面的漂泊与失意，另一方面是国家层面的忧国与忧民，而且这两方面是统一于杜甫的诗作的。还有的学生从家国情怀、个体价值、底层意识等角度认识杜甫"泪水"的意义。当然，也有的学生对《又呈吴郎》中的"哭泣"提出异议，认为杜甫从一件微不足道的生活小事，上升到国家社会层面，跳跃度过大，思维衔接度不够，而且带有用政治道理训诫吴郎的嫌疑，说服力欠佳等。不论是认同还是质疑，作为一个专题，通过"主题整合"的思维，学生对杜甫的人格与情怀有了更为具体的认识。

目前很多选修教材，诗歌单元的编排出现了多元化的形式。有的以作者为单位，有的以诗词的风格或文体为单位，有的以主题为单位，有的以课程目标为单位。不同的编排形式，也为教师整合相关资源提供了便利。于是，教师在整合思维的指引下，摒弃以往单一化的思维与单篇化的处理方式，将不同的诗歌进行有机统一，从而加深对诗人的创作历程、诗词的整体风格、古代诗词的"母题"以及古代诗词的艺术等方面的理解。同样，在这个过程中，学生获取的不仅是情感上的熏陶渐染，更主要的是理论的丰富与思维的提升。

三、思辨：诗词价值的重新确定

2017年版《普通高中语文课程标准》要求学生"运用批判性思维审视言语作品，探究和发现语言现象和文学现象，形成自己对语言和文学的认识"，所谓"批判性思维"，就是一种辩证思维，或者说审辩式思维。而且新课标还将"思辨性阅读与表达"，作为一个独立的任务群。可见未来的语文教学，思辨能力的培养必将是重头戏之一。对于古诗词教学，同样适用。

在古诗词教学时，我们往往会有这样的印象：只要是古代诗词，都是艺术成就高超的作品。产生这种印象的主要原因是，古诗词是一种独立的文体，进行古体诗词创作的现代人少之又少，对于教师和学生这个庞大的群体而言，"鉴赏"是主流，"创作"是支流。由于艺术的隔膜与陌生化，我们便产生了"古代的一切诗歌都是好的"的偏见。这其实就要求我们至少掌握一定的专业知识，能够对诗词的价值进行认定，而不是盲目相信古人写的诗都是好诗，这就需要运用思辨的理念与方法。思辨，或者批判性思维，不是盲目否定，而是大胆质疑，坚持异见，小心求证。例如对于杜甫的某些绝句，就需要进行辩证分析。我们耳熟能详的"两个黄鹂鸣翠柳，一行白鹭上青天。窗含西岭千秋雪，门泊东吴万里船"以及"黄四娘家花满蹊，千朵万朵压枝低。留连戏蝶时时舞，自在娇莺恰恰啼"，从绝句艺术本身上讲，艺术成就并不高。特别是第三、四句，过于工整的对偶，恰恰是呆板、缺少灵动性的表现。绝句讲究的就是情思的流转，是意脉的流动，体现在句式方面，便是在第三、四句进行转折，或疑问，或否定，或祈使，或流水，而杜甫的《绝句》和《江畔独步寻花》更像是律诗的一半。古代很多诗人是深谙这一艺术规律的，例如"满园春色关不住""醉卧沙场君莫笑""不及汪伦送我情""不知细叶谁裁出"等等。这就需要对杜甫的绝句创作进行辩证思考，而不是盲目信奉。

再比如苏教版选修教材《唐诗宋词选读》中的赵嘏的《长安晚秋》，其颈联是"紫艳半开篱菊静，红衣落尽渚莲愁"，乍一看对仗如此工稳，实际上并不是十分工整的对偶。"紫艳"和"红衣"，虽然都是借代的修辞手法，即用事物的部分代指整体。但"紫艳"着重于事物的外在特征，而"红衣"虽然也有外在的形体特征，但更多的是用事物的一部分代整体。再比如"半开"与"落尽"，前者是偏正结构，后者是补充结构。对于这一点，前人已有所暗示。例如明代的许学夷在《诗源辨体》中说："'残星几点雁横塞，长笛一声人倚楼'一联，杜紫微赏咏不已，称为'赵倚楼'，惜下联不称。"他所说的"下联不称"指的正是本诗的颈联

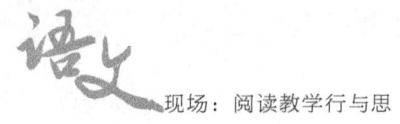
现场：阅读教学行与思

存在不对称的现象。清代的纪昀在《瀛奎律髓汇评》中也认为"三四佳，余亦平平"，[1]隐含的意思也是本诗的颔联非常精彩，而其他的诗句在艺术上很一般。类似的情况在古代诗词评论中比比皆是，当然，由于批评家的眼光与口味都有区别，有时候会出现意见相左的情形。但不论是意见一致还是意见相左，都需要我们对古代诗词不盲目崇拜，而是运用专业知识进行辩证分析。

此外，对于诗歌的主题、诗词中的人物形象以及作者的人格品质，都需要进行辩证式解读，进行思辨分析。例如粤教版选修一《唐诗宋词元散曲选读》第三单元第17课的题目是《爱国词四首》，分别是赵鼎的《鹧鸪天·建康上元作》、张元干的《贺新郎·送胡邦衡待制》、陆游的《诉衷情》、刘辰翁的《柳梢青》。现代的国指的是疆域分明能够独立行使政治权力的主权国家，古代的国更多的是一种政治的、文化的、民族的想象的共同体。其中，夷夏之辨是古代"家国"概念中的重要内容，这一点恰恰不是现代的"爱国主义"的内涵。陆游的《诉衷情》写于作者晚年，此时他已经老去，回想起一生行程，有一种壮志未酬、英雄末路之感。这种感情建立的基础正是"胡未灭"。"胡"是对少数民族的称呼，此处指金。一个不经意的"胡"恰恰表明了作者对于民族而非政治的认同，这种认同建立在夷与夏的二元对立的基础上。刘辰翁的《柳梢青》写于临安被蒙古占领之后。元宵节本是汉人团聚的节日，可放眼望去尽是披着毛毡取暖的元军战马，词人的对于汉民族的认同由此产生。"笛里番腔，街头戏鼓，不是歌声"，"番"是旧时对西方边境各少数民族和外国的称呼，此处指蒙古人。笛声中透露的蒙古乐调，街头演出的鼓吹杂戏，作者听起来很不是滋味，于是说"不是歌声"。如果说陆游与刘辰翁思想意识中的"国"指的是汉民族的"国"的话，那么赵鼎与张元干所说的"国"则是前朝，也是故国。也就是说，教

---

[1] 陈伯海：《唐诗汇评》，杭州：浙江教育出版社，1995年版，第2519—2520页。

材编者所说的"爱国词",和宋词中的"国",并不是绝对等同的概念,笼统地称这些词为"爱国词",并不是十分准确。

总之,在古诗词的教学中,"思维"既是诗词鉴赏的抓手,同时也是重要的课程目标与教学目标。在古诗词的教学中,"思维"应该占有重要的地位。我们对于古代诗词,不能仅仅有审美与直觉,更要有理性思维。

(本文原载《语文月刊》2018年第1期,略有修改)

"整本书阅读"要处理好三对矛盾

"整本书阅读"是2017年版《普通高中语文课程标准》提出来的"学习任务群"之一。作为高中语文课程的重要内容,"整本书阅读"将关系到教材的编排与教学方式的转变。目前,在中小学阶段,探讨"整本书阅读"理念、指导学生进行"整本书阅读"实践的理论文章和教学案例都比较多。笔者曾进行过统计,"中国知网"上关于"整本书阅读"的文章近十年,几乎是翻倍增加。在笔者看来,有效的"整本书阅读"需要妥善处理好三对主要矛盾,这些矛盾关系到阅读的质量与实际效果。

一、外与内:如何介入学生实际的阅读过程?

2017年版的《普通高中语文课程标准》谈到"整本书阅读"的任务群时说:"本任务群在引导学生通过阅读整本书,拓展阅读视野,建构阅读整本书的经验,形成适合自己的读书方法,提升阅读鉴赏能力。"这句话已经指明,"整本书阅读"的主体是学生,教师只是起着引导作用。如果将"整本书阅读"从以往的"课外阅读指导"转变为课堂教学活动,首先就要充分发挥学生在阅读中的主体作用,这一点比单篇文章的阅读更为明显。

在"学习任务群1"中,课标安排了具体的学分和课时,并且对阅读的对象与方式进行了规定,并提出了四点教学提示:(1)指定阅读的作品,应语言典范,内涵丰富,具有较高的思想水平和文化价值。(2)课时可安排在两个学期,宜集中使用,便于学生静下心来,集中时间和精力,认真阅读一本书。(3)阅读整本书,应以学生利用课内外时间自主阅读、撰写笔记、交流讨论为主,不以教师的讲解代替或限制学生的阅读与思考。(4)教师应善于发现学生阅读整本书的成功经验,及时组织交流与分享。仔细阅读这四条建议,我们发现不论是作品的选择标准、课时的安排还是阅读的方式、阅读活动的组织方式,依然属于"外在指导"。当然,我们不能对课程标准求全责备,毕竟课标是纲领性文件,主要起着指导、引领的作用。

但这也说明,决定"整本书阅读"效果的因素主要还是学生的实际阅读。如果哪种教学模式或教学策略能够激发学生的阅读热情,并且学生确实亲自阅读了整本书,那么这种模式或策略才能称得上是成功的。有时候,"整本书阅读"的教学风光热闹,学生在课堂上围绕作品的某个问题进行了热烈的讨论甚至激烈的争论,但学生根本没有认真阅读这本书。那么,这样的课堂也算不上是卓有成效的。笔者曾经在工作伊始就尝试"名著推介"的课程,每周利用一节课给学生介绍一部文学名著,包括作者简介、内容介绍、人物形象分析、艺术成就介绍、精彩片段赏析等。这类课受到了学生的热烈欢迎,但经过事后调查,学生真正阅读教师推荐名著的人数只有5个人。当然,不能说这种"名著推介"本身是无意义的,但学生仅仅止于了解名著,只是听个热闹,甚至课上被激发出阅读兴趣,但课后并没有真正去读书。从这一点上讲,这种推介的效果还是要打折扣的。

在这一点上,浙江省宁波市海曙区古林镇中学的汪迟老师进行了有价值的探索,他围绕《骆驼祥子》的"整本书阅读",提出了"任务导向式"的阅读方法,即教师根据选定的书籍及具体学情,合理安排阅读时间,以任务单的方式

统筹规划阅读任务。例如阅读小说的第一章至第三章,然后完成相关的阅读任务:

① 请你填写下列空格,完成祥子的"个人简历"。

姓名_____ 年龄____ 籍贯____ 外貌____ 家庭背景____
教育程度____ 工作经历____

② 请你摘抄作者对祥子的肖像、语言、动作、心理等描写,概括相关事件,分析祥子的性格特点,填写空格。

页码____ 摘抄____ 事件____ 性格特点(关键词)____

重点能力指向:借助表格(表格略),有针对性地完成摘抄。结合人物相关描写、情节、分析人物形象,使用关键词表达阅读感受。①

教师制作了阅读整本书之后需要完成的任务清单,学生在完成清单之后,还要进行四个宏观任务的完成,例如"在祥子由人变为'走兽'的过程中,身边的人都对他产生了影响,请你比较他们对祥子的影响,说说谁对祥子的影响最大,并阐明理由"等。这是对文本的进一步梳理、探究、发现、创新,进而深入挖掘整本书阅读的价值。可以说,学生只有亲自阅读小说,而且是认真细致地阅读,才有能力完成任务清单,并展开四大任务的探究。那么,教师的这一颇费精力的指导,其效果将是显著的。

二、量与时:如何确保学生的阅读效率?

"整本书阅读"还有一对矛盾,即阅读的量与效率的问题。思考该问题

---

① 汪迟:《〈骆驼祥子〉的整本书阅读教学尝试》,《中学语文教学参考》,2017 年第 26 期。

还是基于笔者的教学实践。在"名著推介"的教学尝试之后,笔者又尝试探索"片段引领"的方式,即不再进行全面的介绍,而是直接选取名著的精彩片段,在课堂上与学生"共读"。这种师生共读的方式确保学生能够亲身参与阅读活动中,能够亲身感知和体验名著的艺术世界,近距离地走进名著,从而更好地与作者进行对话。例如笔者引导学生阅读高尔泰的《寻找家园》,就挑出其中的一个章节在课堂上阅读,教师不做过多的讲解,目的是使学生以点带面去感知整本书的内容与情感。后来又用同样的方式完成了短篇小说《命若琴弦》《陈奂生上城》、中篇小说《凤凰琴》《老海失踪》的阅读。其中花费课堂教学时间最多的是胡发云的小说《老海失踪》,六万多字的作品一共花了七节正课时间。虽然解决了第一对矛盾,但紧接着出现了第二对矛盾:阅读时间、阅读量与阅读效果之间的矛盾。这其实涉及阅读与课堂教学的"性价比"问题,即在确保学生实际阅读的时间、阅读量以及课堂教学之间选择一个最佳效率点。

　　认真、仔细、透彻阅读一本书,花费时间多;浮光掠影浏览一本书,花费时间少,这几乎是一个生活常识。目前处理这对矛盾的方法一般是选择一本著作,布置学生利用假期、周末或其他课外时间阅读,或者抽出部分课堂教学的时间,由学生自主阅读,然后由教师进行方法点拨,或组织读书分享活动。而实际上这种策略与过去的"课外阅读指导"并无本质的不同,没有体现新课标关于"整本书阅读"的课程与教学意识。因此,"最佳效率点"的选择,才是体现"整本书阅读"新理念的关键。山东淄博市教学研究室的陈鲁峰老师在《〈巴黎圣母院〉:整本书阅读的意义与流程》一文中阐述的教学实践,就很有价值。陈老师围绕《巴黎圣母院》的阅读展开,从语言学习与梳理、阅读技巧与知识、人文熏陶与浸淫等三个角度探寻小说整本书阅读的意义与价值;遵循"辨体—识人—断文—定点—选径—展示"六步法,设计出小说整本书阅读的基本流程,

现场：阅读教学行与思

并提供给学生整本书阅读的一般方法与技巧。① 特别是"六步阅读法"，不是停留在"方法指导"的层面，而是贯彻在课堂教学的流程中。从这个意义上讲，"六步阅读法"可以说就是这样的最佳效率点。

对最佳效率点的探究，其实还涉及另一组更为深层的矛盾，即"文学史（学术史）阅读"与"语文阅读"的矛盾。这两种阅读方式会有融合之处，前者会为后者提供相应的阅读经验和背景资料，但在"整本书阅读"的教学实践中，教师还是应该有清醒的区分意识。前者针对的是高校中文系的大学生，后者面对的是中小学学生。徐鹏教授说："整本书阅读应该体现语文课程的性质。语文课程是一门学习语言文字运用的综合性、实践性课程。作为正式学习活动，整本书阅读也应该通过丰富的言语活动引导学生在多样情境中学会综合运用语言文字。"②这一点正是语文课程意义上的"整本书阅读"的应有之义。一线教师在进行"整本书阅读"的教学与指导中，不论是组织讨论活动还是方法指导，都应该明确"引导学生在多样情境中学会综合运用语言文字"这一核心任务。如果脱离语言文字，纯粹进行思想分析与艺术探究，也谈不上阅读的有效性了。

三、深与浅：如何确保学生的阅读质量？

如何通过课堂教学这一阵地，确保学生的阅读质量，这关涉另一对矛盾，即阅读的深与浅。深度阅读是用专题研究、探究性学习的态度与方法走进"整本书"，而浅阅读则是浏览式阅读，仅仅停留在"整本书"的内容概括与把握的

---

① 陈鲁峰：《〈巴黎圣母院〉：整本书阅读的意义与流程》，《语文教学通讯》，2017年第31期。
② 徐鹏：《整本书阅读：内涵、价值与挑战》，《中学语文教学》，2017年第1期。

层面上。精读和略读,都是符合阅读规律的阅读方式,但何种场合、何种著作适合何种阅读方式,则是一个需要探究的问题。

笔者曾用"师生共读"的方式进行中篇小说的阅读教学尝试,学生能够亲身阅读作品,会有一定的审美感悟,但也止步于这种感性层面的感悟,对小说的深层意蕴、艺术形式缺乏必要的分析。在"共读"《老海失踪》之后,笔者曾组织学生进行分组讨论,以小组的形式在课堂上分享阅读的感悟与心得。部分学生进行的是故事情节的概括以及阅读之后的"感觉";部分同学能够结合某个人物,通过人物品读把握小说的意蕴;部分学生能够深入小说的深层,从思想文化的角度探求小说的存在价值与意义。这种活动组织的方式,一来参与面不够广,二来讨论点比较分散,不能够调动全班同学的能力围绕某一个点进行深入赏析,因此达不到深度阅读的境界。

在语文教学领域,对这一点进行突破的是上海师范大学附属中学的余党绪老师。余老师是用"思辨性阅读""批判性阅读"等理论指导"整本书阅读",并且通过课堂教学的方式践行这一理念。他曾指导学生阅读《悲惨世界》《鲁滨逊漂流记》《俄狄浦斯王》等文学名著的阅读,写成了《思辨性阅读:在事实、逻辑与情理的纠结与突围——〈沙威,沙威〉的教学及反思》《一人,一岛,28年,何以可能?——〈鲁滨逊漂流记〉"整本书阅读"教学课例》《以思辨推动读写,以读写推动思辨——〈俄狄浦斯王〉整本书阅读教学实践》等文章,为一线教师进行"整本书阅读"的教学实践提供了范例。余老师认为:"思辨性阅读的实质就是读者与作品的对话,在对话中达成理解、反思与断言。要建立真正的对话关系,须有两个要素,一是清晰的理解,二是理性的评价。首先要靠文本细读与综合分析的能力,理解文本自身的逻辑;然后用自己的逻辑去判断文本的逻辑,寻找共鸣,或者靠质疑、分析、判断与评价的功夫发现破绽。"①这一点也是他进行教学实践的指导理念。例如在《鲁滨逊漂流记》的阅读教学实践中,余老师和学生围绕"一个人,一座孤岛,28年的生存,何以可能"这个问题展开研讨。在研讨中,鲁滨逊的人物形象跃然"堂"上,小说的主旨意蕴也呼之欲出。②在《悲惨世界》的"整本书阅读"中,师生又围绕"沙威这样一个心如铁石的'硬汉',为什么最后选择投河自杀?这合乎我们的逻辑习惯吗?还可继续追问,沙威自杀,是不是一个可信的情节?"等问题展开讨论,从而深化了对作品的理解。

值得注意的是,外与内、量与时、深与浅的矛盾是纠缠在一起的,不是截然分开或对立的。确保了学生进行实际阅读,有时候在时间上又不能保证;确保了学生阅读的深度,但是不是所有的学生都实际阅读了作品呢,这一点也很难讲。将实际阅读、有效阅读、深度阅读结合起来的教学取向,或许是"整本书阅读"得以继续深入讨论的方向。

(本文原载《学语文》2019年第1期,略有修改)

---

① 余党绪:《思辨性阅读:在事实、逻辑与情理的纠结与突围——〈沙威,沙威〉的教学及反思》,《语文学习》,2016年第9期。

② 余党绪:《一人,一岛,28年,何以可能?——〈鲁滨逊漂流记〉"整本书阅读"教学课例》,《中学语文教学参考(高中)》,2017年第6期。

"整本书阅读"视野下的名著赏析课型探讨

西方文艺理论家布鲁姆在其著作《西方正典》中说:"莎士比亚或塞万提斯,荷马或但丁,乔叟或拉伯雷,阅读他们作品的真正作用是增进内在自我的成长。"①高中阶段阅读的文学名著阅读,既是已有的阅读经验的实践,同时也是提升文学素养的抓手。最新修订的新课标,将"整本书阅读探讨"作为任务群之一,并且贯穿必修、选修Ⅰ、选修Ⅱ三类课程,其任务内涵是"建构读整本书的经验以及对适合自己读书方法的反思"。笔者以数年在课内引导、带领学生阅读文学名著的经验为例,总结并探讨文学名著赏析课的组织形式与特征。

一、共读:师生阅读经验的分享

"共读"指的是师生在课堂上围绕篇幅较短的文学作品,进行逐字逐句的精读、细读。形式可以是教师读、学生听,也可以是学生读、师生听,这是一种原汁原味的读书方式。通常情况下,笔者会将作品的全部内容制作成精美的

---

① 哈罗德·布鲁姆:《西方正典——伟大作家和不朽作品》,江宁康译,南京:译林出版社,2005年版,第1页。

现场：阅读教学行与思

PPT，确保每一位学生都能读到相应的文本。与教学阅读不同的是，这种共读就是纯粹的阅读，没有问题设置，也无须讨论交流。每位学生都已经构建起自己的阅读经验，而这种共读就是"前阅读经验"的继续发酵期。

2017年版的《普通高中语文课程标准》对"整本书阅读"的要求之一便是"享受读书的愉悦，丰富自己的精神世界；从作品中汲取营养，发展自己对世界的认识"。可以说，"享受读书的愉悦，丰富自己的精神世界"就是师生共读的主要目标。而这种愉悦产生于个体，实现于群体。在一个特定的阅读空间里，个体的阅读体验往往会得到加强。而从专业角度看，这种愉悦就是一种阅读的审美体验，这种体验教师无法教，每个人都有自己的审美心理和审美体验。名著赏析课堂上教师的一项主要任务就是给学生创造体验美感的语境，让每个学生都能够受到熏陶和感染。例如笔者曾经与学生共读史铁生的《命若琴弦》，共用了两节课。可以说，这两节课并没有十分明确的教学目标，读完这篇小说本身就是教学任务。当读到老瞎子和小瞎子的日常说书生活时，学生显得轻松而又好奇，仿佛接触到了一个完全不同的世界。小瞎子的活泼调皮，老瞎子的严肃与认真，都给我们留下了深刻的印象。随着故事的展开，小瞎子和野羊坳的"小妮子"兰秀儿开始了纯真的爱恋。由于年龄的原因，学生对这个片段容易产生认同，读起来自然兴致盎然。老瞎子终于弹断了一千根琴弦，当他兴冲冲地去抓药时，发现药方原来是一张白纸。即使弹断一千根琴弦也不能让他重见光明。遭受重大打击的他终于明白了师父的真正用意，而此时小瞎子因为兰秀儿嫁到山外而失去了踪迹。面对这种人生的变故，学生都沉默了，相信他们已经获得了丰富的情感体验。故事的结局就是在老瞎子的鼓励下，小瞎子重新燃起了对生命的希望之火，而他留给小瞎子的药方就是"弹断一千二百根琴弦"。这是一个能够引发学生思考的情节，也是小说的主旨所在。当读到"你的命就在这琴弦上。目的虽是虚设的，可非得有不行，不然琴弦怎么拉紧,拉不紧就弹不响",同学们也体会到了作者对生命过程与价值的思考。

共读一篇作品之后,教师没有多余的启发与诱导,更没有道德意义上的教育。因为体验与思考本身,已经包含在阅读的过程中了。特级教师邓彤说:"教小说最好的境界是让学生若有所思、思有所悟、怦然心动、潸然泪下,而又说不出来,我觉得这是最高境界。"[1]不仅小说是如此,其他文学样式的作品也会引发学生类似的情感体验。

二、导读:学生阅读欲望的引发

对于长篇小说或某作家的文集,课堂教学的时间远远不够,这种情况下,笔者采取的方法如下:先用一节课的时间对某部名著进行导读,即进行情节的概括、人物的介绍、书中精彩片段的赏析、对个别问题的探究等,然后再限定时间要求学生阅读。导读的价值有二:一是引发学生的阅读欲望,导读犹如小说中的"伏笔",吸引读者不断地阅读;二是对于部分没有阅读欲望的学生来说,导读也是一种间接的阅读经验,也有助于培养他们阅读方法,教会学生"应该从文本的什么地方读出什么东西来"。学生的个性存在着差异,家庭背景更是千差万别,对待阅读的态度自然也不一样。而且,阅读是一种自主性很强的活动,"一刀切"式的强制,并不能保证阅读的实际效果。

每一届的高一开学初,笔者便会安排一节以《安娜·卡列尼娜》为主要内容的文学名著导读课。首先是进行充分的准备工作,包括自己先阅读完这本大部头的著作,然后自己梳理故事情节,将书中精彩的心理活动描写的片段摘

---

[1] 王荣生:《小说教学教什么》,上海:华东师范大学出版社,2015年版,第17页。

现场：阅读教学行与思

录下来，制作成 PPT。这些片段主要有：安娜与沃伦斯基在火车站第一次会面，列文向吉蒂求婚，安娜离婚后回家看望儿子，安娜卧轨自杀前的彷徨与迷茫等；其次，笔者用软件将电影中与上述情节相应的视频片段截取，请学生对照文字与视频，加深对文本的感知与理解。

在正式的课堂教学时，笔者会从"幸福的家庭都是相似的，不幸的家庭各有各的不幸"这句经典名言开始讲起，顺便也会举其他名著的开场白进行适度引申，例如《百年孤独》《追忆似水年华》《双城记》等。之后顺势从"不幸家庭"的代表安娜与卡列宁一家，以及"幸运家庭"列文与吉蒂一家两条线索进行故事情节的讲述，重点就是安娜曲折的爱情与婚姻生活。在梳理了大致的脉络之后，笔者便引入了俄国文艺理论家车尔尼雪夫斯基评价托尔斯泰的概念：心灵的辩证法。笔者重点讲解作家在心灵刻画与心理描写方面的成就，并引用相关片段进行印证，此后便请学生对照着视频片段，与名著原文进行对比阅读。值得一提的是，教师只是对作品的内容与艺术成就进行客观概括，而对于人物形象的评价等不置一词，避免给学生的价值观带来先入为主的导向。

类似的导读课还有《远大前程》导读、《简·爱》导读、《水浒传》导读、高尔泰的《寻找家园》导读等等。从某种角度上讲，这种导读课更像是"百家讲坛"，教师用"讲座"的形式介绍名著，吸引学生走进名著。而书中的精彩片段，带有师生共读的意味，犹记赏析《远大前程》的最后片段时："多年来痛苦给我的教训比任何别的事物给我的教训都更加深切，痛苦使我领会到你当时的心情。我已受尽折磨，心肠已碎，但是——我希望——会有改善。希望你像从前一样体谅我，善待我，并且告诉我，我们仍是朋友。"教室里鸦雀无声，每个学生都沉浸在这种无言的感伤中。此后相关的视频片段，女主人公艾斯黛拉的告白充满深情，告白结束，电影也在音乐的主题旋律中结束。精彩的文字与视频片段，必将勾起部分学生的阅读欲望，这对他们走进文本本身，是一个很好的楔子。

三、研读：阅读经验的深层积淀

　　东北师范大学徐鹏教授认为"整本书阅读"就是"学生在语文课程的学习中，运用个性化的阅读方法、围绕整部经典作品展开的，与作者、文本、教师、同伴对话的过程"。① 如果说共读侧重于体验、导读侧重于引发的话，那么研读则是对作品展开的全方位的研究与探讨，目的就是养成探究习惯、构建阅读经验，并且发展自身的核心素养。研读，与课堂教学中的"问题设置与探究"有相似之处，只是形式更为自由，可以是自主探究、形成论文，也可以是小组讨论、全班交流，基本要求就是学生应抓住作品的某一个点，深入思考，不必对文本进行面面俱到的概述。研读的文本，可以是师生共读之后意犹未尽的作品，可以是教师导读之后学生自主阅读的作品。

　　某高一下学期，笔者与学生共读了胡发云的中篇小说《老海失踪》，共用了七节课。小说以大学同学老海、老阳、老朝三个主人公毕业之后的人生经历为线索，以乌啸边自然保护区以及乌猴的保护与毁灭为主题，揭示了在经济变革中人物不同的价值取向以及各自的命运。学生对这篇小说很感兴趣，而这也是能够引发学生共鸣与思考的小说。共读结束之后的研读，主要分为两个阶段，第一是自由写作，不规定题目，不规定内容，不规定字数，学生可以抓住某一个印象深刻的片段，进行深层赏析。笔者也曾饶有兴趣地写了一篇《说不尽的〈老海失踪〉》的读后感，与学生分享自己的阅读体会。第二个阶段是集体交流，全班分为8个小组，每个小组课前进行充分的准备，经过讨论形成统一的意见，选一名同学作为发言人。交流采取竞赛的形式，学生选举4位同学加上

---

① 徐鹏：《整本书阅读：内涵、价值与挑战》，《高中语文教与学》，2017年第3期。

现场：阅读教学行与思

教师组成评委团，给每一组的发言进行打分，包括内容、观点、语言等不同的项目。每一组的发言限定在5分钟以内。那节紧张而热烈的讨论交流课至今难忘，特别是有同学提到：小说中的老朝、老海、老阳实际上是中国传统思想儒、释、道的化身，老朝看中的是政治功业，老海则是用慈悲之心俯看世间生灵，而老阳则是一种顺其自然的人生态度。观点本身虽然有待于进一步探讨，但学生能够将主人公与传统思想文化结合起来理解文本，令人赞叹！还有学生提出：老阳是一个中间人物，老朝是社会化的老阳，老海则是自然化的老阳。这个观点也很新颖，出人意料。

再比如有一次学生读完白先勇的《永远的尹雪艳》，笔者提出了一个思考题：尹雪艳是一个什么样的人？这是一次自由讨论，但每个小组采取指定发言与自由发言相结合的形式。刚开始，学生仅仅围绕尹雪艳的身份展开思考，认为她是贵族的象征，是没落的繁华的代表。后来有一位同学抓住了小说中的"尹雪艳站在一旁，叼着金嘴子的三个九，徐徐地喷着烟圈，以悲天悯人的眼光看着她这一群得意的、失意的、老年的、壮年的、曾经叱咤风云的、曾经风华绝代的客人们，狂热地互相厮杀，互相宰割"，并结合尹雪艳的打扮，以及对她的评价，例如"精灵""女祭司""神谕""观世音""妖孽"等，得出了一个结论：尹雪艳表面上看是魅力十足的交际花，她冰清玉洁，八面玲珑，而实际上，她是冷酷无情的死神，是一种超脱了时间限制的死亡精灵。这个解读就带有某种哲学意味，可以说是深度研读的结果。

当然，共读、导读、研读并不是界限分明的课堂组织形式，三者之间并非对立关系，而是相互结合、相互补充。在"整本书阅读"的课程期待中，如何在文学名著阅读课的课型方面进行创新，依然是充满了很多"未定点"的空间。

（本文原载《中小学教材教学》2018年第1期，略有修改）

课程视角下"整本书阅读"的"边界意识"辨析

一般认为,"整本书阅读"并非新概念、新观点。叶圣陶先生早在1941年的《论中学国文课程标准的改订》和1949年的《中学语文科课程标准》分别提出:"把整本书作主体,把单篇短章作辅佐""中学语文教材除单篇的文字外,兼采书本的一章一节,高中阶段兼采现代语的整本的书"。[①] 2001年版的《全日制义务教育语文课程标准(实验稿)》也提出:"培养学生广泛的阅读兴趣,扩大阅读面,增加阅读量,提倡少做题,多读书,好读书,读好书,读整本的书。"这一理念一直延续到2011年的《义务教育语文课程标准》。2017年版的《普通高中语文课程标准》正式提出"整本书阅读"的概念,并将其作为学习任务群贯穿在7个必修课程、9个选择性必修课程和9个选修课程的三个阶段。目前,不论是小学、初中还是高中的语文教师,都在进行整本书阅读方面的尝试,这对于过去单一的"单篇文本"教学无疑是一种纠偏。但指导学生读整本的书,就是"整本书阅读"吗?"整本书阅读"有没有边界?这些问题还需要理性辨析。

---

① 叶圣陶:《叶圣陶语文教育论集》,北京:教育科学出版社,2015年版,第60页,第149页。

现场：阅读教学行与思

一、"读整本的书"与"整本书阅读"

2011年的《义务教育语文课程标准》提出的"读整本的书"出现在"教学建议"部分，其中的"具体建议"板块又有"关于阅读教学"的建议，包括阅读的性质、价值、阅读方式、重视朗读和默读、阅读方法指导以及阅读知识教学等。因此，"多读书，好读书，读好书，读整本的书"只是课程标准在实施方面的指导意见。准确地讲，"读整本的书"属于教学的范畴。

2017年版的《普通高中语文课程标准》提到的"整本书阅读"，出现在"课程结构"和"课程内容"的板块。所谓"课程结构"指的是必修、选择性必修、选修三类课程在整个高中语文课程中的比例、学时以及学分的安排，"整本书阅读与研讨"就是整个构架中的重要支撑；所谓"课程内容"指的是18个学习任务群的具体学习目标、内容以及教学提示，其中，"整本书阅读与研讨"被列为学习任务群1，即第一个任务群，可见新课标对"整本书阅读"的重视。

也就是说，"读整本的书"和"整本书阅读"并不是同一范畴的概念，二者之间的最大区别在于，前者并未列入课程内容，自然也不会安排专门的课时与学分，后者则是有专门的课时与学分，是高中语文课程内容的重要组成部分。课程意义上的"整本书阅读"固然需要落实在课堂教学层面上，但教学层面上的"读整本的书"未必是语文课程的内容与要求。这也进一步说明，"整本书阅读"有一定的"边界"，尽管在实施层面提倡多样化，但在内涵、阅读内容、阅读方法等方面应该有一些限定，不能将任何一种读整本书的行为都纳入"整本书阅读"的范畴中来。

在中小学阶段，部分教师会指导学生进行整本书的课外阅读，要求学生写读书笔记，组织读书会等多样化的活动，培养学生的阅读兴趣，提升学生的阅读品位。各地的中考也会将"名著阅读"列入必考或附加内容,初中语文教师在名著阅读方面也进行了学理探讨,积累了丰富的阅读经验。高考大纲虽然没有整本书阅读方面的考试要求,但很多语文教师也会在课内或课外指导学生完整阅读文学作品。当"整本书阅读"的概念正式浮出水面后,教师又在以往经验的基础上,探讨整本书阅读的具体方法、实施策略与操作步骤,这就大大丰富了高中语文课程标准里关于整本书阅读的课程内容与教学提示。不过,有些阅读与教学行为可以视为"整本书阅读"的积极尝试,有些行为虽然也是"读整本的书",但不能在课程理论范围内进行探讨。

二、"整本书阅读"的"文类边界"

高中语文新课标里关于"整本书阅读"的学习目标与内容的阐述有五条,其中第二条和第三条规定了阅读的文类:

(2) 在指定范围内选择阅读一部长篇小说。通读全书,整体把握其思想内容和艺术特点。从最使自己感动的故事、人物、场景、语言等方面入手,反复阅读品味,深入探究,欣赏语言表达的精彩之处,梳理小说的感人场景乃至整体的艺术架构,理清人物关系,感受、欣赏人物形象,探究人物的精神世界,体会小说的主旨,研究小说的艺术价值。

(3) 在指定范围内选择阅读一部学术著作。通读全书,勾画圈点,争取读懂;梳理全书大纲小目及其关联,做出全书内容提要;把握书中的重要观点和作者的价值取向。阅读与本书相关的资料,了解本书的学术思想及学术价值。通过反复阅读和思考,探究本书的语言特点和论述逻辑。

为什么课标中的"整本书阅读"只限定"长篇小说"和"学术著作"两种文体呢?这是因为,课程意义的"整本书阅读",本意是要区别于传统的单篇文本的

现场：阅读教学行与思

阅读与教学。文选型教材受篇幅所限，所选小说文本要么是一篇完整、独立的短篇小说，例如《装在套子里的人》《祝福》《等待散场》等，要么是从中篇小说或长篇小说中截取一个相对独立的故事情节片段，例如《边城》（节选）、《林教头风雪山神庙》、《林黛玉进贾府》、《宝玉挨打》等。即使是配套的《语文读本》，对长篇小说也只能以"存目"的形式出现。也就是说，教材中的小说文本均以"单篇"形式出现，长篇小说的阅读在教材教学中是一个空白。即使有的教师通过由点及面的方式，指导学生在篇或章节的基础上，推广到部，依然只是一种自发的行为。从这个意义上讲，短篇小说集例如《呐喊》《彷徨》《欧·亨利中短篇小说选》之类的著作，是不能纳入"整本书阅读"阅读范围内的。因为其阅读方式本质上属于单篇阅读，至于小说集内部篇与篇之间的关系，也应该在"群文阅读"的框架内进行分析。

学术著作在教材中的存在形式与小说很类似，在高考试题中则是以"论述类文本"的形式出现的。人教版高中语文教材中的学术类文本，主要有《咬文嚼字》《说"木叶"》《谈中国诗》《中国建筑的特征》等。"整本书阅读"意义上的学术著作，比起长篇小说来更难以确定。李泽厚的《美的历程》、徐复观的《中国艺术精神》、宗白华的《美学散步》、林庚的《唐诗综论》等逻辑严密、内容完整的著作应在"整本书阅读"范围内，而"论文集"类型的著作，例如朱光潜的《朱光潜美学文学论文选集》、钱钟书的《七缀集》等，笔者认为也应该纳入"整本书阅读"的范畴内。毕竟，学术著作对于学生而言，阅读难度还是比较大的。

至于部分教师带领学生进行的"《朝花夕拾》整本书阅读""《野草》整本书阅读""《诗经》整本书阅读""《杜甫诗选》整本书阅读"等，都不能纳入课程意义上的"整本书阅读"范围内。而高中语文课标之所以不将散文、诗歌、新闻等类型的文本纳入学习任务群，根本原因就在于这些文体皆以短篇形式存在，"长篇散文""长篇诗歌"并非主流。至于《朝花夕拾》整本书阅读，应该与短篇小说集的阅读方式类似,最好将其纳入"群文阅读"的范围内。虽然从形式上看,《朝花夕拾》也是一本书,但从具体内容上看,书中不同散文之间的关系是"群"而不是"整"。

三、"整本书阅读"的"语文边界"

"整本书阅读"本质上是阅读课程与教学的内容之一,属于语文课程范围。阅读的目标不能脱离"学习祖国语言文字运用"的课程性质,更不能偏离语言建构与运用、思维发展与提升、审美鉴赏与创造、文化传承与理解的学科核心素养。如果阅读内容集中在历史观点、风土人情、经济政治等其他学科,那就偏离了"整本书阅读"的初衷。从方法论的意义上讲,"整本书阅读"应着力构建自己的阅读方法与体系,并有意与其他阅读方式相区分。

首先,《普通高中语文课程标准(2017年版)》明确指出:"应完成一部长篇小说和一部学术著作的阅读,重在引导学生建构整本书的阅读经验与方法。"或者说,就是要建构与单篇文本阅读不一样的"读书方法"。有论者指出:"相对于单篇选文,'整本书'容量上具有一定的长度,内容上具有一定的宽度,思想上具有一定的厚度,并不是几篇文章的任意组合。"[①]单篇文本阅读与整本书阅读当然有共通的阅读方法,例如精读、略读、浏览等,但把握长篇小说的整体艺术构架、梳理学术著作的大纲小目、探讨长篇小说的整体意蕴、了解学术著作的整体思想等,自然属于"整本书阅读"的方法。除此以外,长篇小说属于"文学作品"范畴,学术著作属于"文章作品"范畴,两种不同文类的"整本书阅读"也应该有自己的阅读方法与体系。

---

① 张淑娥:《"整本书"阅读的冷思考》,《语文教学与研究》,2018年第12期。

现场：阅读教学行与思

　　其次，要将"整本书阅读"与"群文阅读""主题阅读""课外阅读"相区别。倪文锦教授认为："群文阅读教学，即是教师在一个单位时间内指导学生阅读相关联的多个文本，通过梳理整合、拓展联系、比较异同等，促使学生在多文本阅读过程中关注其语言特点、意义建构、结构特征以及写作方法等。"①而整本书阅读的对象本质上是"一个文本"，只是文本的篇幅比较长，基本上不存在拓展联系、比较异同等内容。而"整本书阅读"固然需要学生利用课外时间自主阅读、撰写笔记、交流讨论，但本质上也不同于"课外阅读"。与"课外阅读"的自发性、随意性、散点式的指导不同，"整本书阅读"要求教师组织学生通过讨论确定长篇小说或学术著作的书目，规定具体的阅读时间，提出专题学习的目标，组织学习活动，引导学生深入交流，这是一个有目标、有规划、有系统的阅读活动。

　　再次，教师应该清醒地认识到，"整本书阅读"只是整个高中语文课程构架中的一个板块，它不能代替单篇文本教学。正如有论者指出："在具体教学时，应充分考虑到'整本书阅读'被纳入课程体系后的教学时空的限定性，'学'与'教'都应有'度'。"②必修阶段的"整本书阅读"安排 18 课时，最好是集中安排在两个学期，所占时间只是整个语文课时的十分之一。而且，学生只要完成一部长篇小说和一部学术著作的阅读，就算是完成了必修阶段的学习任务，可以获得 1 学分。而在选择性必修和选修阶段，也要求完成相应的阅读任务，但不再专门安排学分。如果从高中三年的学习来看，每学期只需完成一部作品的阅读即可。从这个意义上讲，教师的语文教学应该以单篇教学、群文教学、专题研习为主，"整本书阅读"是高中语文阅读教学的重要组成部分，并非全部。

---

①　倪文锦：《语文核心素养视野中的群文阅读》，《课程·教材·教法》，2017 年第 6 期。
②　刘日光：《高中语文课程视域下的"整本书阅读"》，《语文建设》，2018 年第 7 期。

最后,"整本书阅读"应牢牢把握自己的课程性质,不能等同于文学史、学术史的阅读与教学。例如《红楼梦》的"整本书阅读",在古代文学史的框架内,主要是探讨《红楼梦》的思想内容和艺术成就,从而对其在文学史上的地位作一个客观论断。但是语文课程范畴内的"《红楼梦》整本书阅读"还是要从故事片段、场景、主要人物、语言等方面入手,以"语言运用与赏析"为核心,不要求学生从文学史、文化史的角度宏观理解文本。当然,"不等同"不代表不能借鉴,"整本书阅读"应该借鉴文学史研究的合理成分,帮助学生从语言的角度把握这部长篇小说。

总之,虽然"读整本的书"包括散文、诗歌等文体的阅读对学生阅读能力的提升是有积极意义的,但"整本书阅读"应该从课程意义上进行理性把握与理解,它是有"边界意识"的。

(本文原载《中小学教材教学》2019年第1期,略有修改)

叙事散文的"抒情间离"及其教学运用

一、叙事散文的"抒情间离"

叙事散文,也被称为"写人叙事散文""叙事抒情性散文"等。这也暗示出,记叙、抒情、描写、议论等多种表达方式共同存在于这类散文中,而且它们呈现出水乳交融的状态。记人记事、景物描写、情感抒发、人物及事件评论,本来就是叙事散文的必备要素。作者写作散文的事件,定会滞后于散文中发生的事件,毕竟作者不可能边经历事件,边创作散文。或者说,这两个事件之间存在着"时间差",此种"时间差"在回忆性散文身上体现得尤为明显。像鲁迅的散文《从百草园到三味书屋》《阿长与〈山海经〉》等,都存在着两个"我":一个是经历当时事件的"童年之我",一个是记述事件、反思事件的"成年之我"。统编教材七年级上册《从百草园到三味书屋》课文后的"积累拓展"第五题,将这两个"我"称为"小鲁迅"和"大鲁迅";七年级下册的《阿长与〈山海经〉》课文后的"思考探究"第二题,将这两个"我"称为"成年的我"和"童年的我"。而且,"成年之我"往往是与原初事件间隔了较长时间的距离之后,对事件进行"再经历",并且用理性的审慎目光去观照、反思当时的事件。这就是笔者所说的"抒情间离"。

"间离",原是德国戏剧家布莱希特提出的史诗剧的创作特点。他认为:"史诗剧的基本要点是更注重诉诸观众的理性,而不是观众的感情。观众不是分享经验,而是去领悟那些事情。"①布莱希特所说的"间离化"是有意识地在演员与所演的戏剧事件、角色之间,观众与所看演出的戏剧事件、角色之间制造出一种距离或障碍,使演员和观众都能跳出单纯的情境幻觉、情感体验或共鸣,以"旁观者"的目光审视剧中人物、事件,运用理智进行思考和评判。②而笔者借用布莱希特的"间离"概念,并将其转化为"抒情间离"。如上所述,写作散文时的抒情主人公、事件的叙述者,在相隔一段时间后对事件进行叙述以及"再体验"与"再经历",从而用一种理性的眼光观照当时的事件。经历事件时的情感状态,与写作事件时的情感状态,是有距离的,此即为"抒情间离"。我们可以根据原初事件与写作事件的距离,将"抒情间离"分为三种:一种是较长时间的"长久间离",例如回忆童年事件的散文,时间距离可能达到二三十年甚至更长;一种是相隔几年之后,再去写作当时的事件,此为"中度间离",例如朱自清的《背影》、史铁生的《秋天的怀念》、杨绛的《老王》等;一种是原初事件与写作事件的时间比较模糊的,或者说是相隔时间不长的,例如莫怀戚的散文《散步》,文章第一句话就是"我们在田野上散步",似乎原初事件与写作事件是同时发生的,此为"即时间离"。本文要分析的,是"中度间离"的文章与案例。

例如朱自清的《背影》,不少教师认为散文写的是"父爱",也有的专家认为写的是"生命意识"。"父爱"是一种情感,是事件发生时的"我"和父亲的情感状态。那么,作者在1925年写作《背影》时对"父爱"的态度和父亲买橘子时的态度,究竟有没有区别?黄厚江老师执教《背影》,就是从这种"抒情间离"入手

---

① 张黎编选:《布莱希特研究》,北京:中国社会科学出版社,1984年版,第204页。
② 朱立元:《当代西方文艺理论(第三版)》,上海:华东师范大学出版社,2014年版,第152页。

的。父亲翻越月台去买橘子的时间和写作《背影》的时间存在着差距，这一点也是"抒情间离"效果产生的原因。前者更多侧重于父亲对儿子的爱，以及儿子的感动之情，后者则侧重于儿子对父爱的理解。正是这样一个艰难的、"不容易"的背影，唤醒了作者对父亲的关注，也才有了多年后"他触目伤怀，自然情不能自已。情郁于中，自然要发之于外"对父亲深深的理解。黄老师得出结论："我们认为《背影》主要表达的并不是父亲对儿女的关爱，也不是一般意义上的父子之情，而是一个儿子对父亲的艰难和不容易的理解过程。"[1]这样的解读，更符合散文创作的实际状况。

二、教学运用之一：基于情感体验的教学落点的选择

王荣生教授认为："散文的精妙处，阅读散文的动人处，在于细腻，在于丰富，唯有通过个性化的语句章法，我们才能感受、体认、分享它所传达的丰富而细腻的人生经验。"[2]叙事散文自然也离不开情感的抒发与书写。因此，"散文教学应注重学生审美、情感的体验，让学生沉浸在人物的感情当中，体悟情感、洞察人性、丰富心灵、涵养人格"。[3] 问题是，一篇散文中的情感脉络是多元的，情感类型是多样的，教师的教学着力点究竟应置于何处呢？这就需要从"抒情间离"的角度进行分析。

史铁生的《秋天的怀念》一文出现了"我"、母亲和妹妹三个主要人物，引导学生体验、分享人物的情感，应该是重要的教学内容之一。但教学落点是母爱

---

[1] 黄厚江：《〈背影〉的背后》，《中学语文教学参考》，2019年第8期。
[2] 王荣生：《散文教学教什么》，上海：华东师范大学出版社，2014年版，第24页。
[3] 高思远、于昊燕：《叙事散文增润教学该着力于何处——以黄厚江〈老王〉教学实录为例》，《大理大学学报》，2019年第1期。

呢,还是"我"对母亲的怀念以及痛悔之情呢?有的教师在分析第一段时,止步于"母爱的伟大",这其实是没有从"抒情间离"的角度进行进一步思考与探究。文章写于母亲去世七年之后,文章流露出的不仅有深切的怀念,还有一种悔恨。例如第一段中作者用到了几个叠词和动词,即"悄悄地躲出去""偷偷地听着我的动静""悄悄地进来""眼边儿红红的"。按照常理,在儿子发脾气摔东西时,母亲应该立即过来安慰,这是人之常情,但文中的母亲却"躲"了出去,看似不合情理,实际上恰恰是母亲照顾到双腿瘫痪的儿子的自尊心,希望给"我"一个独处的空间,这是一种理解。同时,母亲内心又十分痛苦,十分怜惜自己的儿子,这一点从"偷偷地听""悄悄地进来"可以看出。当"我"看到母亲"眼边儿红红的"时,按照常理应该能够体会到母亲的痛苦,但"我"依然"视而不见"。作者七年之前看到母亲"眼边儿红红的"时的情感,和写作本文时回想当时的情形,对母亲"眼边儿红红的"的情形进行再体验时的情感,是不一致的。拉开了一定时间距离之后,特别是当母亲去世之后,再来写这个片段,流露出来的就是一种怀念之情、痛悔之情,一种"子欲养而亲不待"的深深的遗憾。因此,教学落点应该是"我"写作本文时的情感状态。

另外,值得注意的是,不少教师在"情感体验"的基础上对学生进行"价值观教育",不自觉地将史铁生笔下的"母爱"泛化为普遍的母爱,教育学生要爱自己的母亲,或者就是抓住"好好儿活"等反复出现的句子,教育学生要珍惜生命。从"抒情间离"的角度看,笔者认为这个教学落点也不准确。将个人化的情感抽象化并将其占有而非分享,这是散文教学常见的偏差。实际上,对于《秋天的怀念》中的情感,教师要在体验分享的基础之上,引导学生用理性的甚至是"隔离"的眼光对散文的情感进行审视,发现作者并未一味沉浸在对母亲的怀念以及深深的痛悔之中,而是能够重新看待生命的价值,重新燃起对生活的希望之火。如果说第一段中的"好好儿活"让人情不自禁热泪盈眶的话,最

后一段中的"好好儿活"应该引起读者对生命的思考。这个教学落点的切入，教师可以引导学生围绕教材插图进行思考。教材插图中的史铁生，双臂抱胸，目光自信，而且笑得十分爽朗，这与整篇文章的情感基调一致吗？插图中史铁生的笑容，是将那种失去母亲的遗憾、对母亲的痛悔以及对自己的生命缺憾转化为乐观、坚强的生命态度之后的必然反映。这才是本文"情感教学"的最终落点。

三、教学运用之二：基于认知冲突的问题设置与探究

所谓认知冲突，指的是人在认知发展过程中，原有认知图式与新的情境矛盾时在心理上所产生的冲突。教师在进行散文教学时，也要从学生易产生认知冲突的地方切入，设置问题，引发学生的思考与探究，从而达到"思维发展与提升"的学科核心素养目标。从认知冲突到建立新的认知协调与平衡，本身就是思维训练的过程。散文中的"抒情间离"的存在往往会让人产生认知冲突，教师要善于从这些点入手，通过问题设置、探究、讨论，达成一定的教学目标。

对于杨绛的《老王》，几乎所有的教师都会抓住最后一句话"几年过去了，我渐渐明白：那是一个幸运的人对一个不幸者的愧怍"，指导学生分析"愧怍"的表现及原因。其实，"愧怍"产生的时间节点是现在，"几年过去了"意味着作者是在拉开了与原初事件的时间距离之后写作本文的。那么，"愧怍"就不是一种"即时间离"而是"中度间离"的表现。围绕这个点，我们再来解读文中的某些细节，例如"我们当然不要他减半收费"，作者为什么要用"当然"这个词？一般的理解为：这里表明作者一家之前帮助老王是诚心诚意的，并不要求老王回报。作者一家也很同情老王的贫苦生活，从来没有占便宜的念头。这种理解无可厚非，但没有联系"愧怍"进行分析。有论者指出这句话"展示了知识分

子与底层劳动大众之间存在着天然的境遇落差和难以弥合的心理距离",[①]这也是"愧怍"的根本原因。教师只要请学生反复阅读"当然"这个词,并结合文中其他细节进行分析,学生是可以把握到这层含义的。如果我们考虑到"抒情间离"的因素,就会继续追问如下问题:

杨绛在写这篇文章用到"当然"一词时,究竟有没有知识分子的那种优越感?如果没有,作者为什么要"愧怍"?如果有,难道她不清楚用到这个词之后会暴露自己的"人格缺陷"吗?

这样的问题就是建立在"认知冲突"的基础之上的。按照一般人的心理,自己不太光彩的一面、容易引起误解的一面,写入文章时,要么会避免出现,要么会文过饰非,不可能冒着被人指责的风险直接袒露真实的想法。而杨绛明知用"当然"一定会引来指责,为何不直接说"我们不要他减半收费"?如果这样的追问有点牵强的话,我们还可以抓住老王去世之后,作者与老李对话完毕之后的"我没再多问"一句进行思考:

老王把毕生积蓄送给了杨绛一家,杨绛一家明知与老王家相距不远,却没有去看望病危的他,而且当别人告知老王的死讯时,作者居然说"我没再多问",这岂不是太冷漠了吗?作者在写这篇文章时,知不知道用"我没再多问"的句子会让人感到她的冷漠?如果知道,为什么还要用这些词句?

这其实就是一种认知冲突,需要学生在理解作者的情感世界的基础上,建立新的认知平衡。建立新的认知平衡,需要有"双重观照"的视点。一是作者"观照"老王,这些句子表达的恰恰是几年之中"我"内心深处挥之不去的"愧怍",真诚袒露自己的内心,才能衬托出"愧怍"的深切;二是读者"观照"作者,作者在文中真诚地剖析自己的灵魂,不正表明了知识分子的良知以及人身上

[①] 史天祥:《利用语用学知识分析〈老王〉的话语意义》,《中学语文》,2014年第25期。

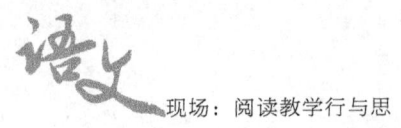

的那种善良的人道主义情怀吗？这一点与巴金在《小狗包弟》中的自我反思与批判的逻辑是很相似的。

总之，"抒情间离"的存在，启发教师不仅要关注原初事件的过程、状态以及人物心理，更要关注作者创作散文时的心理状态与情感倾向；不仅要对抒情对象及其情感进行体验，更要对抒情主体的情感与态度进行理性观照。

（本文原载《中学语文》2019年第19期，略有修改）

教学实录:从写与读的视角促进教师专业发展

教学实录,也被称为课堂实录,就是对一节课教师教的活动与学生学的活动的真实记录。本文首先从"虚构型"教学实录入手,指出部分教学实录存在的问题,然后从写作与阅读两个视角对教学实录进行重新审视,并借用后现代历史学的理论,指出教学实录不可能是原生态的记录,而是带有叙述的性质,甚至是一种再讲述。这就要求教师不论是阅读还是写作教学实录,都需要有实践研究与行动反思的意识,这本身也是教师专业发展的重要内容。

一、问题提出:作为"虚构"的教学实录

"实录",源自汉代史学家班固对司马迁写作《史记》的精神的高度概括。在中小学教学范畴里,教学实录的核心原则与精神就是真实记录。看似同义反复的解释中,包含着广大教师的集体无意识,这是一种对实录的共通精神的无需阐释的精神自觉。但很遗憾的是,笔者发现有的教学实录出自虚构或想象,其实录的性质无从体现。

我们知道,既然是课堂,就会有提问,学生就会有回答,精彩的回答会有掌声,幽默的回答会有笑声,这些也应该是课堂实录的一个有机组成部分,为的

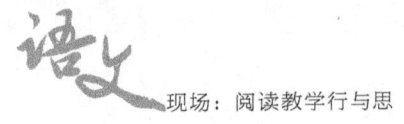
现场：阅读教学行与思

是恢复读者的现场感。但有的实录，没有学生的反应，没有教师的表情，整节课只有对话，没有掌声或笑声。其实，那些才华横溢又有思想的教师，课堂上肯定会时不时迸发出闪亮的火花，而这些火花势必也会引起学生强烈的反应，这些反应也应该通过文字真实地记录下来。

其次，堂上回答问题的学生肯定不止一个，特别是开放的、互动的、对话交流的课堂，学生的参与程度应该是很高的。不仅会有学生齐声或杂声的回答，还会有单个学生精彩的发言。可是在部分实录中，我们只能只读到了一个个抽象的"生"，不知道这个"生"是具体的个人，还是集体的大家。当然，后者的可能性是很小的。既然是具体的个人，笔者认为，即使不出现名字，也要有"生1""生2"这样的代码，因为这就是具体个人的标识。

例如某教师讲杨绛的《老王》，不可否认，教师对文本进行的创造性解读时时闪耀着思想的火花，课堂处处是创意，处处有个性。但在教学实录中有这样一个片段：

师：《老王》可以看成是"运动记愧"之作。那么这篇作品的意图肯定就有钱钟书批判的影子。所以，愧怍的第二个缘由是通过自己的愧怍，提醒"文革"中忏悔健忘者。

生：第三个缘由是从更广阔的社会层面上，关注幸运者对不幸者的所作所为。文章到了最后，针对具体的谁已经没有了意义，被凸显的是幸运者和不幸者的对照。人生总有幸与不幸的区别，在一个正常的合理的社会中，作为幸运者，应该为不幸者做些什么，才不会心存愧怍？这是把具体的"我"对"老王"的愧怍，上升为"幸运者"对"不幸者"愧怍的最主要原因。

师：第四个缘由是唯有用民主思想、平等意识、人道主义精神，不仅从物

理念探究

质上，更要从精神上对待不幸者，关爱弱势群体，将来的我们才不会心存愧怍。①

让笔者感到别扭的是中间学生的"第三个缘由"。我们发现，这位学生的回答，既没有教师提问，也没有任何回答的先兆，直接进入与教师的对话中，学生水平之高，思维之缜密，语言之流畅，逻辑之条理，令人咋舌。学生回答完了之后，教师居然没有任何反应，没有表扬，没有评论，他无视学生的答案，直接进入到对原问题的回答中。师生在此处是不能构成对话关系的，这样自顾自言说，是正常的课堂吗？

有了这样的疑问，笔者便去网上搜索相关材料。果然，在相关博客中，笔者查到了一篇文章《"老王"不过是杨绛的隐身衣》，其中有如下文字：

文章到了最后，杨绛从更广的社会层面上，关注幸运者对不幸者的所作所为。针对具体的谁已经没有了意义，被凸显的是幸运者和不幸者的对照。人生总有幸与不幸的区别，在一个正常的合理的社会中，作为幸运者，应该为不幸者做些什么，才不会心存愧怍？这是把具体的"我"对"老王"的愧怍，上升为"幸运者"对"不幸者"愧怍的最主要原因。

这与学生的回答简直是一模一样。当然，也有一种可能，《"老王"不过是杨绛的隐身衣》是后来写的。在写作时，教师参考了学生的答案，将学生的答案有机地融入自己对文本的解读之中，这也是值得理解的。不论怎样，这样的教学实录难免带有虚构的嫌疑，其意义与价值也就无从体现了。

除此以外，有的教学实录仅仅是原封不动地记录了课堂教学的每一个环节，缺少一种整体意识，更无从体现教者的设计匠心与教学思考。虚构细节固

---

① 王开东：《我行我素教语文》，北京：教育科学出版社，2012年版，第77页。

然不足取,但仅有细节而无"通盘观",其实是走向了另一个极端。对于读者来说,获取的要么是虚假的记录,要么是零散的片段,对自己的专业成长的帮助也是有限的。

二、写作视角:作为"此在"的教学实录

对于写作者来说,教师在写作教学实录的最重要的原则就是能够将读者带入某个具体的教学情境,能够身临其境地感受上课教师的风采与学生真实的学习状态。借用存在主义大师海德格尔的术语,就是要还原一种"此在感"。在他看来,"存在"实际上就是一种"此在",即作为具体的人在一个具体的时空中与他人共存的事实。而"此在感",指的是教学实录一定要恢复课堂教学的现场感,具体说来,就是在写作教学实录的过程中,要建构教师"教的此在"和学生"学的此在"。

(一) 教师"教的此在"

教师"教的此在",就是要让读者阅读完某个教学实录之后,在头脑中能够建构起一个有血有肉的、有个性与思想的活生生的教师个体形象。在很多教学实录里,教师只是一个抽象符号,是教学设计的化身,教师的性情、个性、教学风格与艺术都没有得到充分的体现。有时候,限于固定的篇幅,教师不得不对教学实录的文字进行删减,而多数情况下删减的恰恰是能够体现教师个性与风采的内容。这固然能够保证教学实录在教学内容与教学流程方面的相对完整性,但教师作为独立的个体,其形象完全被淹没了。这也从另一个方面启示我们,在写作教学实录时,不仅要关注教师"教的行为",还要关注行为背后的"个体"。我们来看王君老师的《纪念白求恩》的实录片段:

师:第2段不仅写了白求恩,还写了另外的一些人,判断这些词语有什么共同点。

(屏显)拈轻怕重 冷冷清清 漠不关心 麻木不仁 不负责任 喜欢自吹

生(齐):贬义词。

师:好,现在假如王老师就是这一类的人,请批评我。用上这些词语。

生:你拈轻怕重,对人又冷冷清清……

师:啊!不,不……一样就够了啊!

(学生笑。)

师:可以加上一些其他创造性的语言。你来批。

生:你麻木不仁,对任何事情都漠不关心。

师:我是这样的人吗?

生:嗯……你真是不负责任,喜欢自吹,你其实不是一个共产党员,至少还不能算是一个纯粹的共产党员。

(学生大笑。)

生:嗯……你一天到晚冷冷清清,对工作漠不关心……

师:舍不得批评王老师,心软了。再给同学一个机会。

生:你这个人真是对工作一点儿也不负责任,对什么事都漠不关心。这样怎么能成为一个合格的共产党员呢?

师:像班长的样子,会教训人。孩子们啊,我们周围,过去也好,现在也好,有很多这样的人。……①

从这个实录的片段中,我们可以还原出一个幽默、风趣、对学生有很强的

---

① 王君:《向一位古典共产党人致敬——〈纪念白求恩〉课堂实录》,《语文教学通讯》,2012年第32期。

亲和力的教师的形象,或许不一定能够辨认出这就是"王君老师",但一定可以感受到教师性格与个性的存在。同时,运用这个巧妙的教学手段,让学生感知白求恩的形象的同时,完成了语言的建构、积累与运用,我们又可以建构出一个睿智的、有灵气的教师形象。

(二)学生"学的此在"

很多教学实录,展示的是学生学习的"成果",对于学习的"过程",实录没有很好地呈现。一篇优秀的教学实录,要能够展现学生"学的此在",把握学生的知识增长与情绪变化的过程,甚至能够还原出一个具体的学生形象,而不是回答问题的"生"这样的符号。最近,笔者读到了一个教学片段,是某教师执教《都市精灵》时的一个小插曲,具体过程如下:

生:喜鹊多是成双成对,而灰喜鹊则成帮成伙,一来就是一大群,它们高高地在树枝上跳来跳去,飞来飞去,叫来叫去,非常活跃,为这座学府式的大庭院带来了一派生机和欢快。

师:你觉得他读得怎么样?

生:语速有,感情没有,欢快没有体现。

师:那你来试一下。

生:我有点紧张。

(这时,意外发生了,该生使劲拍打自己的右脸。)

师:你这个动作,唉,不是这样的。来,抬起头来,看着老师,嘴角上扬,面带微笑,来,试试。

生:它们高高地在树枝上跳来跳去。(又停住了)

师:没事,很短。

生:它们高高地在树枝上跳来跳去,飞来飞去。(还是停住了)

师：来，跟着老师一起念。

师生：它们高高地在树枝上跳来跳去，飞来飞去，叫来叫去。

师：多好呀，是不是啊？

生：它们高高地在树枝上跳来跳去，飞来飞去，叫来叫去，非常活跃，为这座学府式的大庭院带来了一派生机和欢快。

师：你也给老师带来了一派生机和欢快。

生：谢谢老师！

（全班同学报以热烈的掌声，该学生骄傲地坐下。）①

  这是一个引导学生朗读的片段，从教学的意义上看，学生从不会朗读到会朗读是一个相对简单的过程。但上述片段中，学生的问题并不在于知识层面的不会朗读，而在于情感层面的紧张导致的朗读中断。一般的教师可能会先请学生坐下来平复一下情绪，但是上述教师没有轻易错过这个教育契机，而是通过各种教育手段，平复了学生的情绪，增加了学生的自信。这一切，都是在教学实录中呈现出来的。或者说，上述片段，不仅体现了教师的教学机智，同时还原了学生在整个过程中心理状态的变化、情感状态的变化以及知识状态的变化。这个实录中的"生"，就不再是作为教学成果展示的符号，而是一个独立的个体。

  相对于虚构的教学实录，能够还原教师"教的此在"与学生"学的此在"的教学实录，无疑更符合教育的价值取向。不过，教学实录的写作毕竟是一种辩证的存在，它要求写作者真实记录而不凭空臆造，同时要求写作者关注细节而不沉溺于细节，从而在整体意识的观照下，再现课堂教学中教师与学生真实的"教"与"学"的状态。

---

① 王旭彤：《教学之动：让语文课堂焕发生命活力》，《中学语文教学》，2017年第3期。

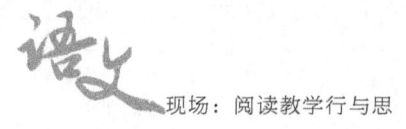现场：阅读教学行与思

三、阅读视角：作为"重构"的教学实录

作为教学实录的结构要素，对于一节课的真实记录应该包括如下方面：对教学过程中的场景进行详细叙述，对教师的教学内容、教学语言、教学姿态、教学神情等忠实记录，对学生的课堂表现、回答问题、学习状态进行全方位记录。从这个意义上讲，最接近原生态的教学实录应该是将课堂教学过程录制下来，教师对照教学录像进行文字转述。但是，要做到这一点是非常艰难的。真正的、绝对的教学实录只存在于讲课现场，即使是录制的视频也不可能完全再现课堂所有的细节，更不用说使用文字转述、记录的教学实录了。期刊上的教学实录或教学课例，只是尽可能地再现教学现场，尽可能地记录真实的教学过程。所谓实录，只是一种理想描述，真实的教学场景是无法通过文字还原的。或者说，教学实录的写作，本身就是一种重构行为。

对于教学实录而言，阅读者与写作者的目标、心态等都是不一样的，所谓"作者之用心未必然，而读者之用心未必不然"。读者希望从教学实录中不仅能够感知这种"此在感"，同时也能够从"叙述"的角度观照实录本身，从而提炼出合宜的教学方法、技术与原理。因此，对于读者来说，需要理性看待教学实录的这种"重构"或"叙述"的性质。借用后现代历史叙事学的观点，教学实录，本质上就是一种话语叙述形式。这种话语叙述形式，应该从以下两个方面进行辨析：

首先，这要求教师在阅读时能够正视教学实录的"重构性"，绝对忠实的记录是不存在的，也是不符合学理的。教学实录的目的不在于忠实纪录，而在于使读者在还原现场时能够把握上课教师的教学内容、教学设计、教学流程与教学理路。新历史主义大师海登·怀特在《元历史》一书中认为："历史是一种以

叙事散文形式呈现的文字话语结构,意图为过去种种事件及过程提供一个模式或意象。经由这些结构我们得以重现过往事物,以达到解释它们的意义之目的。"① 也就是说,重要的不是课堂细节本身,而在于如何从教育教学理论的高度对事实本身进行重新观照,这恰恰是读者在阅读时需要在头脑中重新建构的内容。

其次,这也要求读者能够从"话语形式"的角度审视教学实录。史书的体例特征,就是其话语形式的体现之一。海登·怀特说:"叙事绝不是一个可以完全清晰地再现事件——不论是想象的还是真实的事件——的中性媒介。它以话语形式表达关于世界及其结构和进程的清晰的体验和思考模式。"② 叙事就是一种话语形式。拿教学实录来说,其话语形式就有"线性进程式"与"板块结构式"两种,当然,即使是板块结构,也遵循着线性进程的规律。像郭初阳老师的名课《愚公移山》、郑桂华老师的名课《安塞腰鼓》都是"线性进程"的模式,课堂教学内部尽管也有不同的段落,但总的来说是随着时间进程展开的整体,而黄玉峰老师的名课《世间最美的坟墓》就包含了导入、继续导入、思考、串讲课文、对比手法、结束语等板块,尽管这种板块也是按照时间顺序展开的。③ 也就是说,不同的话语形式,决定了教学实录隐含的不同的课程与教学观念,这也是在阅读过程中需要注意的。

从这个意义上讲,一切实录都多少带有"重构"的性质,意识并接受这一点,不仅是现实的无奈选择,也是一种对于课程与教学的积极建构。

---

① 洪子诚:《问题与方法》,北京:生活·读书·新知三联书店,2002年版,第23页。
② 海登·怀特:《后现代历史叙事学》,陈永国、张万娟译,北京:中国社会科学出版社,2003年版,第126页。
③ 以上课例参见王荣生:《听王荣生教授评课》,华东师范大学出版社2007年版,第63页。

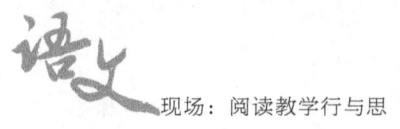

四、余论:教学实录与教师专业发展

当下,很多教师不愿意写作教学实录,一来写作的过程十分烦琐,二来由于版面的限制,教学实录较难发表。也有的教师以学情的不同与经验的不可传递性为借口,不愿意阅读他人的教学实录。但在笔者看来,教学实录的写作与研读,是教师专业发展的最重要的内容。

中小学教师的专业发展,是一种基于实践与行动的专业水平的提升。这就要求教师既掌握丰富的教育教学理论,同时能够以具体的案例为抓手,以实践反思为路径,对自己的教学行为与经验进行学理提升。教学实录的阅读与写作,无疑正是最佳的途径。写作教学实录,本身就是对自己课堂进行反思的过程,教学内容是否明确,教学设计是否合理,教学细节是否恰当,等等,都能在写作的过程中得到进一步的思考。如果在教学实录的基础上,进行进一步的教学反思,形成教学案例或课例,那对自己的专业成长就更有价值了。美国著名心理学家波斯纳提出了一个著名的教师成长公式:成长＝经验＋反思。其实,教学实录的写作,就是经验基础上的反思。因为教师会将自己的教育与教学的观念、对课程与教材的理解、处理具体细节时的实践与智慧等,充分体现在教学实录的写作过程中。

写作是这样,阅读亦是如此。阅读教学实录,与阅读教学论文是完全不同的状态。后者是一个思维的运动过程,前者是一个在具体情境中存在的过程。读者在阅读教学实录时,既能够"入乎其内",又能够"出乎其外"。所谓"入乎其内",就是要让读者建构起"观的此在",将自己作为在场的教师,作为课堂教学的参与者,全身心地融入想象的情境中。读者要在头脑中自觉不自觉地建构起某种教学的情境,在想象中恢复课堂的现场存在,这也是教学实录这种文体的特殊性所在。所谓"出乎其外",就是能够跳出具体的情境,从学理的角度审视这节课的教学理念、设计思路以及具体细节的得失,这是更为理性的"观的此在"。只有这样,教师才能从教学实录中获取最为丰富的营养。

总之,教学实录作为一种特殊的文体,应该与教学反思紧密结合,应该无限制地接近真实的教学场景,让写作教学实录从而成为教师专业化发展的最有效的途径之一。但对于虚构或想象的教学实录,我们还是应该加以批判性地审视。

(本文原载《新课程评论》2017年第11期,略有修改)

主要参考文献

1. 叶圣陶.叶圣陶语文教育论集[M].北京:教育科学出版社,2015.
2. 孙绍振.名作细读:微观分析个案研究[M].上海:上海教育出版社,2009.
3. 孙绍振.月迷津渡:古典诗词个案微观分析[M].上海:上海教育出版社,2012.
4. 孙绍振.经典小说解读[M].上海:上海教育出版社,2016.
5. 孙绍振,孙彦君.文学文本解读学[M].北京:北京大学出版社,2015.
6. 钱理群,孙绍振,王富仁.解读语文[M].福州:福建人民出版社,2010.
7. 赖瑞云.文本解读与语文教学新论[M].北京:北京师范大学出版社,2013.
8. 赖瑞云.文本解读与多元有界[M].北京:人民出版社,2015.
9. 王荣生.语文教育研究大系:理论卷[M].上海:上海教育出版社,2005.
10. 王荣生.语文科课程论基础[M].上海:上海教育出版社,2005.
11. 王荣生.阅读教学设计的要诀:王荣生给语文教师的建议[M].北京:中国轻工业出版社,2014.
12. 王荣生.听王荣生教授评课[M].上海:华东师范大学出版社,2014.
13. 王荣生.阅读教学教什么[M].上海:华东师范大学出版社,2016.

14. 王荣生.散文教学教什么[M].上海:华东师范大学出版社,2014.

15. 王荣生.小说教学教什么[M].上海:华东师范大学出版社,2015.

16. 王荣生.实用文教学教什么[M].上海:华东师范大学出版社,2014.

17. 王荣生.文言文教学教什么[M].上海:华东师范大学出版社,2014.

18. 王荣生.语文教学内容重构[M].上海:上海教育出版社,2007.

19. 王荣生,李海林.语文课程与教学理论新探:学理基础[M].上海:上海教育出版社,2008.

20. 王荣生.求索与创生:语文教育理论实践的汇流[M].济南:山东教育出版社,2013.

21. 李海林.言语教学论[M].上海:上海教育出版社,2000.

22. 王尚文.语感论[M].上海:上海教育出版社,2006.

23. 张秋玲.语文教学设计:优化与重构[M].北京:教育科学出版社,2012.

24. 代顺丽.语文知识的课程炼制[M].福州:福建教育出版社,2015.

25. 童志斌.文化取向的文言文课程内容重构[M].上海:上海教育出版社,2019.

26. 吴欣歆.培养真正的阅读者——整本书阅读之理论基础[M].上海:上海教育出版社,2019.

27. 韩雪屏.语文课程知识初论[M].南京:江苏教育出版社,2011.

28. 李维鼎.语文言意论[M].上海:上海教育出版社,2000.

29. 温儒敏.温儒敏论语文教育三集[M].北京:北京大学出版社,2016.

30. 褚斌杰.中国古代文体概论[M].北京:北京大学出版社,1990.

31. 肖培东.我想浅浅地教语文:肖培东语文课例品读[M].武汉:长江文艺出版社,2016.

32. 顾黄初,李杏保.二十世纪前期中国语文教育论集[M].成都:四川教育出版社,1991.

33. 施良方,崔允漷.教学理论:课堂教学的原理、策略与研究[M].上海:华东师范大学出版社,1999.

34. 曾祥芹.文章阅读学[M].郑州:大象出版社,2009.

35. 张心科.语文有效阅读教学:精要的内容与适宜的形式[M].上海:华东师范大学出版社,2020.